教育部重大攻关项目课题《法治中国背景下的警察权研究》（项目批准号15JSZD010）的阶段性成果之一

|博士生导师学术文库|

A Library of Academics by
Ph.D.Supervisors

公安警察权与公民权关系研究

陈晋胜 等 著

光明日报出版社

图书在版编目（CIP）数据

公安警察权与公民权关系研究 / 陈晋胜等著. -- 北京：光明日报出版社，2021.9
ISBN 978－7－5194－6341－0

Ⅰ.①公… Ⅱ.①陈… Ⅲ.①警察—行政执法—关系—公民权—研究—中国 Ⅳ.①D922.144 ②D921.04

中国版本图书馆 CIP 数据核字（2021）第 191565 号

公安警察权与公民权关系研究
GONG'AN JINGCHAQUAN YU GONGMINQUAN GUANXI YANJIU

著　　者：	陈晋胜 等		
责任编辑：	杨　娜	责任校对：	张月月
封面设计：	一站出版网	责任印制：	曹　净

出版发行：光明日报出版社
地　　址：北京市西城区永安路 106 号，100050
电　　话：010－63169890（咨询），010－63131930（邮购）
传　　真：010－63131930
网　　址：http://book.gmw.cn
E － mail：gmrbcbs@gmw.cn
法律顾问：北京市兰台律师事务所龚柳方律师

印　　刷：三河市华东印刷有限公司
装　　订：三河市华东印刷有限公司
本书如有破损、缺页、装订错误，请与本社联系调换，电话：010-63131930

开　　本：170mm×240mm
字　　数：314 千字　　　　　　　印　张：17.5
版　　次：2022 年 1 月第 1 版　　印　次：2022 年 1 月第 1 次印刷
书　　号：ISBN 978－7－5194－6341－0
定　　价：95.00 元

版权所有　　翻印必究

目 录
CONTENTS

绪 论 ·· 1

第一章 公安行政管理权与公民权关系 ·· 3
  一、公安行政管理权与公民权的基本理论 3
    （一）公安行政管理权概述 3
    （二）公民权概述 6
    （三）公安行政管理权与公民权的基本关系 9
  二、公安行政管理权与公民权相关法律规范 10
    （一）公安行政管理权和公民权的法律规范 10
    （二）公安行政管理权和公民权立法状况梳理 20
  三、公安行政管理权与公民权基本现状 21
    （一）公安行政管理权现状梳理 21
    （二）公安行政管理权的界限 31
    （三）公安行政管理权与公民权关系存在的问题 34
  四、平衡公安行政管理权与公民权的基本思考 39
    （一）结合英美国家四次警务革命分析国外相关制度之启示 39
    （二）公安行政管理权与公民权关系之法理分析 40
    （三）平衡公安行政管理权与公民权关系的原则 44
    （四）平衡公安行政管理权与公民权关系的设想 46

第二章 公安行政许可权与公民权关系 ·· 53
  一、公安行政许可权与公民权的基本理论 54
    （一）公安许可权基本理论 54
    （二）公民权基本理论 56

（三）公安许可权与公民权的基本关系　59
二、公安许可权与公民权的基本规范　61
　　（一）公民人身权与公安许可权的基本规范　61
　　（二）公民财产权与公安许可权的基本规范　62
　　（三）公民程序权与公安许可权的基本规范　63
　　（四）公安许可权与公民权的平衡理论　64
三、公安行政许可权与公民权关系的基本状况　65
　　（一）治安行政许可权与公民权冲突典型案例及其表现　65
　　（二）出入境行政许可权与公民权冲突典型案例及其表现　69
　　（三）道路交通行政许可权与公民权冲突典型案例及其表现　71
　　（四）消防行政许可权与公民权冲突典型案例及其表现　74
　　（五）户政行政许可权与公民权冲突典型案例及其表现　77
　　（六）边检行政许可权与公民权的冲突表现　79
　　（七）计算机行政许可权与公民权冲突表现　81
四、公安行政许可权与公民权关系的基本思考　84
　　（一）公安行政许可权与公民权冲突的产生原因分析　84
　　（二）公安行政许可权与公民权关系的法理学定位　90

第三章　公安行政处罚权与公民权关系 …………………… 97
一、公安行政处罚权与公民权的基本理论　97
　　（一）公安行政处罚权的基本理论　97
　　（二）公民权的基本理论　101
　　（三）公安行政处罚权与公民权的关系　104
二、公安行政处罚权与公民权的基本规范　108
　　（一）对基本规范的整理　108
　　（二）对基本规范的分析　112
三、公安行政处罚权与公民权的基本状况　117
　　（一）公安行政处罚权与公民权的现状　117
　　（二）公安行政处罚权与公民权存在的问题　120
　　（三）公安行政处罚权与公民权产生冲突的原因　125
四、公安行政处罚权与公民权的基本思考　130
　　（一）公安行政处罚权与公民权关系的法理思考　130
　　（二）公安行政处罚权与公民权关系实现平衡的建议　133

第四章　公安行政强制权与公民权关系 …… 146

一、公安行政强制权与公民权的基本理论　146
（一）公安行政强制权的基本理论　146
（二）公民权的基本理论　148
（三）公安行政强制权与公民权关系的基本理论　150

二、公安行政强制权与公民权的基本规范　152
（一）公安行政强制权的基本规范　153
（二）公民权的基本规范　166

三、公安行政强制权与公民权的基本状况　168
（一）公安行政强制权立法状况梳理　168
（二）公安行政强制权运行中存在的问题　170

四、公安行政强制权与公民权关系的基本思考　174
（一）处理公安行政强制权与公民权关系的基本原则　174
（二）平衡公安行政强制权与公民权的必要性　177
（三）平衡公安行政强制权与公民权的具体措施　178

第五章　公安刑事侦查权与公民权关系 …… 184

一、公安刑事侦查权与公民权的基本理论　184
（一）公安刑事侦查权　184
（二）公民权　186
（三）公安刑事侦查权与公民权的基本关系　187

二、公安刑事侦查权与公民权的基本规范　188

三、公安刑事侦查权与公民权的基本状况　190
（一）公安刑事侦查权与公民权的基本现状　190
（二）公安刑事侦查权与公民权的基本问题　194
（三）公安刑事侦查权与公民权的问题原因　198

四、公安刑事侦查权与公民权的基本思考　200
（一）公安刑事侦查权与公民权关系的法理思考　200
（二）公安刑事侦查权与公民权的基本对策　201

第六章　公安经济侦查权与公民权的关系 …… 207

一、公安经济侦查权与公民权的基本理论　207
（一）公安经济侦查权的基本理论　207
（二）公安经济侦查权视域下的公民权的基本理论　216
（三）公安经济侦查权与公民权关系的基本理论　220

二、公安经济侦查权与公民权的基本规范　225
（一）公安经济侦查权的基本规范　229
（二）公民权的基本规范　240
（三）公安经济侦查权与公民权基本规范的评析　242

三、公安经济侦查权与公民权的基本状况　242
（一）公安经济侦查权与公民权现状　243
（二）公安经济侦查权与公民权的问题　251
（三）公安经济侦查权与公民权冲突的原因分析　255

四、公安经济侦查权与公民权关系的基本思考　256
（一）公安经济侦查权与公民权关系的法理分析　256
（二）公安机关介入经济案件的限度　263
（三）平衡公安经济侦查权与公民权关系的建议　265

后　记 …… 269

绪　论

警察权是国家依法授予警察机关以及人民警察履行维护国家安全和公共秩序职能所必需的各种权力的总称，亦即警察职权。警察权包括国家赋予公安机关、国家安全机关、监狱的人民警察和人民法院、人民检察院的司法警察的权力。警察权是一种以维护国家安全、维持社会秩序、保障公民权利和自由为目标，以预防、制止和惩治违法犯罪活动为内容，以直接暴力手段为后盾的国家权力。

公安警察权是指国家赋予公安机关及其人民警察的权力，包括履行警察行政管理职能和警察刑事职能中所运用的一切权力。公安警察权主要有两大职权，即警察行政职权和警察刑事职权，本质是行政权。

在各种公权力中，公安警察权对维护国家统治的作用是不言而喻的，它对民众的强制手段也最直接。与一些西方国家比，我国公安警察权的行使范围要宽泛得多。它既有刑事侦查权，可行使各类刑事强制手段；也有治安行政权，将从治安拘留到强制戒毒、从户籍管理到交通处罚等多种刑事职权、行政职权集于一身。

警察权的大小与公民权的大小是成反比的。警察权越大，公民权被侵夺的可能性就越大。警察权的大小与一个国家的法治程度也是一种反比关系。法治程度越高的国家，警察权越小。警察权扩张，公民权就会受到限制。公民权要得到保障，必须对警察权形成制约。保持一定限度的警察权，是现代国家实现法治社会的共识。如果超越了某种限度，则会构成对公民权的伤害与威胁。对警察来说"法无授权"即应禁止，对公民来说"法无禁止"即应自由。

在人类的历史长河中，警察作为国家与民众进行权力交流的最直接途径始终发挥着其他群体无法替代的作用。他们一方面充当着民众生命与安全的守护者；另一方面也成为国家进行政治统治的有力工具。

根据《社会契约论》，国家的一切权力源于公民的授予，国家的权力是公民权利的集合，如果不重视公民权利的保护，国家权力就丧失了其存在的基础。在公民与国家这个二元关系中，国家对公民不是限制关系，而是双方的互动关系。一个法治国家，只有对国家权力限制才能达到对公民权利的保障，其中，对警察权制衡，避免其权力滥用是极其必要的。也就是说，警察权力的底线在于对公民的最基本权利不构成侵犯，即对于公民的生存权没有威胁。

笔者十分认同，警察权力的特性，在于其可伸缩性和其与公民权的不可调和性。就前者而言，当公民知法守法时，警察权处于一种压缩状态，它不会去干预公民的人身与财产；当公民违法犯罪时，警察权则处于一种膨胀状态，它会出于对国家、集体权益的考虑，最大限度地发挥其功能纠正公民的违法犯罪行为。就后者而言，警察权的行使必然会侵犯公民的人身权，因为人身权是公民与生俱来的权利，公民的生命、自由都有可能由于警察权的行使而被限制或被侵犯。所以，警察权与公民权在没有其他的调剂元素介入时可以说是不可调和的。所谓的调剂元素，是指国家公权力通过制定法律法规来为公民权与警察权的交叉地带进行限定以达到缓解他们之间矛盾的效果。从法律角度对警察权与公民权予以调和，尽量能以一种平和的方式解决他们之间可能发生的冲突，使社会利益达到平衡配置，使公民社会达到和谐状态。

正因如此，笔者以公安警察权与公民权关系为主线，分别论释了公安行政管理权、处罚权、强制权、刑事侦查权和经济侦查权五方面的职权与公民权关系。旨在揭示警察权与公民权这一对典型的公权与私权的矛盾对立统一的作用机理以及二者在矛盾冲突中的发展态势。认为公安警察权与公民权的关系是一种既互相依存，又彼此消长，互相作用、相互转化并相互制约的，动态的平衡。

第一章　公安行政管理权与公民权关系

1950年12月14日，我国公安部发出统一人民警察名称的通知：各种警察一律统称为"人民警察"，简称"民警"。从此人民警察这一划时代的称谓正式被载入史册。警察是国家的产物，是国家机器的重要组成部分，人民警察是具有武装性质的国家治安行政力量和刑事司法力量，是我国人民民主专政的重要组成部分。

警察权，亦称警察权力，它是国家公权力赋予的，用以维护主权国家安全和社会秩序，预防、制止和惩治违法犯罪活动的，具有强制力量，是由国家法律所确定的，并在法定范围内依法被行使，是国家以法律形式赋予公安机关和人民警察的资格和权力。与上述的国家治安行政力量和刑事司法力量相对应的是警察权的两大内容，即行政权力和刑事权力。这里笔者主要以警察行政权中的管理权为中心，对公安机关的行政管理权进行论述。

一、公安行政管理权与公民权的基本理论

行政管理是国家管理机制的重要组成部分，它是指国家通过制定一系列政策和规范，对社会行政组织和社会行政事务进行规范和引导，培育和健全社会结构，调整各类社会利益关系和行政机关与行政相对人的关系，回应社会诉求，化解社会矛盾，维护社会公正、社会秩序和社会稳定，维护和健全社会内外环境，促进政治、经济、社会、文化和自然协调发展的一系列活动及其过程。这是一般意义上的行政管理。公安机关的行政管理职能是国家行政管理的一个重要组成部分。本书从公安机关行政管理的角度出发，结合其与公民私权利的关系进行探讨。

（一）公安行政管理权概述

1. 公安行政管理权的概念

根据《中华人民共和国人民警察法》第六条和第十二条的规定，警察具有行政和刑事两项基本职能。作为警察权之一的公安行政管理权是公安机关依据国家行政管理法律法规，为维护社会治安秩序和公共安全，保护公民、法人和其他组织的合法权益，保障社会主义现代化建设顺利进行，对社会治安和公共安全事务进行有效治理并产生法律效力的行为。公安行政管理简称公安行政，是指公安机关及其内部的人民警察依法对社会公共事务管理的总称。其涉及社会治安、户籍人口、公共交通、网络安全、特殊行业、危险物品管理、出境入境事务等诸多领域，是社会管理体系中十分重要的组成部分。经过多年的发展演变，我国现今基本上形成了从上到下的比较严密的多层次的行政管理体系。

公安行政管理权是公安系统的人民警察在依法管理社会公共事务的权限范围内所享有的由法律法规授权的权力总称。在我国，根据《中华人民共和国人民警察法》第六条的规定，公安行政管理权可以分为以下几个部分，分别是治安管理权、交通管理权、消防监督管理权、危险物品管理权、特种行业管理权、集会游行示威管理权、户籍管理权、出境入境管理权、网络安全管理权和其他方面的管理权。公安行政管理工作改革的宗旨是为人民服务、让人民满意，服从服务于国家经济建设以习近平新时代中国特色社会主义思想为指导，改革一切不适应生产力发展要求的管理体制、组织形式、工作内容与方式，与时俱进，构建有中国特色的公安行政管理科学体系，进而指导改革实践，更好地发挥公安机关的职能作用，达到满足社会公共安全需求，为社会提供政治类公共产品和服务，实现巩固执政党的地位、维护国家的长治久安、保障人民安居乐业的战略目标。

2. 公安行政管理权的价值诉求

研究"价值诉求"这一概念，需要首先追问何为"价值"。"价值"是"与主体的需要、诉求具有相恰互适性的，从而受到主体的珍视、重视的事务的存在、性状、属性或作用"，法律上的价值则据此"应当是指社会全体成员根据自己的需要而认为、希望法所应当具有的最基本的性状、属性"。[①] 因此，公安行政管理权的价值诉求则是公安机关行使其行政管理权根据国家和全体社会成员共同需要而应当具备的基本属性追求。笔者认为，公安行政管理权的价值诉求应当具备以下几点：

一是坚持党的领导和中国特色社会主义基本道路。公安机关自觉把公安工作置于党和国家工作大局中审视和思考，置于经济社会发展的大势中谋划和部署，把思想和行动统一到全党、全国的工作大局上，把工作标准定位在促进社

---

① 张恒山. "法的价值"概念辨析 [J]. 中外法学, 1999 (5): 28.

会和谐稳定上,把社会管理创新的着眼点和立足点放在维护稳定、服务发展上,不断创新工作思路和工作方法,打破一切束缚社会活力的枷锁,解开一切阻碍社会发展的羁绊,为经济社会良性发展提供系统性、前沿性、保障性的公共安全服务和管理措施,创造更加平安稳定的社会环境和良好有序的社会秩序。同时,要兼顾公安机关和公安队伍自身科学发展,全面提升维护国家安全和社会稳定的能力与水平,有效促进社会管理创新。

二是突出社会服务。马克思、恩格斯早就指出:"政治统治到处都是以执行某种社会职能为基础,而且政治统治只有在它执行了它的这种社会职能时才能持续下去。"① 艾森斯塔德也认为:"在所有的现代国家中,即在经历了某些社会经济变化的国家中,包括民主国家和独裁国家,政府的基本'合法性'是建立在统治者为被统治者的利益服务这个主张之上的。"② 基于上述理论可以推断,公安社会管理及其创新要想取得成效,必须要强化社会服务理念,把握好服务者的角色定位,寓管理于服务之中。公安机关不仅要提供更多的社会服务,而且要把社会服务居于公安工作的突出位置上,作为价值追求的目标和衡量标准,并将更多的警务资源配置到社会服务中去,为公众提供优质的公共安全产品和公共服务措施,使整个公安社会管理及其创新的过程成为突出社会服务的过程,让公众能够更多地感受到公安社会管理及其创新带来的成果。

三是重视人文关怀。以人为本,人是社会的主体,民生为先应当成为公安机关社会管理的重要内容。长期以来,受"大政府、小社会"治理模式的影响,我国政府与社会公众在政治和公共事务中的关系是不平等的。同样,在公安社会管理或社会服务中,公安机关一般也处于强势主导地位,公众大都被动地参与一些社会管理活动,导致公安社会管理和社会服务的效能受到一定的影响。但应当明确的是公安机关在履行社会管理职能过程中,应该坚持以人为本的原则,牢固树立民生是第一警务、第一选择、第一标准的理念,让每一项社会管理创新的举措最大限度地惠及民生,让每一项社会管理的措施实实在在地便民利民,让全体人民共享改革发展成果,保障人民生活得更幸福、更美好、更有尊严。

四是坚持公平正义。公平正义是社会稳定的基础,是社会主义和谐社会的

---

① 转引施雪华. 服务型政府的基本涵义、理论基础和建构条件[J]. 社会科学,2020(2).

② 转引施雪华. 服务型政府的基本涵义、理论基础和建构条件[J]. 社会科学,2020(2).

重要特征，是社会主义法治理念的价值追求。只有切实维护和实现社会公平正义，人们的心情才能舒畅，各方面的社会关系才能协调，人们的积极性、主动性、创造性才能充分发挥出来。公安机关应牢牢抓住公正廉洁管理这个根本，牢固树立执法为民意识，依法秉公行使权力；切实尊重人权，保护当事人合法权益；带着对人民群众的深厚感情去执法、去工作，让每一次执法活动在每一个执法环节都闪耀公平正义的光芒，使广大人民群众平等地享用社会公共安全资源，充分地享有社会公平和正义。

五是追求管理创新。推进管理创新，对公安工作和公安队伍建设提出了很高的要求，既是公安机关面临的新课题、新挑战，也是公安机关发展的新条件、新机遇。通过推进管理创新，公安机关可以进一步明确自身职能定位，寻找差距，弥补不足，找准制约公安工作的症结所在，更好地破解公安工作科学发展的难题；通过推进管理创新，公安机关可以进一步增强服务经济社会发展、保障和改善民生的能力，更好地履行重大政治和社会责任；通过推进管理创新，可以进一步密切公安队伍同人民群众的血肉联系，促进警民关系和谐，更好地贯彻专群结合的方针。因此，必须抓住推进社会管理创新这一有利契机，推动公安工作科学发展、健康发展、协调发展。

（二）公民权概述

列宁说："宪法就是一张写着人民权利的纸。"① 孙中山说："宪法者，国家之构成。法，亦即人民权利之保障书也。"② 1689年英国国会通过的《权利法案》写道："国会两院依法集会于西敏寺宫，为确保英国人民传统之权利与自由而制定本法律。"③ 1789年法国的《人权宣言》明确表示："任何政治结合的目的都在于保存人的自然和不可动摇的权利。这些权利就是自由、财产、安全和反抗压迫。"④ 保障公民权利，是全人类共同的最高价值，也是宪政最基本、最核心的内涵。自20世纪50年代以来，公民权利的观念和理论取得了很大的发展，内容更加广泛，既包括生命权、自由权，特别包括思想自由、言论自由、宗教自由、结社自由、人身自由和迁徙自由，也包括民主权利、涉及法治和司法行政的权利以及社会、经济、文化权利。此处探讨的公民权是在公安行政管理权视域下的公民权利。

---

① 列宁全集：第十二卷［M］. 北京：人民出版社，1987：50.
② 《中华民国临时约法》，民国元年三月十一日（1912年3月11日）颁。
③ ［英］《权利法案》，1689年10月颁布。
④ ［法］《人权与公民权宣言》，第二条，1789年8月26日颁布。

1. 公民权的概念

公民，即为公之民，是指具有某一国国籍，并根据该国法律规定享有权利和承担义务的人。《中华人民共和国宪法》规定："凡具有中华人民共和国国籍的人都是中华人民共和国的公民。"其中"根据该国法律规定享有权利"即该国的公民权，它是宪法和法律赋予公民的合法权利，是社会成员的个体自主和自由在法律上的反映，是国家对公民所承诺和维护的权利，是一种社会所认可的赋予公民个体某事可做或可不做的自由，是作为一个国家的公民所享有的公民资格和与公民资格相关的一系列政治、经济和文化权利的总称。

对公民权概念的分析。首先，公民权是一个法律概念，通常情况下我们习惯于从法律的角度解读公民权。宪法中所表达的公民权，是一个以公民所享有的政治权利为核心，以拥有的财产权利为保障，以正当法律程序确保个体人格的平等性的基本权利体系。其次，公民权还是一个历史概念。公民权的确立是社会文明进化的结果。所有民主法治国家的历史也都是一部公民权不断得到普及和发展的历史。因此，公民权的根本意义在于表达个体从随社会文明进步到民主政治后具有的公民资格、主体地位，肯定的是个体所具有的独立人格、尊严和价值。马克思曾经说过："人们的社会历史始终只是他们的个体发展历史，而不管他们是否意识到这一点。"① 早在行政权力产生之前，公民权利就已经产生了。洛克认为，在国家出现之前，存在有一个人人平等的"自然状态"。在自然状态中，人人都拥有依据自然法而当有的全部权利。②

2. 公安机关行政管理权视域下公民权的内容

笔者所讨论的公民权，具体是指与公安行政管理权的行使相关的公民权利。即公安机关和人民警察在其各项行政管理权的行使过程中应当维护的公民权利以及在此过程中与管理权产生价值冲突和实践冲突的公民权利。

一是财产权。是指以财产利益为内容，直接体现财产利益的民事权利。财产权既包括物权、债权、继承权，也包括知识产权中的财产权利。财产权是人身权的对称，它具有物质财富的内容，一般可以货币进行计算。财产权是一定社会的物质资料占有、支配、流通和分配关系的法律表现。不同的社会，有不同性质的财产权利。在资本主义国家，奉行的是私有财产神圣不可侵犯的原则。在社会主义国家，公共财产是神圣不可侵犯的。在中国，财物依其属于生产资料或生活资料，依其地位与作用，分别属于国家、集体经济组织或个人。

---

① 马克思恩格斯选集：第四卷[M]．北京：人民出版社，1963：532.
② [英]洛克．政府论：下篇[M]．叶启芳，瞿菊农，译．北京：商务印书馆，1964：5-12.

二是平等权。平等权是中国公民的一项基本权利，它意指公民同等地依法享有权利和履行义务。宪法对之最为经典性的表述就是："公民在法律面前一律平等。"公民的平等权有以下含义：所有公民平等地享有宪法和法律规定的权利；所有公民都平等地履行宪法和法律规定的义务；国家机关在适用法律时，对于所有公民的保护或者惩罚都是平等的，不得因人而异；任何组织或者个人都不得有超越宪法和法律的特权。

三是人身自由权。人身自由权是指公民在法律范围内有独立行为而不受他人干涉，不受非法逮捕、拘禁，不被非法剥夺、限制自由及非法搜查身体的自由权利。人身自由不受侵犯，是公民最起码、最基本的权利，是公民参加各种社会活动和享受其他权利的先决条件。它是公民按照自己的意志和利益进行行动和思维，不受约束、控制或妨碍的人格权。人身自由权是指自然人享有的在法律规定的范围内维护其行动和思想自主，并不受他人或者其他组织非法剥夺、限制的权利。人身自由是自然人自主参加各项社会活动、参与各种社会关系、行使其他人身权和财产权的基本保障。一个人丧失了人身自由权，也就无法享受其他民事权利。

四是隐私权。隐私权是指自然人享有的私人生活安宁与私人信息秘密依法受到保护，不被他人非法侵扰、知悉、收集、利用和公开的一种人格权，而且权利主体对他人在何种程度上可以介入自己的私生活，对自己的隐私是否向他人公开以及公开的人群范围和程度等具有决定权。隐私权是一种基本人格权利。

五是集会、游行、示威权。集会是指聚集于露天公共场所，发表意见、表达意愿的活动。游行，是指在公共道路、露天公共场所列队行进、表达共同意愿的活动。示威，是指在露天公共场所或者公共道路上通过集会、游行、静坐等方式，表达诉求、抗议或者支持、声援等共同意愿的活动。我国宪法规定公民拥有集会游行示威的权利。

六是陈述、申辩权。现代民主法治社会的一项原则是，凡是国家机关做出的涉及公民切身利益的决定时，公民有参与意见、陈述理由的权利，为自己辩护的权利，这两项权利体现在警察权力的行使中，就是指公民有针对警察机关的指证陈述意见，说明自己的行为事实、理由和对处罚的意见，以及对警察机关做出处罚的事实、依据进行辩驳的权利。

七是知情权。公民的知情权是一项极其广泛的权利，存在于国家管理的各个领域，其核心是公民有权了解有关政策法律制度和执行情况以及与自己有关的档案、文件、资料，这一权利在警察机关行使警察权力给予公民行政处罚时，必须告知公民有何违法事实、处罚的理由和依据，以及受处罚时应当享有的权利等。

八是听证权。听证是指行政机关做出涉及公民、法人或者其他组织利益的重大事项或者重大决定之前，充分听取公民、法人或者其他组织的意见的活动。听证制度是现代民主政治和现代行政程序的重要支柱性制度，是现代制度所追求的公正性与民主性的集中表现。行政听证程序是行政程序的核心和灵魂，其目的在于弄清事实、发现真相，给予当事人就重要的事实表达意见的机会。

九是救济权。救济权是世界各国设定和行使督察权力时所遵循的一条基本原则，是指被处罚的公民依法诉诸法律渠道，使违法行使的警察权力的行为得到纠正，并使自己因受违法警察权力的侵害所受到的损失得到赔偿的权利。救济的内容包括行政复议、行政诉讼、国家赔偿、补偿等。

（三）公安行政管理权与公民权的基本关系

1. 公安行政管理权与公民权的统一

（1）公安行政管理权源自公民权的转让。国家公权力是任何社会有序运行之必需，因为社会的"自然状态"必然是混乱与无序的无政府状态，任何人的权益都得不到保障。于是产生了通行的逻辑：人们交出部分权利并缔结政治契约，构筑公共权力系统，现代国家的警察权就包含其中。在社会主义的中国，国家权力本质上属于人民，而人民作为集合体不可能直接行使权力，必须通过民意代表机构参与社会公共管理，以法定程序而委托出一定的公共权力赋予依法建立的警察机关，因而产生了社会稳定所须臾不可或缺的警察权，自然也包含公安机关的行政管理权。可见，行政管理权从其本源上是来自公民权利的让渡。

（2）公安行政管理权是保障公民权的主要力量。人民警察代表国家行使警察权，目的在于维护国家安全与公共秩序，保障公民权益。显而易见，警察权是保障公民权的主要力量。警察权运行的边界限于公共领域，而应当止步于公民的私权利领地，即警察权旨在维护社会公共利益，而公共利益是公众生存与发展所共同依赖的环境和条件。公共利益受损，公民权必然无从保障。在我国，公安机关及其广大民警是公民权的捍卫者，警察权因承载着社会公意而体现出正当性。警察权行使得越有效，公民权保障则越充分。

（3）公安行政管理权提倡并接受公民权的监督。警察权是警察机关掌握国家资源而获取支配他人的一种力量，而扩展性一般是权力运行的常态。孟德斯鸠认为："滥用权力是附在权力上的咒语，一切有权力的人都容易滥用权力，这是亘古不易的经验，有权力的人使用权力一直到遇有界限的地方才休止。"[①] 任

---

① ［法］查理·路易·孟德斯鸠. 论法的精神：上册［M］. 严复，译. 北京：商务印书馆，1961：154.

何权力都必须接受社会监督,警察权更是如此,因为其强制性特点极易转变为对公民权的侵害。因此,我国的公安机关及其广大民警在认真履行管理职责的同时,提倡并接受社会各界的监督,不断完善公民监督机制,这无疑体现了警察权与公民权统一的实质。

2. 公安行政管理权与公民权的对立

(1) 公安行政管理权对公民权利存在侵害可能。成文法的局限性要求给予公安机关以必要的自由裁量权,正如博登海默所说:"真正伟大的法律制度是这样一些制度,它们的特征是将僵硬性与灵活性给予某种具体的有机的结合。"因此公安机关在管理的过程中存在一定的自由裁量权是必要的。然而任何权力都可能导致滥用,美国大法官道格拉斯说:"当法律是人们免受某些统治者……某些官员、某些官僚无限制的自由裁量权统治时,法律就达到了最佳状态。……无限自由裁量权是残酷的统治,它比其他人为的统治手段对自由更具破坏性。"[1]

(2) 公安行政管理权对于公民权存在规范和控制作用。任何权力都是按照"命令—服从"的规则来运行,权力意味着一方对另一方的支配过程,这一过程实质上就是权利受到限制的过程,因此权力与权利之间存在着矛盾。在权力与权利的相互关系中,尽管权力有扩张的倾向和侵蚀权利的可能性,但它在一定程度上是公共利益的代表,它的存在因是公意的体现而具有正当性。因而权力的正当运行必须得到权利的尊重,而且权力的强大必须足以维护权利和防止权利滥用。过于强大和集中的国家权力为我们所反对,过于弱小的国家权力同样不为我们所提倡。因为当出现后一种情况时,社会往往处于无政府状态,社会秩序往往比较紊乱,公民权利也不能得到保障。所以只要权力还有存在的必要,它的良性运行就不能不要求对公民权利有所限制。比如警察权的行使,它相对于公民权利来说具有优先性,往往对公民多项权利予以限制。可以说,权力与权利从根本上就是对立统一的。

二、公安行政管理权与公民权相关法律规范

(一) 公安行政管理权和公民权的法律规范

1. 公安行政管理权的法律规范

---

[1] 姜明安. 各国行政法学的主要流派 [M] // 罗豪才. 现代行政法的平衡理论. 北京:北京大学出版社,2003:2.

职权	法律	类型	适用条款
全部职权	《中华人民共和国人民警察法》	法律	第一章总则；第二章职权
	《公安机关组织管理条例》	行政法规	全文适用
治安管理权	《中华人民共和国治安管理处罚法》	法律	第一条、第二条、第七条、第九条、第七十七条至第一百一十一条、第一百一十二条至第一百一十七条
	《中华人民共和国人民武装警察法》	法律	全文适用
	《中华人民共和国禁毒法》（以下简称《禁毒法》）	法律	第二十三条、第二十四条、第二十六条、第二十七条、第三十一条至第三十三条、第三十五条、第三十八条、第四十条、第四十一条、第五十六条
	《禁止传销条例》	行政法规	第四条至第六条、第十条、第十一条、第十三条、第二十三条、第二十八条
	《拘留所条例》	行政法规	第二条、第四条、第五条、第九条、第十三条、第十八条、第二十三条、第二十四条、第二十八条
	《城市人民警察巡逻规定》	部门规章	全文适用
	《典当业治安管理办法》	部门规章	第三条、第六条、第七条、第十三条至第十五条
	《公安机关警戒带使用管理办法》	部门规章	全文适用
	《人民警察警徽使用管理规定》	部门规章	全文适用
	《租赁房屋治安管理规定》	部门规章	第三条、第六条、第九条、第十条

续表

职权	法律	类型	适用条款
治安管理权	《娱乐场所治安管理办法》	部门规章	第二条、第四条、第七条、第二十五条至第二十七条、第二十九条、第三十三条、第三十八条至第四十五条
	《拘留所条例实施办法》	部门规章	全文适用
	《吸毒检测程序规定》	部门规章	全文适用
	《公安机关强制隔离戒毒所管理办法》	部门规章	全文适用
	《台湾渔船停泊点边防治安管理办法》	规范性文件	第五条、第十一条、第十四条
	《沿海船舶边防治安管理规定》	规范性文件	第三条至第六条、第八条至第十条、第十三条至第十八条、第二十三条至第二十五条
	《群众性文化体育活动治安管理办法》	规范性文件	第三条、第六条、第八条、第九条、第十三条至第十七条、第十九条
交通管理权	《中华人民共和国道路交通安全法》	法律	第五条、第六条、第八条、第九条、第十三条、第十四条、第十八条、第十九条、第二十三条、第二十四条、第二十九条、第三十条、第三十二条、第三十九条、第四十条、第七十条至第七十四条、第七十七条至第八十条、第八十二条至第八十七条、第九十一条至第一百零二条、第一百零四条、第一百零六条、第一百一十条、第一百一十一条、第一百一十二条、第一百一十四条至第一百一十八条
	《中华人民共和国道路交通安全法实施条例》（以下简称《道路交通安全法实施条例》）	行政法规	第五条至第十二条、第十四条、第十九条至第二十一条、第二十三条、第二十五条至第二十七条、第三十五条、第八十五条、第八十八条至第九十一条、第九十三条至第一百零一条、第一百零四条、第一百零六条、第一百零七条至第一百一十条

续表

职权	法律	类型	适用条款
交通管理权	《机动车交通事故责任强制保险条例》	行政法规	第四条、第三十一条、第三十九条至第四十一条
	《城市道路管理条例》	行政法规	第三十条、第三十一条、第三十三条、第三十四条
	《道路交通安全违法行为处理程序规定》	部门规章	全文适用
	《机动车驾驶证申领和使用规定》	部门规章	第二条、第三条、第五条、第六条、第二十三条、第三十一条、第三十九条、第四十六条、第四十八条、第五十条、第五十二条至第五十四条、第六十八条、第七十条、第八十一条、第八十三条至第九十七条
	《中华人民共和国高速公路交通管理办法》（以下简称《高速公路交通管理办法》）	部门规章	第二十四条、第三十条
	《道路交通事故处理程序规定》	部门规章	全文适用
	《高速公路交通应急管理程序规定》	部门规章	全文适用
消防监督管理权	《中华人民共和国消防法》	法律	第四条、第十条至第十一条、第十五条、第十七条、第二十条、第二十五条、第二十九条、第三十六条至第三十八条、第四十条、第四十二条、第四十五条、第四十六条、第五十一条、第五十三条至第五十七条、第七十条、第七十一条
	《仓库防火安全管理规则》	部门规章	第三条、第十一条、第二十五条、第五十七条、第六十一条
	《高层居民住宅楼防火管理规则》	部门规章	第四条
	《建设工程消防监督管理规定》（2009年中华人民共和国公安部令第106号）	部门规章	第三条至第七条、第十三条、第十四条、第十七条第三十七条、第三十九条、第四十一条、第四十三条

续表

职权	法律	类型	适用条款
消防监督管理权	《机关、团体、企业、事业单位消防安全管理规定》	部门规章	第十四条、第十六条、第十七条、第三十五条、第四十七条
	《火灾事故调查规定》	部门规章	第二条、第五条至第十条、第十四条、第十六条至第四十四条
	《公共娱乐场所消防安全管理规定》	部门规章	第十九条
	《消防产品监督管理规定》	部门规章	第四条、第九条、第十条、第二十一条至第三十二条、第三十四条至第三十七条
	《消防监督检查规定》	部门规章	全文适用
	《高等学校消防安全管理规定》	部门规章	第七条、第二十四条、第三十一条
	《社会消防技术服务管理规定》	部门规章	第十六条至第二十四条、第三十八条至第四十五条、第四十九条、第五十二条至第五十四条
危险物品管理权	《中华人民共和国枪支管理法》（以下简称《枪支管理法》）	法律	第四条、第五条、第七条至第十一条、第十五条、第十六条、第二十条、第二十五条至第二十九条、第三十条、第三十七条、第四十条、第四十二条、第四十四条、第四十九条
	《民用爆炸物品安全管理条例》	行政法规	第四条、第八条、第十三条、第二十一条、第二十四条、第二十六条、第三十二条、第三十三条、第三十五条、第三十六条、第三十九条、第四十三条、第四十六条至第五十一条
	《易制毒化学品管理条例》	行政法规	第十七条、第十八条、第二十条、第二十一条、第二十四条、第三十二条、第三十三条至第三十五条、第三十八条、第四十条、第四十一条
	《放射性物品运输安全管理条例》	行政法规	第四条、第三十八条、第六十二条、第六十六条

续表

职权	法律	类型	适用条款
危险物品管理权	《烟花爆竹安全管理条例》	行政法规	第四条、第五条、第十五条、第二十二条至第二十四条、第三十三条、第三十五条至第三十七条、第三十九条至第四十四条
	《危险化学品安全管理条例》	行政法规	第六条、第二十三条、第二十五条、第二十七条、第三十一条、第三十五条、第三十八条、第三十九条、第四十八条至第五十一条、第八十一条、第八十八条、第八十九条、第九十条、第九十九条
	《剧毒化学品购买和公路运输许可证件管理办法》	部门规章	全文适用
	《射击竞技体育运动枪支管理办法》	部门规章	第五条、第八条、第九条、第十四条、第十五条、第十九条、第二十三条至第二十九条、第三十一条至第三十三条、第三十七条至第三十九条
特种行业管理权	《旅馆业治安管理办法》	行政法规	第四条、第六条、第八条、第九条、第十四条、第十五条、第十六条、第十九条
	《印刷业管理条例》	行政法规	第四条、第六条、第十四条、第三十条、第三十七条、第三十八条、第四十二条
	《废旧金属收购业治安管理办法》	部门规章	第四条、第六条、第十条至第十六条
	《典当管理办法》	部门规章	第四条、第十五条、第十六条、第十七条、第二十一条、第二十三条、第五十一条至第五十六条、第六十三条、第六十五条至第六十九条
	《机动车修理业、报废机动车回收业治安管理办法》	部门规章	第三条、第六条、第九条、第十条、第十一条

15

续表

职权	法律	类型	适用条款
集会游行示威管理权	《中华人民共和国集会游行示威法》	法律	第六条、第十八条、第二十条、第二十一条、第二十五条、第二十七条、第二十八条、第三十一条
户籍管理	《中华人民共和国国籍法》	法律	第十五条、第十六条
	《中华人民共和国居民身份证法》	法律	第六条至第八条、第十一条、第十二条、第十五条、第十六条、第十七条、第十九条、第二十二条
	《居住证暂行条例》	行政法规	第八条至第十一条、第十八条、第十九条
	《中华人民共和国临时居民身份证管理办法》	部门规章	第八条至第十条、第十二条、第十五条、第十七条、第十八条
出境入境管理权	《中华人民共和国出境入境管理法》	法律	第四条、第二十条、第二十九条、第三十条、第三十二条、第三十五条、第三十六条、第三十九条、第四十条、第四十四条至第四十七条、第五十五条、第五十八条至第六十条、第六十七条至第七十条、第八十一条
	《中华人民共和国护照法》	法律	第四条至第六条、第十一条、第十七条至第十九条、第二十一条、第二十四条
	《中华人民共和国中国公民出国旅游管理办法》	行政法规	第十九条、第三十二条
	《中华人民共和国外国人入境出境管理条例》	行政法规	第三条、第四条、第十条、第十一条、第十三条、第十四条、第十六条、第十八条、第二十条—第二十三条、第二十六条、第二十七条、第二十九条、第三十条、第三十二条
	《中华人民共和国边境管理区通行证管理办法》	部门规章	第四条、第七条、第十条至第十二条、第十四条、第十五条、第二十一条、第二十二条、第二十三条、第二十八条

续表

职权	法律	类型	适用条款
出境入境管理权	《因私出入境中介活动管理办法》	部门规章	第三条、第五条、第八条、第十三条、第十六条、第十八条、第二十一条至第二十三条、第二十六条、第三十一条至第三十三条、第三十六条
	《办理劳务人员出国手续的办法》	部门规章	第四条、第五条、第六条、第七条、第十条
网络安全管理权	《中华人民共和国网络安全法》	法律	第八条、第十四条、第六十三条、第六十四条、第六十七条、第七十五条
	《中华人民共和国计算机信息系统安全保护条例》	行政法规	第六条、第十一条、第十四条、第十七条至第二十一条、第二十三条
	《中华人民共和国计算机信息网络国际联网管理暂行规定》	行政法规	第十四条
	《互联网信息服务管理办法》	行政法规	第二十条
	《计算机信息系统安全专用产品检测和销售许可证管理办法》	部门规章	第五条、第六条、第七条、第九条、第十一条、第十四条、第十五条、第十六条、第二十三条
	《计算机信息网络国际联网安全保护管理办法》	部门规章	第三条、第八条、第十二条、第十五条至第二十三条
	《计算机病毒防治管理办法》	部门规章	第四条、第八条至第十条、第十五条至第二十条

2. 公民权的法律规范

权利种类	法律	适用条款
财产权	《中华人民共和国宪法》	第十三条： 公民的合法的私有财产不受侵犯。国家依照法律规定保护公民的私有财产权和继承权。
	《中华人民共和国民法通则》	第七十五条： 公民的个人财产，包括公民的合法收入、房屋、储蓄、生活用品、文物、图书资料、林木、牲畜和法律允许公民所有的生产资料以及其他合法财产。公民的合法财产受法律保护，禁止任何组织或者个人侵占、哄抢、破坏或者非法查封、扣押、冻结、没收。
	《中华人民共和国物权法》	第四条： 国家、集体、私人的物权和其他权利人的物权受法律保护，任何单位和个人不得侵犯。
平等权	《中华人民共和国宪法》	第三十三条： 中华人民共和国公民在法律面前一律平等。
人身自由权	《中华人民共和国宪法》	第三十七条： 中华人民共和国公民的人身自由不受侵犯。任何公民，非经人民检察院批准或者决定或者人民法院决定，并由公安机关执行，不受逮捕。禁止非法拘禁和以其他方法非法剥夺或者限制公民的人身自由，禁止非法搜查公民的身体。
隐私权	《中华人民共和国侵权责任法》	第二条： 侵害民事权益，应当依照本法承担侵权责任。本法所称民事权益，包括生命权、健康权、姓名权、名誉权、荣誉权、肖像权、隐私权、婚姻自主权、监护权、所有权、用益物权、担保物权、著作权、专利权、商标专用权、发现权、股权、继承权等人身、财产权益。
集会游行示威权	《中华人民共和国宪法》	第三十五条： 中华人民共和国公民有言论、出版、集会、结社、游行、示威的自由。
	《中华人民共和国集会游行示威法》	第三条： 公民行使集会、游行、示威的权利，各级人民政府应当依照本法规定，予以保障。

续表

权利种类	法律	适用条款
申诉控告检举权	《中华人民共和国宪法》	第四十一条： 中华人民共和国公民对于任何国家机关和国家工作人员，有提出批评和建议的权利；对于任何国家机关和国家工作人员的违法失职行为，有向有关国家机关提出申诉、控告或者检举的权利，但是不得捏造或者歪曲事实进行诬告陷害。对于公民的申诉、控告或者检举，有关国家机关必须查清事实，负责处理。任何人不得压制和打击报复。
知情权	《中华人民共和国行政处罚法》	第三十一条： 行政机关在作出行政处罚决定之前，应当告知当事人作出行政处罚决定的事实、理由及依据，并告知当事人依法享有的权利。
陈述申辩权	《中华人民共和国行政处罚法》	第三十二条： 当事人有权进行陈述和申辩。行政机关必须充分听取当事人的意见，对当事人提出的事实、理由和证据，应当进行复核；当事人提出的事实、理由或者证据成立的，行政机关应当采纳。行政机关不得因当事人申辩而加重处罚。
听证权	《中华人民共和国行政处罚法》	第四十二条： 行政机关作出责令停产停业、吊销许可证或者执照、较大数额罚款等行政处罚决定之前，应当告知当事人有要求举行听证的权利；当事人要求听证的，行政机关应当组织听证。

3. 公民权利救济的法律规范

法律	适用条款
《中华人民共和国行政诉讼法》	第二条： 公民、法人或者其他组织认为行政机关和行政机关工作人员的行政行为侵犯其合法权益，有权依照本法向人民法院提起诉讼。 第三条： 人民法院应当保障公民、法人和其他组织的起诉权利，对应当受理的行政案件依法受理。行政机关及其工作人员不得干预、阻碍人民法院受理行政案件。

续表

法律	适用条款
《中华人民共和国行政复议法》（以下简称《行政复议法》）	第二条： 公民、法人或者其他组织认为具体行政行为侵犯其合法权益，向行政机关提出行政复议申请，行政机关受理行政复议申请、作出行政复议决定，适用本法。
《公安机关办理行政复议案件程序规定》	第一条： 为了规范公安机关行政复议案件的办理程序，防止和纠正违法的或者不当的具体行政行为，保护公民、法人和其他组织的合法权益，保障和监督公安机关依法行使职权，根据《中华人民共和国行政复议法》（以下简称《行政复议法》）以及其他有关法律、法规，结合公安工作实际，制定本规定。
《中华人民共和国国家赔偿法》（以下简称《国家赔偿法》）	第二条： 国家机关和国家机关工作人员行使职权，有本法规定的侵犯公民、法人和其他组织合法权益的情形，造成损害的，受害人有依照本法取得国家赔偿的权利。

（二）公安行政管理权和公民权立法状况梳理

公安行政管理权的基本规范数量总结如下：

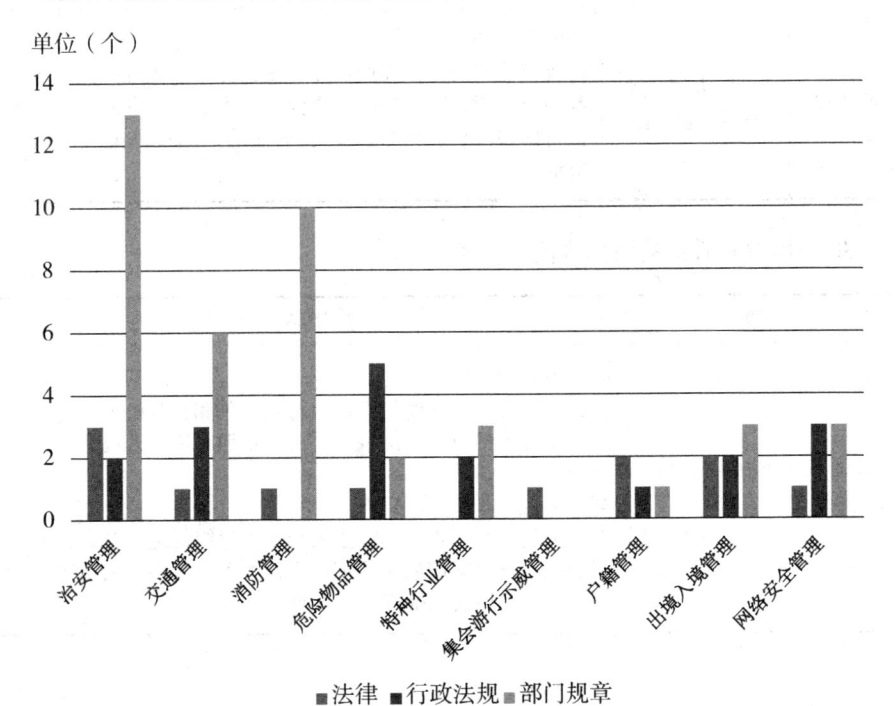

图1 公安行政管理权基本规范数量柱状图

通过上图可以非常直观地得出以下结论。首先，公安行政管理的基本规范分布在各个管理的范畴之中，但是各个管理部门基本规范的数量分布极为不均匀，有的相关规范多，有的相关规范少，有的法律多，有的行政法规多，有的部门规章多。总体上呈现出一种比较混乱的状态。其次，有的管理部门行政法规基本为零或已被废止，有的管理部门缺少规章的约束，也就是公安行政管理权限在立法上存在着许多漏洞。

结合上图以及上述分别从公安机关行政管理权、公民在公安机关行政管理视域下的基本权利以及公民在公安机关行政管理视域下的权利救济三个方面，对我国现今的立法状况进行梳理，大致为以下情况：

第一，公安机关行政管理权的立法体系较为完善，每个管理部门下都有全国各级人大和国务院统一制定的法律、法规，但这些法律法规大部分比较陈旧，还没有在新的社会发展情况下做出修改和废止；

第二，公安行政管理视域下公民基本权利的立法较为完善，但总体来说规定笼统，部分需要细化的法律法规缺乏，笔者认为也存在部分问题，如应当入宪的权利没有入，应当由法律加以规定的权利没有规定；

第三，公安行政管理视域下公民权利救济的立法体系十分不健全，规定公民可参与诉讼、复议的法律法规屈指可数，在程序上的规定也不完善，公民明显缺乏救济的法律法规支撑，救济途径狭窄，程序单一。

从以上梳理可看出，公安行政管理权与公民权关系之间存在着明显的问题，如法律体系不健全、废立改遥遥无期、救济体系不完善，等等。接下来笔者将展开对其具体问题的分析。

三、公安行政管理权与公民权基本现状

（一）公安行政管理权现状梳理

公安行政管理权具体包括哪些内容？笔者将其统计成下表，以便阅读。

权种	管理部门	职责
治安管理权	治安大队①	1. 维护国家安全和社会治安稳定； 2. 有序进行治安管理； 3. 保障社会治安秩序和维护公民合法权益。

---

① 本表中有关"管理部门"的"大队"是以县级市公安机关的"表达"为依据的。

续表

权种	管理部门	职责
交通管理权	交通大队	1. 对车辆及其驾驶人员进行检验、考核、登记、核发牌证，以及对车辆驾驶人员进行教育管理； 2. 采取指挥监督、宣传教育、行政处罚等方式对道路交通中的人、车、路、环境等进行监督管理； 3. 处理交通事故现场、认定交通事故责任、处罚交通事故责任者、对交通损害赔偿进行调解等； 4. 交通安全宣传教育。
消防监督管理权	消防大队	1. 对各单位消防事项和设施行使监督检查权； 2. 行使行政许可权、火灾事故调查权和行政处罚权。
危险物品管理权	多个部门	1. 管理危险物品本身和用于危险物品生产、储存、销售、运输、使用和销毁的原材料、生产设备、场所、环境、交通工具； 2. 管理危险物品生产、储存、经营、使用单位或部门的工作人员； 3. 管理违反危险物品管理相关法律法规的人。
特种行业管理权	多个部门	1. 维护特种行业的正常秩序，保障特种行业的合法经营； 2. 预防和禁止特种行业的违法经营行为； 3. 预防和打击利用特种行业进行的各类违法犯罪活动； 4. 预防和查处治安灾害事故，保障公共安全。
集会游行示威管理权	治安大队	1. 接受集会游行示威的申请，审核申请是否符合法定条件并依法作出决定； 2. 维护集会游行示威活动举行中的秩序和各方安全； 3. 追惩活动过程中出现的危害公共安全、破坏社会秩序的违法犯罪行为。
户籍管理权	户籍科	1. 对公民基本情况进行登记管理，确认公民民事权利能力和民事行为能力，证明公民的身份； 2. 为政府制订经济社会发展规划等工作提供人口数据及相关基础性资料。
出境入境管理权	出境入境管理科	1. 对中国公民、外国公民的出入境事项以及中国公民往来港澳台事项进行管理； 2. 对非法出入境事项打击和处罚。

续表

权种	管理部门	职责
网络安全管理权	网监大队	1. 指导并组织实施公共信息网络和国际互联网的安全管理、监察和保护等工作； 2. 组织指导和参与对计算机信息泄漏、计算机病毒传播及其他计算机灾害事故的防范和处置工作； 3. 负责互联网用户的备案工作和网上服务营业场所的计算机安全保护和管理工作； 4. 负责网络信息安全的教育和宣传。

由上得知，公安行政管理权包括几个方面。

1. 治安管理权

公安治安管理权，是为了维护国家安全和社会治安稳定、有序而进行治安管理的国家权力。公安治安管理权是以保障社会治安秩序和维护公民合法权益为目的的有武装性质的公共权力，其涉及面广、种类繁多，与公民权利息息相关。"警察执法时的适法性和公正性如何，直接关系到社会秩序的稳定和公民权利的实现。"[①] 公安治安管理权是国家通过宪法和法律赋予公安机关进行治安管理的一种基础性行政权力。经过多年的发展演变，我国基本形成了比较严密的多层次的警察治安管理权行使体系。相较于一般的国家行政权，公安治安管理权往往更直接地关系到公民权的保护、关系到一个国家的法治化进程、关系到"公权与私权平衡"。我国社会管理制度上既需要公安治安管理权，又要在法治的框架内对其加以规范。规范公安治安管理权是尊重和保障人权的必然趋势、程序公正的必然要求、控制警察权滥用的内在动力。而对警察治安权的规范，需要在扩权与限权中寻求平衡。在我国，维护治安的行政职权和侦破犯罪的刑事职权都是由公安机关行使。在这种警察权体制下，包括公安治安管理权在内的警察权在权力架构上存在许多问题，具体警察治安行政执法环节中也存在不少问题，导致执法中滥用职权、僭越职权、不履行职权、程序违法等侵犯公民、法人和其他组织合法权益的现象十分猖獗，权力运行失范成为警察治安权的根本困境。

2. 交通管理权

道路交通是国民经济的大动脉，是体现社会经济发展程度的重要标志之

---

① 白春宁. 论警察权及其法律控制 [D]. 湘潭：湘潭大学，2003.

23

一①，对道路交通的管理是国家行政管理最为重要的组成部分之一。《中华人民共和国道路交通安全法》（以下简称《道路交通安全法》）第五条明确规定："国务院公安部门负责全国道路交通安全管理工作。县级以上地方各级人民政府公安机关交通管理部门负责本行政区域内的道路交通安全管理工作；县级以上各人民政府交通、建设管理部门依据各自职责，负责有关的道路交通工作。"

公安交通管理权是公安机关主要负责交通管理的部门依据国家法律、法规和政策对道路交通所享有的管理权力，其核心是车辆以及驾驶员管理、交通秩序管理、交通事故处理和交通安全宣传教育。车辆与驾驶员管理是指公安交通管理部门依据国家有关法律、法规、政策、标准，对车辆及其驾驶人员进行检验、考核、登记、核发牌证，以及对车辆驾驶人员进行教育管理的一项专门的管理工作。交通秩序管理是公安交通管理部门根据交通法律法规，采取指挥监督、宣传教育、行政处罚等方式对道路交通中的人、车、路、环境等进行监督管理的工作。交通事故处理是公安交通管理部门根据相关法律法规规范进行的处理交通事故现场、认定交通事故责任、处罚交通事故责任者、对交通损害赔偿进行调解等一系列的交通管理工作。交通安全宣传教育是公安交通管理部门采取各种渠道进行的交通安全知识的宣传以及对公民的教育工作。

笔者个人认为，公安的交通管理工作是公安所有行政管理工作中群众性最强的工作，交警天天站在大众的面前，零距离地接触社会，警民关系是否和谐、公安形象好与不好，可以说一半系于交警。而且，公安交通管理工作的环境公开，受关注程度更高，执法对象的流动性更大，执法主体也拥有更灵活的自由裁量权，一旦出现瑕疵问题甚至是警民冲突问题，便会引发更高的社会关注度。因此，公安机关必须高度重视交通管理工作的总体运行。

---

① 孟建柱 2010 年 4 月 28 日在第十一届全国人民代表大会常务委员会第十四次会议上所做的《国务院关于加强道路交通安全管理工作情况的报告》。

3. 消防监督管理权

《中华人民共和国消防法》①（以下简称《消防法》）第四条规定："国务院公安部门对全国的消防工作实施监督管理。县级以上地方人民政府公安机关对本行政区域内的消防工作实施监督管理，并由本级人民政府公安机关消防机构负责实施。"我国在消防监督管理工作中实行分级管理制，即在城市，消防监督实行市公安局、区（县）公安分局和公安派出所三级管理；在农村，消防监督实行县公安局和公安派出所二级管理。具体分工的方法是：首先确定第一级列管单位，即市（地）级重点和非重点单位；然后再筛选第二级列管单位，即区、县（市）级重点和非重点单位；除此之外的统归为第三级，即乡镇、街办列管范围。因此，不论在城市还是农村，公安派出所都是一支重要的消防力量。但是随着社会经济持续发展，改革开放的不断深入，我国国民经济持续发展，各种企业不断兴起，人民的物质生活水平得到了很大的提高，而公安派出所担负的防火任务也越来越重，以往的工作力度和现代社会的发展程度已不相适应，在新形势下加强派出所消防监督管理的建设对维持社会稳定、确保一方平安有着重要作用，因而意义更重要，责任更为重大。但是由于思想上不够重视、责权不清、业务素质低等诸多原因，严重影响了公安派出所三级消防管理的发展，所管辖区域存在着很多火灾隐患，危害到了人民群众的生命财产安全。

按现行体制，公安机关消防监督权主要包括监督检查权、行政许可权、火

---

① 特别说明：本著中关于"消防"的监督管理部门，根据2019年4月23日第十三届全国人民代表大会常务委员会第十次会议《关于修改〈中华人民共和国建筑法〉等八部法律的决定》修正，即其中的《消防法》（第四条）的修订，已由"公安部门"变更为"应急管理部门"。鉴于本著研究主题之必要，笔者认为在本著中所有关涉"消防警察权"的阐释不足以伤及"警察权与公民权关系"的研究主旨。或者说，本著中"警察权与公民权关系"的主旨研究由于囿于其"一般关系的定位及其意义"，因而不会因"消防"的监督管理部门的变更而受到波及。"消防"的权利义务并未因其"主管"变更而有所变更，特别是其权利义务与其作用的对象——公民之间的关系在阐释要求上也并未脱离原有的研究思路。不过，毕竟因其"主管"变更会给作者带来一些阅读时的"联想"麻烦，还望理解与见谅。有关"消防"监督管理部门的变更情况请读者关注如下立法变化：一是现行《消防法》修改前的规定："第四条 国务院公安部门对全国的消防工作实施监督管理。县级以上地方人民政府公安机关对本行政区域内的消防工作实施监督管理，并由本级人民政府公安机关消防机构负责实施。军事设施的消防工作，由其主管单位监督管理，公安机关消防机构协助；……"二是现行《消防法》修改后的规定："第四条 国务院应急管理部门对全国的消防工作实施监督管理。县级以上地方人民政府应急管理部门对本行政区域内的消防工作实施监督管理，并由本级人民政府消防救援机构负责实施。军事设施的消防工作，由其主管单位监督管理，消防救援机构协助；……"

灾事故调查权和行政处罚权。

4. 危险物品管理权

从历史角度来说，危险物品是一个不断变化的概念。古代社会并没有"危险物品"这一具体说法，当时由于生产力和人们认识能力所限，统治阶级只将少量的物品和器具作为危险物品。《梦溪笔谈》记载了宋仁宗庆历年间平民毕昇创造了活字印刷术[1]。当时的统治阶级认为，活字印刷的普及将导致书本大量出现，人民长期禁锢的思想得到解放，从而难以控制，不利于中央集权，因此将活字印刷视为"一种妖术"，将其作为"危险物品"坚决予以查抄和毁坏，然几百年后它却成了举世闻名的四大发明之一。弓弩、刀和矛在古代作为狩猎、生活和防身的器物并未作为危险物品进行管理，而现代它们被列入了危险物品，不得非法制造、非法携带、非法贩卖、非法购买等。由此可见，这种"危险"很大程度上是相对的危险，并不是绝对的危险。但出于公安机关管理工作的考量和立法的需求，应当对危险物品管理的范围进行一个大致的定位。

危险物品管理范围概括来说包括人和物两个方面。从物的方面看，主要是危险物品本身和用于危险物品生产、储存、销售、运输、使用和销毁的原材料、生产设备、场所、周围环境、交通工具等。从人的方面来说，包括两类。一是危险物品生产、储存、经营、使用单位或部门的工作人员。由于他们是直接或间接接触危险物品的人群，公安机关要对这些人员进行严格考核，并定期进行培训，使其具备较高的专业素质，才能胜任工作。二是违反危险物品管理相关法律法规的人，主要包括企图偷盗、损毁、破坏或私自生产、储存、经营、运输、使用危险物品，给国家安全、社会稳定、人身财产、自然环境带来威胁或损坏的人员。对于这类人员，公安机关一经查实要给予严厉处理。由此可见，公安机关危险物品管理工作的范围广、任务重。

由于危险物品是指有较大的杀伤力或破坏性的物品和操纵此类物品的人，这些物品和人如不加严格管理和控制，容易成为犯罪工具，特别是枪支弹药、爆炸、剧毒等危险品，极易对公共安全造成危害，必须由公安机关加强管理。综上所述，笔者将公安机关的危险物品管理权定义为：公安机关依照相关法律法规的规定和国家公权力的授权，对危险物品本身和用于危险物品生产、储存、销售、运输、使用和销毁的原材料、生产设备、场所、周围环境、交通工具以及直接或间接接触危险物品的人群进行管理、监督和处罚的权力总称。

---

[1] 沈括. 梦溪笔谈[M]. 北京：文物出版社，1976：599.

5. 特种行业管理权

特种行业简称"特行"或"特业",是我国公安机关对一些特定行业的内部用语。一般来说,我国的特种行业是指工商服务业中所经营的业务内容和性质特殊,容易被违法犯罪分子利用进行违法犯罪活动,易发生治安灾害事故,依据国家法律、法规或地方法规规定,由公安机关实行特殊治安管理的行业。关于特种行业的范围,它不是一个一成不变的概念,特种行业的范围总是根据社会政治经济状况和具体时间段内国家治安管理的状况而变化。目前我国特种行业有:旅游业,包括旅馆、饭店、酒店、招待所、度假村等为旅客提供住宿服务的行业;印章业,包括刻字店、刻印章店之类的行业;印刷业,包括适用机械、电子、激光等技术经营印刷、排版、复印、打印等提供印刷服务的行业;旧货业,包括废旧金属收购业、典当业等行业。

特种行业管理是指公安机关依照国家或地方的法律、法规对工商服务业中一些经营内容和性质特殊,容易被违法犯罪分子利用进行违法犯罪活动,易发生治安灾害事故的特殊行业实施的治安行政管理。特种行业管理权即为实现特种行业管理的目的,由国家公权力赋予公安机关及内部人民警察的行政管理的权力。

6. 集会、游行、示威管理权——集会游行示威自由权

我国《中华人民共和国集会游行示威法》(以下简称《集会游行示威法》)第六条明确规定:"集会、游行、示威的主管机关,是集会、游行、示威举行地的市、县公安局、城市公安分局;游行、示威路线经过两个以上区、县的,主管机关为所经过区、县的公安机关的共同上一级公安机关。"由此可知,公安机关是集会、游行、示威的主管机关。公安机关对集会、游行、示威活动的管理可分为三个阶段:在集会游行示威活动举行之前,公安机关是集会游行示威申请的审批者,这一阶段的管理职责是根据法律法规审核集会游行示威的申请是否符合法定条件,并以程序做出许可与否的决定;在集会游行示威活动举行的过程中,公安机关是公民权以及社会秩序的维护者,维护集会游行社会参与者、相对一方以及没有参与活动的大众的生命财产安全以及范围内的治安和交通秩序;在集会游行示威活动之后,公安机关是集会游行示威活动过程中违法犯罪行为的追惩者。这里的违法犯罪行为既包括在游行示威过程中出现的危害公共安全或破坏社会秩序的行为,也包括活动未依照规定的方式、路线、地点、起止时间等进行的情况。

集会、游行、示威的权利在国外很早就给予了高度的重视。集会和请愿是英国的传统权利,早在1215年,英国《大宪章》就保障下院有向国王请愿、申

诉不平的权利；这种权利随后被欧洲移民带到了美洲，同言论与新闻自由一并载入了美国权利法案；而在法国，集会自由是法国大革命的基本要素；"在德国亦是由于人民争取自由权时，经由 18 世纪到 19 世纪中各王国与贵族的压迫下逐渐获得的，以致到 1848 年法兰克福圣保罗教堂宪法草案是集会自由的实证化"①。1948 年 12 月 10 日联合国大会通过并发布的《世界人权宣言》第二十条规定："人人有权享有和平集会和结社的自由。" 1966 年 12 月 16 日联合国大会通过并发布的《公民权利和政治权利国际公约》第二十一条规定："和平集会的权利应被承认。"

我国现行宪法第三十五条规定，"中华人民共和国公民有言论、集会、出版、游行、示威的自由"，集会、游行、示威权是宪法赋予我国公民的基本人权。1989 年出台的《中华人民共和国集会游行示威法》本着保障公民依法行使集会、游行、示威的权利，维护社会安定和公共秩序的立法宗旨，对《中华人民共和国宪法》（以下简称《宪法》）确定的公民的集会游行示威权进行了具体规范。突出对应的公民权是：言论自由、集会游行示威自由。

7. 户籍管理权——姓名权、迁徙自由权

户籍管理是国家的一项重要行政管理制度，是国家行政管理的基础。"计家曰户，计人曰口"②，国家通过专门机关，将公民的姓名、出生日期、籍贯等信息登记在册，就形成了户籍。户籍管理，也称户政管理、户口管理，是依法搜集、确认和提供本国住户居民的公民身份、亲属关系、法定住址等人口基本信息的国家管理。根据《中华人民共和国居民身份证法》《中华人民共和国国籍法》等法律法规的规定，我国各级公安机关是户籍管理的主管机关，户籍工作是公安机关的基础工作，是其服务群众的重要窗口，涉及千家万户。其主要内容包括对公民常住、暂住、出生、死亡、迁入、迁出、变更等事项的管理。以上的内容也就是公安机关享有的户籍管理权内容。户籍制度作为一项最基本的社会管理制度，是其他社会制度的基础和依据，关系重大，各国都十分重视。

8. 出入境管理权

出入境权是指人人不受歧视和根据自己的意志离开任何国家和返回本国的权利。新中国成立后，出入国境作为中外公民的一项正当权益，受到了国家法律的保障。从管理制度的变迁来看，可以大致分为三个阶段。第一阶段，严格控制（1949 年至 1978 年）。在这一阶段中，由于受国际、国内形势的限制和极

---

① 阳燕香. 我国集会游行示威自由与规范［J］. 天水行政学院学报，2012（5）.
② 《辞源》将"户口"一词解释为"计家为户，计人为口"。

"左"路线的干扰,在从严审批、控制出国的背景下,出入境管理虽然有效地保障了国家安全和政治稳定,但是公民出入境合法权益在不同程度上受到损害。第二阶段,逐步放宽(1978年至1985年)。这一阶段是出入境管理制度全面清理"左"的思想影响,贯彻解放思想实事求是的思想路线,逐步放宽公民因私出国条件的开始。在外国人管理制度上,公安部借鉴了国际上通行的一些管理办法改革外国人入境审批和签证制度,实行口岸签证、取消出境签证、简化手续,逐年增加开放地区。第三阶段,依法管理(1986年至今)。以1985年11月公布的《中华人民共和国外国人入境出境管理法》《中华人民共和国公民出境入境管理法》为标志,中国公民、外国人出入境管理步入了依法管理新阶段,形成了《中华人民共和国国籍法》《中华人民共和国护照法》《中华人民共和国出境入境管理法》与国务院及公安部出台的关于出入境管理的办法、工作规范、细则和政策等都标识着中央统一的出入境管理制度。

我国的出入境管理权分属于公安、外交两大系统。中国驻外国的外交代表机关、领事机关或者外交部授权的其他驻外机关,负责颁发中国公民在国外申请护照、证件和外国人申请来华的入境、过境签证。国内护照的签发管理又分因公、因私两大种类,外交部和地方外事部门负责颁发因公务出境的中国公民所使用的护照,公安机关受理因私事出国护照的申请。目前,我国的公安出入境管理由公安部统一确立了省、市、县三级管理模式,出入境管理逐步规范化、制度化。在中央统一的出入境管理制度下,根据不同的政治、经济、文化和历史等背景,各行政区制定出各具特色的中国公民出入境管理、外国人入出境管理、边民管理和港澳台居民来往内地管理等制度,使我国地方行政区的公安出入境管理形成了不同的模式。

9. 网络安全管理权

公安机关网络信息管理指的是公安机关工作人员通过规定的手段保证网络信息安全、数据安全、服务安全以及通信的安全等。2016年11月7日,我国第十二届全国人大常委会第二十四次会议通过了《中华人民共和国网络安全法》(以下简称《网络安全法》),其中第八条规定:"国家网信部门负责统筹协调网络安全工作和相关监督管理工作。国务院电信主管部门、公安部门和其他有关机关依照本法和有关法律、行政法规的规定,在各自职责范围内负责网络安全保护和监督管理工作。"顾名思义,公安机关网络信息管理权即指国家公权力赋予的公安机关对网络信息、数据、服务、通信安全等事项的管理的权力。

个人信息是指以电子或者其他方式记录的能够单独或者与其他信息结合识别自然个人身份的各种信息,包括但不限于自然人的姓名、出生日期、身份证号码、个人生物识别信息、住址、电话号码等。

10. 其他管理权——公安行政管理衔接问题

何谓公安行政管理的衔接问题？我们首先来看两个法律条文：其一，《中华人民共和国野生动物保护法》（以下简称《野生动物保护法》）第二十三条规定："猎捕者应当按照特许猎捕证、狩猎证规定的种类、数量、地点、工具、方法和期限进行猎捕。持枪猎捕的，应当依法取得公安机关核发的持枪证。"第四十六条规定："……违反本法第二十三条第二款规定，未取得持枪证持枪猎捕野生动物，构成违反治安管理行为的，由公安机关依法给予治安管理处罚；构成犯罪的，依法追究刑事责任。"其二，《中华人民共和国烟草专卖法》（以下简称《烟草专卖法》）第三十八条规定："烟草专卖行政主管部门有权对本法实施情况进行检查。以暴力、威胁方法阻碍烟草专卖检查人员依法执行职务的，依法追究刑事责任；拒绝、阻碍烟草专卖检查人员依法执行职务未使用暴力、威胁方法的，由公安机关依照治安管理处罚法的规定处罚。"

通过上述两条法律规定我们可以看出，不管是在野生动物保护管理方面，还是在烟草管理方面，除了主管部门之外，其管理工作都有公安机关参与其中。当然，此种参与并不是随意时间内与主管部门的管理行为共同发生，而是另一种方式——"衔接发生"。所谓"衔接"，即连续，其含义强调在次序上的前后相接。"衔接发生"在这里也就是指公安机关的管理行为发生在其他国家机关的管理行为之后。在《野生动物保护法》的规定中，只有野生动物行政主管部门在执行公务时发现相对人没有持枪证的情况下，公安机关才开始行使其管理职责；在《烟草专卖法》的规定中，只有在烟草专卖检查人员执行公务时，相对人拒绝或者有人阻碍的情况下公安机关才发挥其管理职能，参与其中。当然，以上两个法律条文只是众多规定公安行政管理衔接问题中的冰山一角，在我国现行有效的法律法规中，类似的条文还有非常多，这也就意味着公安机关行政管理衔接问题所涉及的领域众多，管理内容烦琐。

通过以上论证，我们可以将公安行政管理衔接问题大致概括为：其他国家机关特别是行政主管部门在其行使其管理职能过程中发现有人实施了法律规定的应由公安机关查处的违法行为，移送公安机关处理而启动的公安行政管理活动。[1]

公安行政管理衔接问题作为一种特殊的行政管理活动，其各个行为必然应

---

[1] 参照李晓文. 公安衔接执法 [M] // 陈晋胜，刘克华. 警察执法热点问题研究. 北京：群众出版社，2008：556.

当遵循行政法中的法律保留原则,即法无授权即禁止,必须明确其法律依据。当然,这种法律依据既包括实体上的法律依据,也包括程序上的法律依据。20世纪90年代以后,我国加快了行政法领域的立法步伐,逐步制定和完善了作为行政法基本体系架构支柱的行政基本法以及诸多的部门行政法,当然,规制公安行政管理衔接的法律规范也包括宪法类法律、民事方面法律。但众多的立法活动也很难在短期之内弥补公安行政管理衔接过程中存在的缺陷。移送程序的法律规定缺失,部分法律条文规定宽泛,这些都是公安行政管理衔接领域内立法上存在的问题。同样,这就直接地导致其在管理工作的实施和执行上表现出以下几个情况:其一,其他国家机关违法执行公务而公安机关依然启动衔接管理工作,由此引发行政诉讼和群体性事件;其二,发生公安机关违反必要适度原则和禁止使用武器原则的现象;其三,公安机关受"官本位"思想影响,违反平等对待原则。

(二)公安行政管理权的界限

根据上文对公安行政管理十大权力的梳理,发现公安机关行政管理权的内容既多又杂,而且不同的管理权之间相互掺杂,相互影响。如果说将每一项管理权比作一个点,那么这个点会延伸出不同的线,这些线就是每一项管理权包含的不同内容。点与线交织,形成了公安行政管理权这一张大网。当公安机关面对如此烦琐的管理工作,当每个公民以自己的理解去定位公安机关的管理工作,毫无疑问,会面临一个十分尴尬且棘手的问题:公安该承担哪些管理职责?另一方面,当代表国家公权力的公安行政管理权对公民的私权利和私生活介入、干预时,公民的权利是否受到了来自公权力的侵害?公安行政管理权的界限应当如何划分?

1. 从公民权利视角分析

法治社会奉行私法自治原则,人民在私法领域可以凭借意志自由处理私人事务,如果因为私权发生纠纷,可以自主选择私力救济或者司法途径解决。警察权作为国家公权力,面对私权的争执,不应随意介入。陈兴良教授说:"对于任何一个社会来说,警察职能都是不可或缺的,它是国家职能的重要组成部分。然而,警察权在一个社会中的实际运作状态,却在相当程度上标志着这个社会法治文明的发展水平。因为,警察权力与公民权利在一定条件下成反比例关系,即警察权的扩大意味着公民权的缩小,警察权的滥用往往使公民权化为乌有。"[①] 因此公安机关在行使警察权的时候必须遵循公共原则,警察权的行使应

---

① 陈兴良.分权与限权:刑事法治视野中的警察权[J].法律科学,2002(1).

当尊重私人生活空间,以不干涉私人民事生活、不随意侵入私人住宅、不过度限制公民权利为限。当然,行政管理权也是如此。在实践中,存在警察在执法过程中使用警察权介入私人生活领域的问题。例如,2002年8月在陕西发生的"夫妻在家看黄碟被抓"就是警察干预私人生活领域的案例。当然,公共秩序与社会安全等公共权益与私人权益争端之间并不存在绝对的界限关系。尤其是当公民合法的财产、人身自由和人身安全受到威胁,或个人行为危害到社会公共利益和安全时,警察不能以"保护私权""不干预私事"为理由不作为。例如,在执法实践中,家庭暴力虽然发生在家庭生活领域或者是私密空间,但是警察应当依照《中华人民共和国反家庭暴力法》介入。此外,警察虽在原则上不能介入社会民众的私权纠纷,但是如果私权的争执已经面临紧急状态,甚至有可能对社会造成损害时,应当允许警察权在一定条件下介入私人领域。

总之,警察权的本质和宗旨决定了警察权在公共区间发挥作用,而不能干涉属于公民个人的基本私权利,对公民私权利的尊重和敬畏是警察权应持的态度。因此,属于公民的基本私权利是警察权扩张的"红线",在任何情况下都不容僭越,这既是警察权力配置的底线,也是警察权力伦理的基本要求。笔者认为,公安行政管理权介入公民私权应当满足以下三个条件。第一,介入基础——公民权利至上。当公民个人权益受到损害的情形具有紧迫性,如果公安不立即作为将会使得个人权益遭受更大侵害时,公安机关应当介入。第二,介入技巧——被动介入。警察权干预私人权益应当是被动性的,权利人可以自己决定是否请求警察协助。第三,介入规则——必须严格规范警察权。警察权介入私人领域应当遵循合法原则、比例原则、适度原则、程序正当原则,等等,不能超越必要的限度,具有辅助性。[①]

2. 从公安行政管理权视角分析

《中华人民共和国人民警察法》(以下简称《人民警察法》)第六条对人民警察职责范围进行了明确的界定。按照规定,人民警察依法履行职责范围内的事情,就是警务工作,除此之外,都是非警务活动。但在现实生活中,警察该干什么,不该干什么,是不能由公安机关和警察自己决定的。长期以来,公民一直有一种警察无所不能、警察的服务是无限的误解。比如公民丢了钥匙进不了家门要找警察,家里宠物丢了也找警察。如群众对110接报警服务台的认知也是如此。公安部颁布的《110接报警工作规则》第十四条对110接报警受理范

---

① 参见高文英. 和谐社会警察权配置的利益考量[J]. 中国人民公安大学学报,2011(3).

围做了明确规定，但群众并不知道。在行政管理实务中，我国一些地方政府指派警察参与征地、拆迁、计生、城管等行政事务，公安部门的管理范围模糊。特别是我国还有森林公安、铁路公安、民航公安、海洋警察等公安的分支，他们所承担的属于林业、铁路、民航、海洋等部门所有的管理事务交织在一起，更使得大众甚至包括部分人民警察在内都对公安行政管理权的界限越来越模糊。这些大量的社会职能，确实体现了人民警察为人民服务的理念，但也确实对正常警务活动的开展产生了一定的冲击。如何将社会其他职能部门、中介组织或社会闲散资源的作用调动出来，如何在有限警力中获取最大利用率，如何确定老百姓110报警的有效性，是很难界定的问题。

从实践层面来说，结合我国人口、地域等实际情况来看，上述烦琐的事务过于细碎，法律法规不可能为其制定出标准的条文来规定，正所谓法律永远无法穷尽社会之事。但从理论上来说，我们可以大致对此类事件进行分析。

一是公共利益与个人利益的角度。毫无疑问，公安行政管理权作为一种公权力的存在，它的价值取向应然地偏重于社会秩序，其着重强调的是社会公共秩序的稳定运行。公安行政管理权行使的目的是为了保护一定的公共利益，公共利益就是照顾大多数人的利益，这就与每个人的利益诉求产生了冲突的可能，要求警察在行使行政管理权的时候兼顾到每个人的具体利益是不可能的。解决这一冲突的途径就是权衡所要保护利益的大小，衡量保护哪一方的利益将会产生更好的社会效果。所以，保护公共利益有时会损害一些个人的利益但当某个人的利益与公共利益发生冲突的时候，公安行政管理权必然会为了保护公共利益而不得已放弃与之冲突的个人利益。因此，当警力缺失，当"有警必接、有难必帮、有险必救、有求必应"的承诺超出警察队伍能够承受的能力范围时，类似于公民个人宠物丢失的单纯帮助性的需要就不再适合于动用公权力去解决。

二是公共资源配置的角度。我想说一个案件，那就是"赵C"案。江西公民姓赵名C，该名由其父亲所取，在取名当年顺利地办理了户籍登记，领取了公民第一代身份证。但2006年，当赵C更换第二代身份证时，却出现了问题。因为"赵C"这一名字进不了公安部户籍网络的程序，无法办理，所以建议赵C改名。赵C向鹰潭市公安局申请要求继续使用这个名字，但公安局作出批复，要求其改名。为了捍卫自己的姓名权，赵C起诉了公安分局。社会各界对此事众说纷纭。有的人为赵C维护自己姓名权拍手叫好，认为这是我国法治建设道路的一个进步；但有的人坚持，全国的人口信息系统是统一制定的，如果单为一个人修改这个系统，将耗资巨大，操作难度也巨大。当然，此案最终还是以赵C同意更名而告一段落。从公共资源配置这个角度来看，笔者更倾向于第二种观点。公民享有姓名权并不意味着其姓名不受任何限制。就此案来看，公安部门已经斥巨资建立了庞大的人口信息管理系统，如果赵C坚持用这个名字，就意味着全国范围内现有的正在运行的人口信息管理系统将全部"改版升级"，意味着全国的公安系统要为了一个人的名字而耗费巨大的人力、物力和财力来配合。笔者认为，如果真的就赵C一人而改版升级，这是对国家资源和社会资源的严重浪费。这在经济学中有一种科学的阐释："在一个资源有限的世界里，效益是一个被公认的价值，所有的法律活动，事实上都是在发挥着分配稀缺资源的作用。因此，所有法律活动都要以资源的有效配置和利用以及社会财富的增加为目的。"[①] 当然，这只是理论上的辨析，实际中还要考虑其他诸多因素，单纯以公共资源合理配置为理由不接警、不出警是不具说服力的。

结合以上公民权利视角和公安行政管理视角的分析，我们可以得出一定的结论，那就是，公安行政管理权的界限或者说是其与公民权之间的平衡点在于以下各方面。首先，公民权利至上。公安行政管理权归根结底来源于公民权利的授予，因此，它存在的初衷就是为了保障公民权，如果无法实现这个意义，公安行政管理权也就失去了它存在的最大价值。其次，要充分考量公安管理的目的能否实现。因为社会秩序的维持、人权的保障和社会事务的管理不仅是设立行政管理权的初衷，也是矫正警察权运行状态的标尺。公安管理目的的实现十分重要。最后，对公权的行使进行严格限制。警察权只能在公共区间发挥作用，而不得干涉属于公民个人的基本私权利，并且应当对公民私权利持有尊重和敬畏的态度。

（三）公安行政管理权与公民权关系存在的问题

1. 立法方面的问题

公安立法是国家立法的重要组成部分，公安立法要从国家的整体利益出发，从人民的长远利益、根本利益出发，因为公安机关承担着刑事、行政和社会管理的任务，公安机关的各项工作尤其是行政管理工作与人民群众息息相关，公安法律、法规、规章更应当体现人民的共同意志、维护人民的根本利益、保障人民当家做主。公安机关在进行日常行政管理活动时，会以现有的法律、法规、部门规章以及地方性法规等规范性文件作为其执法的政策性依据，因此，目前的法律体系会在很大程度上影响公安机关工作方式方法以及工作实施力度。

[①] 参见美国著名学者理查德·波斯纳的著作《法律的经济分析》一书。转引自王晓琼. 利益平衡论与司法的艺术——立足于中国法治文化本土化的思考[J]. 法学论坛, 2005（5）.

(1) 法律体系不完善。目前我国公安机关行政管理工作已经具备了一定的法律体系，并以此为基础，制定了多项规章制度。但由于受到改革进程的客观制约，公安立法滞后于改革开放和经济发展的需要，公安行政管理工作迫切需要的法律、法规和规章尚未出台，使公安机关无法可依、无章可循。尤其在市场经济快速发展的今天，新兴行业不断出现，现行的法律、法规和规章对新兴行业没有相对应的具体的、可操作性的管理规定。以公安机关户籍管理为例，《中华人民共和国户口管理条例》颁布于1958年，已不能适应现阶段户籍管理工作的实际需要，而现阶段实行的户籍管理，偏重于大中城市户籍管理的模式，针对农村的户籍管理方法还需进一步完善和规范。目前一些人因子女上学、参军、农村土地征迁、城市拆迁、享受低保等将户口随意迁移，造成长期人户分离。这在一定程度上给户籍管理工作带来难度。

(2) 法律法规立、改、废不及时。立，是制定法律过程的简称。立法法对于制定法律规定了详细的程序，并有具体的技术规范。制定法律要根据社会实践的发展变化和需要，为人们设定新的法律行为规范，或者将原有的行为规范赋予法律约束力。改，即修改法律，是对法律规范部分内容的变更。随着社会的发展，法律所调整的社会关系也发生了一些变化，同时，由于人们认识水平的局限性，对相关理论和社会运行规律的了解总是渐进的，在法律执行过程中，有一些不科学、不切合实际的内容会逐渐地暴露出来，并成为实践发展的阻碍。及时地修改法律，消除法律中的某些弊端，可以使其更加适应社会实践的需要，保障法律体系的协调一致。废，即废止法律，是指使法律规范失去法律效力。废止法律主要有三种情形：一是有关机关依法撤销同上位法相抵触的法律规范；二是由于新法律出台，旧的法律规范与其相抵触或者主要内容被新法吸收，旧法就被废止；三是由于某一法律被废止，有关的法律规范也被全部或者部分废止。

我国政府根据不同时期的政治、经济和社会治安形势对治安管理工作的需要，先后颁布了一系列关于公安机关行政管理领域的法律法规，并在此基础上逐步制定了多项规章制度，形成了一套具有中国特色的公安行政管理的规范，这成为公安行政管理工作的基本依据。随着我国经济改革的不断深入、市场经济体制的建立和发展，社会出现了许多新情况、新问题，经济发展也进入了新常态。公安行政管理权所涉及的法律、法规部分规定已不适应社会实际。如我国《中华人民共和国治安管理处罚法》（以下简称《治安管理处罚法》）中的通知家属条款，是指该法第九十七条的规定："公安机关……决定给予行政拘留处罚的，应当及时通知被处罚人的家属。"这一充满人权保障意味的规定招致了诸多争议，民警进行治安行政执法时遇此情形也很难恰当落实。以处理卖淫、嫖娼为例，《治安管理处罚法》第六十六条规定："卖淫、嫖娼的，处十日以上十五日以下拘留。"据此，实行卖淫、嫖娼等有损社会名誉的行为受到拘留处罚的，应当由公安机关通知被处罚人的家属。但实践中，警察按照法律规定通知家属后，往往使被处罚人员面临严重的家庭矛盾以及不利的社会影响。相反，如果警察从保障被处罚人权益出发，按照被处罚人的意愿不通知其家属，将导致《治安管理处罚法》第九十七条的空置，继而面临"违法执法"的质疑。法律中此类型的"两难"规定，如果不能修改或废止，会对警察管理工作造成困扰，对公民造成困扰，更会使法律的价值得不到很好的体现。

2. 程序方面的问题

公安行政管理程序是指公安机关的行政管理行为应当符合法律规定的方式、形式、步骤和时限，符合法定或正当合理的操作规程，简单来说即公安机关做出影响相对方或社会公众的权益的警察行为，必须遵循正当的法律程序。现阶段公安行政管理工作中还存在着程序方面的问题。

（1）执法活动透明度不高。从理论上来说，程序公正是公安行政管理行为公正的前提，是确保公安行政相对人合法权益的重要保证。但在实践中，有的公安行政管理活动并未完全落实行政公开规则，使当事人不能很好地了解执法情况，无法有效地实施监督。一些公安行政管理活动的具体操作办法和实施细则没有公开，使行政相对人难以了解执法活动的具体细节。有的地方公安机关很少进行执法听证，或对听证会记录不理睬。如此，"公正"二字很难体现。

（2）管理工作违反法定程序。季卫东曾指出："如果我们要实现有节度的自由、有组织的民主、有保障的人权、有制约的权威、有进取的保守这样一种社会状态的话，那么，程序可以作为其制度化的最重要的基石。"① 在公安行政管理活动过程中，有的民警不能严格按法定程序执法，如该经过的步骤不经过，甚至颠倒步骤次序，省略法定环节，或者违反法定的形式，没有书面的决定书或者书面决定书不规范、不合法，或违反法定执法期限，拖延时限甚至超期执法，这都是公安机关行使行政管理权的过程中出现的程序方面的问题。

笔者将上述问题结合起来分析发现，公安机关行政管理权行使中出现的最为基本的问题是理念问题，即在长期的工作中存在着"重实体，轻程序"的思想问题。兼顾公私利益，真正做到为人民服务，其要求必须落实到每一步，必须从程序上合法合理，才能真正地达到公民所要求的结果。

---

① 季卫东. 法律程序的意义［M］. 北京：中国法制出版社，2011：12.

3. 警察素质和专业程度方面的问题

任何致力于法治建设的国家，都必须具有与这一目标相适应的公安警察素质的支持。尤其是在公安行政管理的范畴中，许多部门的工作性质要求警察应当具有很强的专业性和较高的职业素质。尤其是网络安全管理、危险物品管理等方面的工作，管理队伍需要既懂法律知识又要懂专业技术的人员。并且，在"互联网+"以及"大数据"时代的背景下，在各式各样庞大数据库的建设要求下，多项工作就更需要专业性的人才来处理。

（1）部分公安机关警察专业化程度低。部分岗位的民警缺乏必要的专业技能训练和业务知识更新培训。从目前公安行政管理队伍现状看，掌握法律、外语和计算机等方面知识的专业人员少，精通专业管理业务的民警所占比例亦较低，加之有的部门对岗位人员调整频繁，业务水平下降。

（2）部分警察存在素质低下的问题。如在政治思想方面，部分民警政治观念和宗旨意识淡化，政治理论学习消极被动，对党的方针政策照抄照搬、理解不透，缺乏足够的政治鉴别力，导致其在日常工作中，与人民群众对人民警察的期望和要求形成明显反差。在法律文化方面，有些民警的理论水平低，执法办案定性不准，甚至分不清是否应当定罪。在职业素养方面，有些民警纪律松散、行为失范，问题虽然发生在极个别民警的身上，但因性质恶劣，严重损害了民警的整体形象，破坏了警民关系。

（3）部分警察存在工作上的心理问题。一是工作任务重，民警工作、心理压力大，部分人产生抵触、厌战和畏难情绪。由于公安机关内部对执法质量的要求不断提高以及人民群众对公正执法的期望值越来越高，执法环境、执法规范相对复杂，使部分民警，在执法中顾虑重重。二是政治、生活待遇偏低，部分民警积极性受挫。民警个体素质不高和不稳定制约了管理工作的质量和效率。

4. 公民救济权利方面的问题

救济的权利是世界各国设定和行使公安行政管理权力时所遵循的一条基本原则，就是指被处罚的公民依法诉诸某种法律渠道，使违法行使公安权力的行为得到纠正，并使自己因受警察违法行使权力侵害所受的损失得到赔偿的权利。公民的救济权是否完善是判断一个国家法治水平高低的重要标准。公民的权利必须要有保障，保障的主要方式是法律制度的救济。

然而，由上文中笔者所列表格结合司法实践的经验可以看出，面对具有强制力的公安行政管理，公民权利的救济存在着诸多问题，如规范救济的法律法规不足、行政救济的受案范围过窄、各行政救济制度之间缺乏协调、救济主体缺乏独立性等，这些都是公民在权利受到公安行政管理权侵害时走救济渠道的绊脚石。

究其原因，笔者认为，"行政程序法""信访法"等法律的缺失和学界对行政救济的理论研究不足有着很大的影响。信访是一种有着行政救济属性的补充性制度，它起到了反映民众呼声、调解社会矛盾的作用。国务院通过的《信访条例》用于规制信访过程中出现的问题，但该条例中部分条款在实际操作中不能适用于纷繁复杂的情况，相反还导致了浪费行政成本、体制流于形式等问题。中国公民对于通过信访解决问题有着很强的依赖性，因此，我们需要完善公民权利的救济渠道。

5. 公安行政管理权与公民权利的部分冲突问题

（1）公安户籍管理权与公民迁徙自由权。近代平等观念认为：每一个人由于他们之间的天然差别，不可能做到完全平等，但独立、自由的人格主体在法律上应是一律平等的，即法律面前人人平等。这种平等的基点在于废除封建的身份制度和特权制度，保证人人在机会均等的前提下参与社会活动。迁徙自由，就是选择居住的自由，这是身体之自由所内含的。然而"中国历来的法律或习惯，对人民的迁徙，倘在国境以内，则无论为耕作，或经商，或营他种职业，俱不在法律或习惯禁止之列"①。1954年中华人民共和国第一部宪法第三章公民的基本权利和义务（第九十条第二款）中规定了中华人民共和国公民有居住和迁徙的自由。1958年1月9日的《中华人民共和国户口登记条例》将我国城乡居民明确区分为农业户口（农村户口）与非农业户口（城镇户口）两种不同的户籍。1975年1月的中华人民共和国第四届人大第一次会议将1954年宪法中的第九十条第二款删除。在我国社会主义条件下，尤其是党的十五大报告中明确提出尊重和保障人权以后，公民的迁徙自由和平等权利得到社会越来越多的关注和重视。

公安户籍管理工作与公民的迁徙自由权有很明显的冲突点。一是地址失真，即人户分离。有的为择校，将户口迁至未实际居住但教育质量较好的中小学校所在地或高考录取分数线较低的地区；有的为方便办护照，将户口迁至未实际居住但较容易办理护照的地区。二是人口统计数据失真。一些地方迫于计划生育工作的压力，漏报瞒报人口统计数据。此外，受地方政策干预，因计划外生育、抱养、拖欠村居应缴费用领不到结婚证等不能顺利申报出生登记、迁移户口的未落常住户口人员也大量存在。

（2）网络安全管理权——隐私权。"隐私"就是不愿意让别人知道的秘密，

---

① 周杰. 论中国户籍变法之必要性及初步设想［EB/OL］. 北大法宝网，2019-10-28.

它作为人类的一种心理需求自古就有，但一直都没有形成法律权利。"隐私"作为法律概念和权利被提出始于美国。1890年美国学者沃伦和布兰代斯发表了一篇题为《论隐私权》的论文，呼吁社会对隐私权给予保护与尊重，隐私权概念开始得到法学界的重视，隐私权作为一项民事权利逐渐在各国的司法实践和立法中得到承认。[①]

随着社会的发展，隐私权的发展突飞猛进，范围不断扩大，内涵亦越发丰富，隐私利益广泛存在于社会各个领域。所以，公安机关如何对公民虚拟空间进行监控亟须进行法律规制，其力度和范围必须控制在必要的法律限度内。如果只是从宪法层面对隐私权进行保护显然是不够的，因为宪法作为国家的根本大法，对公民基本权利的规定是比较抽象宏观的。现代社会隐私权的发展需要具有技术性、实践性的行政法，通过行政立法明确隐私权的行政法保护的范围，为政府行政权力的行使设定隐私权的具体边界。

四、平衡公安行政管理权与公民权的基本思考

（一）结合英美国家四次警务革命分析国外相关制度之启示

对公安行政管理权的思考，毫无疑问地需要我们脚踏实地地从中国实际的国情出发，但对制度的完善和改革必然不能闭门造车，我们既需要横向的放眼世界，又需要纵向的纵观古今。以英美发达资本主义国家为例，自现代警察设置以来，其职能随着国家社会发展变化的需要，经历了四次警务革命。

第一次警务革命是1829年英国颁布《警察训令》至1890年，以英国建立伦敦警察系统为标志。18世纪末19世纪初，英国爆发了资产阶级革命，社会开始由传统的农业社会向工业社会转变，随之产生了巨大的阶级分化和严重的阶级对立，社会犯罪迅速增长。在此背景下，英国政府创建了伦敦大都市警察局，开始建立专职警察队伍，在打击犯罪的同时，将预防犯罪置于警察职能的首位。第二次警务革命是1890年至1930年，以美国警察专业化运动为主要标志。其核心是通过警察队伍专业化摆脱地方政治集团对警察的控制，使警察成为一支独立、高效的队伍，警察职能开始转向单一的打击犯罪。第三次警务革命是1930年至1980年，以英美各国的警察现代化运动为主要标志，强调利用科学技术加强警察的通信、车辆等现代化装备，警察成为"打击犯罪的战士"。第四次警务革命是1980年至今，以英美国家的"社区警务"为标志，开始强化"传统更

[①] 夏泽祥."深圳妓女示众事件"的宪法学分析[J].山东社会科学，2007（11）：31–37.

夫"的服务职能。

结合上述英美国家的四次警务革命,我们可以看出警察或者是公安的职能的变化是随着国家社会的主要矛盾的变化而转变的。当一个国家社会主要矛盾突出和社会稳定出现危险时,警察的职能就会收缩,收缩至打击犯罪和维护社会治安秩序的核心职能,以维护国家政权的稳定和社会秩序的安定有序;当社会主要矛盾相对缓和,社会秩序相对安定,和平发展是时代的主旋律时,警察会适时扩大服务职能,为广大民众服务。我们可以得到这样的启示:正如恩格斯在《家庭、私有制和国家的起源》一文中所写,"警察是随着国家的产生而产生的,一开始就是国家暴力机器的组成部分,警察的职能就是维护国家统治"①,无论是在哪个国家,或是哪段时期,公安机关的权力必然是公权力所赋予,相反的也必然是为公权力所服务。对于公安机关的行政管理权来说亦是如此。

(二) 公安行政管理权与公民权关系之法理分析

传说,在上帝造人之后,人请求上帝:"上帝啊,我们太弱小了,请你再创造一个英雄吧,让他保护我们。"上帝说:"英雄在保护你们的同时,也会欺压你们,吃你们。"后来,人们为了抵御各种外来的风险,自己创造了一个利维坦,创造了一个能让他们有归属感的庞然大物——政府。但政府这个利维坦有双面的性格。它由人组成,也由人来运作,因此也就有了人性那种半神半兽的品质。它在保护人的同时,又在吃人。②

1. 国家公权力与公民私权利关系之引用

从利益层面上看,公共利益与个人利益的冲突是警察公权力与公民私权利冲突的主要根源。公共利益与个人利益之间的矛盾,是每个国家和阶级社会都无法回避的一个长期矛盾,其在很大程度上表现为公共权力与私权利之间的冲突。孟德斯鸠曾经说过:"自由就是做法律所许可的一切事情的权利。"③ 洛克也认为:处于政府之下的人们的自由,要有一个长期有效的规则作为生活的准绳,这种规则由社会所建立的立法机关制定,并为社会的一切成员共同遵守。

---

① 恩格斯. 家庭、私有制和国家的起源 [M] //中共中央马克思恩格斯列宁斯大林著作编译局. 马克思恩格斯选集:第四卷. 北京:人民出版社,1972;1884 年第一版序言.
② 参见托马斯·霍布斯. 利维坦 [M]. 黎思复,黎廷弼,译. 北京:商务印书馆,1985;施米特. 霍布斯国家学说中的利维坦 [M]. 朱雁冰,译. 上海:华东师范大学出版社,2008:6.
③ 查理·路易·孟德斯鸠. 论法的精神 [M]. 严复,译. 1748;孙丽岩. 行政权下的公民权利之辩 [J]. 政法论坛,2013 (2).

"你要想被公平对待就必须付出高昂的代价。"①

行政权是一种社会治理权，它与强制力紧密相连，以相对强制力来维护社会秩序。通常认为，行政权的本源来自民众的授予，为公共利益而服务于大众，比如霍布斯、洛克、卢梭等人倡导的"社会契约说"，认为国家权力即公权，是由社会中每个人舍弃其自然权利的一部分或全部，以社会契约形式让渡给国家或社会整体，使之能以其所获得的权力，反过来保障每个人的自然权利。霍布斯认为人民以社会契约永弃主权于政府中的君主或寡头，人民一旦转让了其权利，就必须绝对服从政府的权力。洛克则认为人民是以社会契约暂寄主权于政府或社会整体，政府无道，人民还可收回主权。两者观点虽有局部差异，但都认为国家或政府的权力源自人民的授予；人民的权利让与政府，变为政府的权力以后，则人民自己不再享有或暂时不享有这项权力。国家只拥有为维护社会公益，也就是为维护公民共有的、平等的天赋权利而应当有的必要的有限的权力。

通过以上的论述，我们将公安机关行政管理权套入国家公权力的体制中，再与其所对应的公民的私权利进行分析，可以得出结论：公安行政管理权与公民权的大与小是成反比的，前者是国家公权力的组成部分，后者是个人私权利的表述。而公权力与私权利本来就是对立统一的两个力量。因此，管理权扩张，那么公民权就必然会受到一定程度的限制；相反，公民权若得到充分的保障，其结果也是对管理权的制约。对公安机关和人民警察来说，"法无授权即禁止"，对公民来说，"法无禁止即自由"。那么，公安机关行政管理权与公民权利之间的矛盾与冲突、对立与统一在现代社会，尤其是在法治国家建设大局之中应当如何平衡？

彼得·布劳认为："权力是个人或群体将其意志强加于其他人的能力，尽管有反抗，这些个人或群体也可以通过威慑这样做。"② 由于国家权力属于一种公共力量，它有巨大的效益规模，可以通过强制手段使义务得以履行，因而国家权力可以成为保护个人权利最有效的工具，但同时国家权力又可能使一些人的权利受到侵害。

党的十八大以来，依法治国，建设特色社会主义法治国家是党和国家的主要治国方略和奋斗目标，要实现这一目标，我们必须清楚地认识到，规范公安

---

① 约翰·洛克. 政府论：下篇［M］. 刘晓根，译. 北京：北京出版社，2007：9. 参见亚历山大·米克尔约翰. 表达自由的法律限度［M］. 侯健，译. 贵阳：贵州人民出版社，2003．转引自孙丽岩. 行政权下的公民权利之辩［J］. 政法论坛，2013（2）.

② 彼得·布劳. 社会生活中的交换与权力［M］. 孙菲，等译. 北京：华夏出版社，1988：138.

行政管理权是尊重和保障人权的必然趋势，是程序公正的必然要求。在现代社会，行政权维护公民权利主要体现在为公民权的行使创造条件。行政权的诞生是因为社会需要强制力矫正成员中危害他人以及社会公共利益的行为，促进社会整体福利的需求。而当行政权逐渐得到全社会的认可之后，它的行使也必须围绕公共福利和社会秩序的目标来进行。行政权力建设和维护公共秩序，为公民权利的实现提供条件，其主旨就是为了促进公共利益的发展。由于行政权力必然面向社会多元利益，即局部利益与全局利益不同、眼前利益与长远利益相异、特殊利益与共同利益并存、个人利益与集体利益有别、少数人利益与多数人利益共生。行政权力不仅仅局限于某一类或者某些群体利益，而是整合社会整体利益，从社会一体化需求的高度创造权利行使的条件，试图建立形成、维护和发展社会利益结构，最大限度地为最大多数人谋取最大的利益。在目前我国构建和谐社会的进程中，构建和谐社会首要的是坚持以人为本，完善民主权利保障机制，"坚持公民在法律面前一律平等，尊重和保障人权，依法保证公民权利和自由。坚持科学立法、民主立法，完善发展民主政治、保障公民权利、推进社会事业、健全社会保障、规范社会组织、加强社会管理等方面的法律法规。加快建设法治政府，全面推进依法行政，严格按照法定权限和程序行使权力、履行职责，健全行政执法责任追究制度，完善行政复议、行政赔偿制度。加强对权力运行的制约和监督，加强对行政机关、司法机关的监督"[1]。可见，在这样的时代需求下，行政权客观上应当以尊重公民权利为时代目标。

　　但是值得注意的是，限制公安机关行政管理权并不意味着全盘否定或限制力度过大。在强调对过分强大的公权力的控制和对易受伤害的权利进行保护，调整权力运行的状态时，这种调整要适度，切不可完全忽视乃至全盘否定。在对公权力调整与控制的同时，更应该注意对它的改善与引导。此外，客观地讲，我国公民的权利意识的勃兴尚处于极不稳定的感情阶段，只是形式上肤浅的心理表现，更遑论更高一层的理性层面，因此，对权利的调整，要在重视权利保护的基础上更注重科学的权利意识的培育以及理性行为模式的引导，而不能一味强调权利至上，私权唯一。进一步说，即使以后公民的权利意识成熟了，行使权利的行为更加理性了，也应该注意权利保护的量度，毕竟对权利的调整不能打破权力与权利的均衡格局。

---

[1] 参见中国共产党第十六届中央委员会第六次全体会议于2006年10月11日通过的《中共中央关于构建社会主义和谐社会若干重大问题的决定》。

2. 秩序与自由关系之引用

秩序与自由在法的价值理论中是相对对立的两种价值。套用上述公权力与私权利之理论，秩序与自由也充分体现出了公安行政管理权与公民权的关系。近代公法的建立，使国家权力与公民权利关系成为国家与公民之间的根本法律关系。根据近代启蒙思想家的天赋人权、社会契约理论将其阐述为：人们把自己的自然权利让渡给共同体国家，国家获得强制性的国家权力，但国家存在的目的是保障人们的自然权利。因而国家权力来自人的自然权利或公民权利。国家接受公民私权利的让渡来保护私权利的途径是建立一种在本国家范围内所普遍接受的秩序，每个公民都需要遵守这种秩序。因此，公民在遵守这种秩序的同时应然地也放弃了个人实施某种行为等方面的自由。简言之，国家是人们为实现公民权利而对自己自由和权利让渡的结果。那么，警察作为国家这一公权力的代表之一，也可以看作人们为实现常态自由而宁愿接受某种强制力量对个人的非常态自由进行限制的产物。"没有限制的自由，只能损害自由"，"不加限制的自由，就会造成自由的毁灭"[1]，不存在任何无秩序的自由。马克思主义认为："人们每次都不是在他们关于人的理想所决定的和容许的范围之内，而是在现有的生产力所决定和容许的范围之内取得自由的。"[2] 正是在这一意义上，公安强制性的公权力是必要的。公安公权力的行使就是为了建立一个有序的社会状态，对公民私权利的行使进行一定的干涉，但这种干涉又会导致公民个体的自由权利的行使受到一定程度的约束。"自由是对束缚、限制、强制的摆脱，是一种无限。而秩序恰恰是一种限制。"[3] 自由和秩序的关系是相互对立但又是相互统一的，要协调好两者的关系，必须在"最大自由"和"最高秩序"之间找到一个平衡点，而公民权利与公安公权力的关系正是这种"自由"与"秩序"在价值层面上不断寻求平衡的过程的反映，并且，这个过程将是长久的和常态的，会伴随着国家的存在而存在。

3. 行政主体与行政相对人关系之引用

行政主体是指享有行政权，能以自己的名义实施行政行为，并能够独立承担该行为所产生的法律效果的社会组织。行政相对人是指在行政法律关系中，不具有行政权或者不行使行政权，与行政主体相对应的另一方主体即公民、法

---

[1] 卡尔·波普尔. 猜想与反驳 [M]. 傅季重, 纪树立, 周昌忠, 蒋弋为, 译. 上海：上海译文出版社，1986：520.
[2] 马克思恩格斯全集：第三卷 [M]. 北京：人民出版社，1960：507.
[3] 李建华, 曹刚. 法律伦理学 [M]. 武汉：中南政法大学出版社，2002：55.

人或者其他组织，简称相对人。

行政主体与行政相对人在行政法范畴内主要形成的关系是行政管理关系和行政救济关系。在行政管理关系中，行政主体是管理的一方，行政相对人是处于被管理地位的一方。行政主体拥有法律法规的授权，其管理权具有公权力所与生俱来的强制性，由此，相对人处于被管理的地位，有受到不公平待遇的危险。因此，行政相对人的权利在受到行政主体侵害时就必须要有法律赋予的救济的渠道来保护自己的合法权益。行政救济关系由此而生。它是行政相对人认为其权益受到行政主体行政行为的侵犯，向行政救济主体申请救济，行政救济主体应行政相对人的请求，对其申请予以审查，做出向相对人提供或不予提供救济的决定而发生的各种关系。它是行政相对人合法维权的有效渠道。

公安机关是行政主体，其行政管理行为属于行政行为。公民是行政相对人，是处于被管理地位的行政行为的相对方。公安机关行使行政管理权做出行政管理行为，公民作为相对人在面对公安行政管理行为时，其权利时而受保护，时而受侵害。这就是行政主体与行政相对人视域下的公安行政管理权与公民权利的关系。

（三）平衡公安行政管理权与公民权关系的原则

维护社会秩序所必需的公安行政权是一把双刃剑，运用得好可以保障社会治安同时也保障人民的权利，但是用不当它就有可能侵害公民的权利。因此公安机关及其警务人员行使公安行政权的行为必须严格受到法律监督，不得凌驾于法律之上或游离于法律之外。为充分发挥公安行政管理权的积极效应，预防和消除消极效应，实现公安行政权行使的法治要求，公安机关及其警察在行使权力时必须坚持以下原则。

1. 合法原则

公安行政管理权合法原则是合法行政原则的具体体现。在实践中主要包括以下三个层次的内容：首先，要求公安行政管理权的行使必须遵照现行法律法规，警察的职权必须依照法律的明文规定，不能逾越法律规定；其次，要求公安机关及人民警察在行使权力的时候，必须有法律的明确授权；最后，要求立法机关颁布的有关规范警察权的法律文件的效力要高于行政机关所颁布的法律文件或决议命令。行政法规和规章以及其他规范性法律文件在不与宪法和法律相抵触的情形下才能作为权力行使中的执法依据。

2. 平等原则

警察与公民在法律地位上的严重失衡，是导致警察权与公民权失衡的诱因。现代法治社会要求，警察与公民双方法律地位应趋于平等。这种平等是一种建立在制衡基础之上的平等，而不是一般严格意义上的平等。首先，在行政法的制定过程中，警察与公民都有平等的参与机会，使双方的意见能够得到平等的表达。其次，在具体管理过程中，公民与警察必须平等地进行对话，警察必须对自己的行为做出说明和解释，公民有权进行陈述和申辩。只有遵循上述规则，才能在法治的平台上实现二者力量的均衡，也才能最终达致既合理维护公民权利的正当内容，又充分保障行政管理权必要运行的动态和谐。

3. 比例原则

由于公安行政关系工作的多元性和复杂性，立法者不可能预见社会生活全部以及管理过程中可能发生的变动，因此，法律不得不授权警察根据具体情况斟酌权衡从而采取适当的措施；同时，法律对警察执法的规定也不可能详尽无遗，它也没有必要深入到细枝末节，反而必须给警察留出裁量的空间和自由，留下一定的灵活处理的权力。所以，自由裁量权成为发挥警察主动性、创造性和提高工作效率必不可少的条件之一。但正因为如此，这种被称为"行政法上的特洛伊木马"的自由裁量权，一旦失去控制，就会极大地阻碍法治社会的建设。社会公共安全事务的繁杂多变为公安行政管理权创造了自由裁量的领域和空间，那么对其的控制更是不可或缺的内容。"法治所要求的并不是消除广泛的自由裁量权，而是法律应当能够控制它的行使"①。而比例原则正是控制警察自由裁量权的有力武器。比例原则"乃导源于依法治国原则的一个宪法原则，包括适当性、必要性与相当比例性等三个原则，认为国家机关行使公权力，其所采取之手段，必须是达成目的之适当手段与造成侵害最小之必要手段，而且手段与目的，或方法与目的之间，或国家公权力之干预强度与有益于公益之间，必须成相当比例"②。从比例原则的内涵上考察，应当达到实现具体的管理目标和公民的合法权益两者之间的平衡。公安机关行使行政管理权时应当把握三个要求。一是合目的。管理权的行使只能维护公共安全和公共秩序以及在公安机关办理案件中收集证据适用，不能用于其他目的。二是必要性。例如，公安机关如果能运用其他非强制方法解决问题时，就不能使用强制手段。三是最小限度。要求公安机关行使行政管理权时必须将对相对人的伤害控制在最小的限度内。

---

① 威廉·韦德. 行政法 [M]. 徐炳，等，译. 北京：中国大百科全书出版社，1997：220.
② 林山田. 论刑事程序原则 [J]. 台湾大学法学论丛，第二十八卷（2）.

4. 程序正当原则

早在 1215 年英王约翰签署的《自由大宪章》第 39 条就规定:"凡自由民除贵族依法判决或遵照国内法律之规定外,不得加以扣留、监禁、没收财产、剥夺其法律保护权。"随着人权思想的普及,这一思想又被 1628 年英国《权利请愿书》、1689 年的《权利法案》所继承,后在著名的美国 1791 年宪法修正案中明确规定:"任何人不依据法律规定的正当程序,不得被剥夺生命、自由和财产。"1948 年《世界人权宣言》和 1960 年《联合国公民权利和政治权利公约》也均以相似之规定确立这一精神。①

程序从本质上讲是对权力的一种制约。程序正当原则是行政法的基本价值,要求行政主体应在正当程序的要求下实施行政行为。具体到公安行政管理权的行使上,程序正当原则要求警察权的行使必须符合正当程序要求,这能够有利于规范其权力的行使,减少其任意性,同时还能在一定程度上发挥事前控制的作用,保障权力行使的有效性。

5. 救济原则

权利救济是权利保障的最后手段,也是权利保障不可或缺的重要环节。没有权利的救济,无论这些权利在宪法上规定得如何详尽和完备都可能失去意义,也谈不上得到保障。尽管法律在设定公安行政管理权时对其实施的条件、内容、程序等做了详细规定,但由于各式各样的原因,权力行使时侵犯公民合法权益的情况却时有发生。这正是权力救济制度产生和存在的必要之处。公民的权利受到侵害实行救济的途径主要有行政复议、行政诉讼、国家赔偿、补偿等。

(四) 平衡公安行政管理权与公民权关系的设想

1. 各部门建立完备的法律法规体系

全国各级人大和国务院各部门应当结合当前安全管理形势的需要,并结合我国目前法律法规体系,通过深层次的调研,综合考虑我国未来经济以及社会各方面发展的需要,不断地修订完善我国现行的法律法规,形成更加完整合理的法律规范体系。公安机关在行政管理的过程中必须要坚持有法必依,违法必究,将法律法规作为自己工作中的行为规范,不断提高自身工作的权威性及有效性。政府有关部门应当结合当前社会形势的需要,并结合我国目前法律法规体系,通过深层次的调研,综合考虑我国未来经济以及社会各方面发展的需要,不断地修订完善我国现行的法律法规,形成更加完整合理的法律规范体系。加快法律法规的修订工作,以平等、效率为原则,删除那些不合时宜的内容,增

---

① 胡建刚. 宪政之下我国警察权的合理构建 [J]. 学术论坛, 2008 (12).

加一些与新形势相适应的内容。完善公安行政管理法律关系主体制度，以行政法学的"平衡法"理论为指导，明确行政主体的职权和职责。合理划分公安部、各省（自治区、直辖市）公安机关、各地市、县公安机关及派出所的具体职权职责，为行政主体依法行政营造一个有法可依的良好的法制大环境。明确公安行政管理相对方的权利和义务，使被管理的公民、法人和其他组织都能明确自己所享有的权利，完善公安机关行政管理的救济制度。

还是以户籍管理方面为例，对我国而言，要解决当前户籍管理方面存在的问题，改革僵化的管理体制，出台一部科学、合理和现代的"户籍法"是十分必要的。这就需要在对现行法规进行修改、总结户籍管理经验的前提下，积极开展户籍法立法调研工作，广泛征求各方意见，做好"户籍法"的起草工作，确立事后迁移制度、确认公民可依法迁徙入籍等内容的"户籍法"早日出台，使我国人民迁徙自由的权利的法律保障进一步加强。加快立法，制定规章，规范户口办理手续。须尽快出台"户籍法"，使户籍管理工作有法可依，在"户籍法"无法短期内出台的情况下，制定一个全国统一的、具体的、可操作性强的规范性文件，对各类户口迁移、登记、项目变更更正的办理进行规范，明确办理的具体条件和手续，以保证户口管理的统一性、严密性，便于各地基层公安机关的操作。

除此之外，还要将某些原则性规定入法。法律无法穷尽公民权利，因此当现有立法技术不足以填补实践领域的空白，或社会条件尚且不宜将公安行政管理权与公民权的界限反映在条文内时，需要参照关于公安权力的原则性规定，来解决立法空白中的具体问题。目前行使公安行政管理权的原则并未在法律中有明确的规定，实务界通常参照行使行政权力的原则类推理解。但是公安行政管理权属于警察权，有其特殊性，遇到的问题更是无法完全由一般行政领域的内容所归纳。将公安管理权行使的原则单独规定在"人民警察法"内，有利于权力在实务中遇到诸如"通知家属"类型的难题时，以此为准进行参照。

2. 完善程序规范，提高公开度和透明度

严格的程序约束机制是公安行政管理规范化的重要内容。以程序理念为指导，加强程序制度建设，通过赋予公民以知情权、回避权、陈述权、申辩权、听证权等程序性权利，建立控制公安执法权力机制，对建立和发展公安行政管理权与公民权的平衡互动关系具有重要意义。为改变长期以来我国行政程序方面薄弱、分散和公安机关重实体、轻程序的现状，我们应进一步规范和完善公安机关的各种执法程序，对公安机关的每一个执法行为、执法环节、执法措施制定明确、严密、标准、可操作性强的规定，使执法工作规范化、标准化、法制化、正规化。

完善公安行政管理的程序规范就是对警察管理工作行为过程的控制，把行为的时间与空间方式以及相对人的参与作为重点，解决权力过程的失控问题，同时提高其公开度和透明度。由于我国相关法规的制定一般注重预防和控制，而忽视对公安机关和警察权力的制约和对公民权的保障，致使程序规则的制定不尽合理，同时，由于法律本身的局限，民警仍有很大的自由裁量权，加之其执法素质的参差不齐，造成了自由裁量权的不合理使用，因此，有必要对某些具体的法律制度制定周密、细致的操作细则，以方便民警在执法中对各种情况进行判断和把握，保障公民权利不会因此而受到侵害。需要注意的是，对程序体制的完善不能简单从防止错误出发，不是用监督性的措施去设置程序、增加文书、限制权力，人为地增加执法环节、增加民警工作量，而应当更多地考虑用实用、简便、严密的规范，给基层执法提供方法，用可操作的程序来约束具体的执法过程，用明确的执法标准和要求来落实执法责任。同时，要进一步简化我国公安机关各项行政管理的程序规定，使各级公安机关在管理中充分发挥其管理职能，更高效更便捷地为民众服务，真正体现公安行政管理中高效便民的内在要求。对于完善整个程序方面的措施来说，笔者认为重中之重应当是"公开"二字在程序中的体现。公开既是防腐的有效方法，也是民主的必然要求。"没有公开则无所谓正义"[1]，要实现公安机关行政管理的公正，就必须实行公开的原则。其主旨在于让民众亲眼见到正义的实现过程。正所谓"我有义务同政权合作"，是因为"我有义务屈从于正义和真理"[2]。现代公安行政管理应当是基于一种服务与合作的相互信任关系，只有公安机关信任公众，才能发展民主，为公众提供优良服务；也只有公安机关取得公众信任，才能获得公众的长久支持和积极合作。公安行政管理方面的公开是指公安机关在行使行政权力进行行政管理的过程中，除法律另有规定的，必须将执法行为在事前、事中和事后公开于相对人和有关利害关系人，应当依法将行政管理权运行的依据、过程和结果向执法相对人和社会公众公开，以使其知悉并有效参与和监督行政权力的运行。因此，笔者认为在具体的管理工作的过程中应该公开的内容，一是凡涉及执法相对人和利害关系人的权利和义务的所有行政法律、法规都必须向全社会公开。如我国《中华人民共和国行政处罚法》（以下简称《行政处罚法》）第四条规定，"行政处罚遵循公开、公正的原则"，"对违法行为给予行政

---

[1] 伯尔曼. 法律与宗教 [M]. 梁治平, 译. 北京：商务印书馆, 1991：48.
[2] 葛德文. 政治正义论 [M]. 何慕李, 译. 北京：商务印书馆, 1982：710－711.

处罚的规定必须公布；未经公布的，不得作为行政处罚的依据"。公安机关要向社会公开其执法权力行使的法律依据、程序和结果，使社会成员了解其权力来源，熟悉其权力行使的程序，知晓其做出行政决定的结果和理由。为此，要进一步完善民主参与制度，要使更多的民众参与到公安执法决策中来，将最符合公私双方利益的规则予以制度化；在执法过程中，注重与执法相对人间的双向交流和沟通，据此对公私利益进行合理取舍。二是建立告知制度，对于公民而言，还要使其知道在具体过程中所享有的程序权利和行政管理行为做出后所享有的权利救济的途径。即公安机关在实施行政管理行为的过程中，对应当让公民了解的事项，要通过一定的方式对外通知的制度；公安机关还应当告知当事人在不服管理的情况下享有查阅有关文件档案、保持沉默、为自己辩护、聘请律师、提出申诉控告、寻求司法救济等权利。

3. 提高各项管理相关人员的专业性和素质

加强公安行政管理的核心，就是提高队伍素质和执法水平。民警素质的高低，从大的方面讲，关系到整支公安队伍的战斗力，是关系维护国家主权、安全和社会稳定的大问题；从小的方面讲，关系到每个岗位任务完成的数量、质量和效率。只有公安机关全体民警充分认识执法全面质量管理的重要性，并较好地掌握执法全面质量管理基本理论，学会运用执法全面质量管理的技术和工具，才能使推进工作收到实效。

第一，要加强政治教育。通过政治思想教育，一要使广大干警坚定理想信念，自觉抵制腐朽思想的侵蚀、诱惑，始终保持人民警察的政治本色，坚决维护党和人民的根本利益；二要使其真正树立服务意识、责任意识、法治意识，自觉加强职业道德修养，严守公安工作纪律，认识到严格执法、热情服务是公安民警职业道德的核心，执法的权力是人民给的，只能用来为人民服务、维护人民的利益，公安民警的行为举止直接影响到党和政府的形象。有了这些认识，广大民警才会真正爱岗敬业，用手中的权力为人民谋利益，真正建立起适应公安工作需要、符合时代特征的警爱民、民拥警、警为民、民助警的融洽的警民关系。

第二，要严格录用和培训，提高民警业务素质。向素质要警力是科教强警的必经之路。针对当前少数民警先天不足、后天营养不良的问题，首先要在录用公安民警的源头上把好入口关，严格按照法定程序择优录用，提高录用的透明度，严防走后门的现象。其次要深入开展在职民警岗位培训和练兵活动，按照人民警察培训暂行规定对民警广泛开展多种形式的教育培训，如初任培训、警衔与职务晋升培训、专门业务与岗位培训、知识技能更新培训等，通过培训帮助其达到相应职、衔级所应具备的能力标准与知识结构，使他们适应当前形势和工作的需要。对那些不能胜任本职工作、素质较低下、培训后考核不合格的民警视具体情况实行离岗培训或直接辞退。搞好培训工作，必须有足够的经费做保证。在公安业务经费紧缺的地区，各级公安机关应积极争取党委、政府、财政、计划、教育等部门的物资、经费支持，为提高民警业务素质提供强大的后援。

第三，要加强法制教育和执法监督力度，提高民警法律素质。公安民警作为执法的重要力量，要适应依法治国的要求，必须坚持依法治警，把公安队伍建设逐步纳入法制化、正规化的轨道。首先要加强法制教育和执法培训，增强民警的法治意识，使广大民警熟知本岗位、本警种所涉及的有关法律法规，并引导民警逐步树立起法律至上、行政执法与刑事执法并重、执行实体法与执行程序法并重、保护与打击并重、自觉接受监督五个观念。其次要坚持从严治警、违法必究，对少数违法违纪、贪污受贿、损害民警整体形象的民警严肃查处，坚决清理害群之马，绝不护短手软。

第四，打造高科技平台，提高民警科技素质。公安工作的实践证明，科技水平越高，解决问题的能力就越强，公安战斗力也就越强。网络信息系统、全球定位系统、实时监控系统、无线通信系统与秘密侦查、数据分析等在公安系统内已经得到了较为广泛的应用。但总体看来，公安工作中的科技水平还是比较低的，尤其是基层公安民警的科技运用能力不高，现有技术设备的潜力没有完全发挥出来，远远不能适应公安工作的需要。这就要求广大公安民警首先要自觉培养科技意识和科学精神，在工作中用科学的态度分析问题，如重视科学分析、重视基础数据的收集、重视工作的规范、不弄虚作假等，同时要不断学习科技知识，掌握一定的科技技能，全面提高自身素质。

第五，努力增强民警身心素质。针对目前民警的身心素质与繁杂的工作之间存在的不适应，首先要增强民警的自我保健意识，克服不良嗜好，养成良好的生活习惯，坚持锻炼身体；其次要根据实际情况组织体能训练，提高民警的整体战斗力；最后要坚持从优待警，对广大民警的物质、精神、工作、生活等方面给予关爱和帮助，在保证他们基本的生存需要的基础上，不断完善民警的福利待遇和抚恤制度，使之与社会同阶层的收入水平保持同步或高于同阶层的收入水平，凝聚警心，鼓舞斗志。

4. 完善公民权利救济制度

诉权是权利所固有的天然属性。公民诉权即公民依法享有的各种诉讼权利，它是指公民个体或集体的实体权利受到侵害时，由公民一方启动的旨在弥补遭受的损害、获得司法救济的权利，它是公民原权利的保障机制。公民诉权是作为臣民的公民依据社会契约（宪法和法律）向国家机关提出的各种权利，而依法维护保障公民合法权益则是国家权力的天职，因而保障公民诉权成为现代法治国家的内在条件之一。当一个公民权利受到非法侵害时，他能否依法获得公正有效的司法救济，能否讨回公道，就成为衡量一个国家或地区法治水准的内在标尺之一。

权利救济是权利保障不可或缺的重要环节，也是权利保障的最后手段，没有救济的权利就不是权利。因行使公安行政管理权权力使公民的权利受到侵犯的，必须对侵害行为予以改正，同时应对侵犯的权利给予补救和恢复。对因权力的行使而产生的侵害行为进行救济，也是公安机关正确行使职权、正确履行职责的需要。按照我国有关法律的规定，公民的合法权益受到侵害要求救济的途径主要有几个：控告、申诉、提起行政复议、提起行政诉讼、提请国家赔偿。这虽已构成了我国对公安行政管理权救济制度的框架，但各项制度具体实施仍存有不足之处，如公安机关关于受理控告、申诉的暂行规定粗糙且不易操作，还需要进一步完善；行政复议和行政诉讼的范围窄，缺乏相关的配套制度；国家赔偿的适用范围规定得窄，赔偿的额度偏低；等等。因此，必须扩大行政复议、行政诉讼与国家赔偿的范围，相应地提高赔偿数额，尤其是要增加精神损害的赔偿，还要加大对受害人的保护，必要时要采取举证责任倒置原则，使公民权利获得充分有效的法律救济。

5. 建立和谐的警民关系

和谐警民关系建设是公安部提出的新时期公安机关三大建设之一，也是当前社会最基本的社会关系之一。在社会转轨、经济转型的新的历史时期，如何建立和谐的警民关系已成为构建和谐社会的基础性和全局性问题，直接体现党和国家与广大人民群众的关系，直接关系到国家、社会的稳定和经济的发展。群众对公安和警察的依赖程度强，有事愿意找警察，反映了公安是群众的依靠这一事实。但当今社会，警民关系确实难以处理。一方面，民众抱怨警察过多地将工作重心放在处罚和强制上，鲜少地在预防和控制方面做出努力；而另一方面，执法力度的难以把握和部分民众素质过于低下使得公安机关方面对于如何处理警民关系也深感困惑。长此以往，警民关系将不断恶化。

笔者认为，完善我国公安行政管理权，建立和谐的警民关系是应有之义。公安机关作为国家公权力的行使者，其社会地位和社会认知必然是在公民私权利之上的，所以，公安机关更要主动积极地采取措施来推动和谐警民关系的建立。如推出一系列联系群众、服务群众的举措，进行满意度测评，了解并找出民众最关心的问题是什么并积极想办法解决。将民警个人评估机制引入工作绩效评估中，使警察个人与公民之间的联系更加紧密。同样，公安机关的民警作为工作在第一线的、同民众接触最紧密的群体，在面对民众时，要以理性、平和、文明、规范的方式去执法，要将群众的认可和尊重作为行政管理工作的终极目标，以服务赢得民心，在点滴中践行"人民公安为人民"的承诺。要在思想上与群众融为一体，站在群众的立场上想问题、办事情，加深同群众的情感，真正把事关群众切身利益的小事做实，实事求是，以群众看得见的方式实现公平与正义。

同时，要建立和谐的警民关系，公安机关就必须处理好其与当地媒体的关系。西方国家把警方与媒体的关系形象地比喻为"人与野兽"的关系，即警方要经常"喂给"媒体一些信息，否则媒体会借助一些事件"乱咬"[1]。当然，这种"喂给"绝非金钱交易之类的丑陋行为，而是积极主动地加强与当地媒体的联系，如定期举行新闻发布会，积极开展与媒体的沟通与合作，邀请主流媒体参与公安管理工作的拍摄和报道，借助媒体的力量，传达公安机关想要表达的信息，同时获知大众想要传递的诉求，引导和推动社会力量支持公安行政管理工作；使群众在感情上接纳警察，在行动上支持警察，使群众成为公安机关的支持者、情报员、宣传员，形成政府、社会、群众的联动，成就全社会"共同治理、共同参与、共建共享"的新局面。

从宏观的角度上来看，公安行政管理权与公民权二者在本质上是冲突的和不妥协的。对于二者之间的问题，我们永远无法追求一种彻底性的解决，因为它们的冲突必然会随着国家的存在而存在。相反，我们必须要跳出非此即彼、非黑即白的对立思维，应当树立二者平衡共赢的全新理念，从限制中寻求保护，从对立中寻求统一。总而言之，我国正处在社会转型期，社会矛盾复杂尖锐，社会秩序极为脆弱，公安机关作为党和国家保障社会稳定、促进国民经济发展的关键力量，如果手握界限模糊不清的权力，便难以完成公权力赋予的重任。而我们对公安行政管理权界限的思考还要继续，对权力与权利关系的思考也还要继续，对警察与公民这两个主体的研究也还要继续。

---

[1] 赵素萍，赵飞，孔德美. 推进公安交通管理体制改革的思考 [J]. 河北公安警察职业学院学报，2011（3）.

第二章 公安行政许可权与公民权关系

公安行政许可权与公民权的关系是鱼水关系。公安机关与公民鱼水相依，二者关系处理得好，公民申请公安行政许可时就能如鱼得水，公安在实施行政许可权时就能如虎添翼。公安行政许可权与公民权的关系是瓶水关系。公安行政许可权是瓶，公民权是水。公安行政许可权通过设定条件来衡量公民申请是否予以批准。公安行政许可权与公民权的关系是舟水关系。公安行政许可权是舟，公民权是水，水能载舟，亦能覆舟。公安行政许可权的行使，必须以保障公民权为基础。然而在实践中，由于立法、执法、监管等方面的原因，公安行政许可权有时会与公民权发生冲突，破坏了两者的关系。公安行政许可权与公民权动因上的不一致破坏了两者的鱼水关系；公安行政许可权与公民权行为方式上的对立破坏了两者的瓶水关系；公安行政许可权与公民权目标上的对抗破坏了两者的舟水关系。化解公安行政许可权与公民权的冲突能够充分调动公民的积极性、主动性，保障社会秩序正常有序，促进经济、社会的协调发展，实现公民权有效保障与公安行政许可权高效运行的统一。

《中华人民共和国行政许可法》（以下简称《行政许可法》）于2004年7月1日颁布实施，《公安机关行政许可工作规定》于2005年9月17日由公安部发布。该规定从公安行政许可的申请与受理、审查与决定、监督检查、执法监督四个方面对公安行政许可做出了规定。公安机关行政许可项目目录中对公安行政许可的事项名称、事项类别、办理程序（窗口）权限、局属单位权限等内容做了简要说明。目前，公安机关相关行政许可项目共105项[1]，设定依据包括法律、法规、公安部规章、地方各级政府的文件等。

社会在进步，公安行政许可权也在变化和完善。借助网络等手段，公安行

---

[1] 数据来源：公安机关相关行政许可项目目录［EB/OL］．路桥区人民政府网．2017-01-19.

政许可越来越朝着科学便民的方向发展，公民实现自己权利的时候也更加便捷高效。目前全国31个省、区、市实现身份证异地办理，大中城市和有条件的县市均已开展异地办理身份证工作，截至2017年2月11日，全国异地办理居民身份证近500万张。① 这是社会发展公民权对公安行政许可权提出的新要求。

虽然公安行政许可权在完善的过程中已经取得了很大的成效，公安行政许可权与公民权关系日渐平衡，但是公安行政许可权与公民权在有些方面依然存在冲突。法律、法规以及规章的缺失、滞后、不明确，都可能导致公安机关在行使公安行政许可权时对公民权利造成损害；公安机关在公安行政许可执法时出现不作为、程序违法、滥用自由裁量权等现象，也会对公民权造成侵害。公安行政许可权与公民权的冲突，严重影响了公安机关行政许可权的执法效果以及公民权的实现。笔者从公安行政许可权与公民权冲突的典型案例入手，探索公安行政许可权与公民权冲突问题，分析公安行政许可权与公民权冲突的原因，为解决公安行政许可权与公民权冲突提出法理思考。

笔者认为，公安行政许可权涉及方方面面，且大部分是公民实践生活中最基本的。公安行政许可权与公民权的关系，对公民的基本权利有着极其重大的影响；公安行政许可权与公民权的冲突，可能导致公民权益的损害甚至丧失。解决公安行政许可权与公民权的冲突，规范公安行政许可权的行使，保障公民权的实现，对于秩序的建立、社会的稳定、国家的安定都有着至关重要的作用。从立法、执法、监督三个方面为公安行政许可权与公民权冲突问题的解决提出法律建议：立法上严格公安行政许可权的设定，执法上统一公安行政许可的标准，监督上加强公安行政许可权的监管，以期实现公安行政许可权与公民权的和谐运行。

一、公安行政许可权与公民权的基本理论

（一）公安许可权基本理论

1. 公安许可权的概念

《中华人民共和国行政许可法》第二条规定："本法所称行政许可，是指行政机关根据公民、法人或者其他组织的申请，经依法审查，准予其从事特定活动的行为。"公安机关是我国行政机关的重要组成部分，公安许可权，是行政许可权内容中十分重要的一部分，在行政许可权中有至关重要的地位。

对于公安许可权，学术界并没有一个明确的界定。有学者认为："公安行政

---

① 张洋. 全国累计异地办理身份证近500万张［N］. 人民日报, 2017－02－12.

许可,是指公安机关应当事人的申请,在特定条件下,解除相对禁止的公安行政处置。"[1] 有学者认为:"公安许可是指涉及公安行政管理、由公安机关实施的行政许可。""警察许可,是指为了维护社会秩序,基于相对人的申请,在特定情况下解除法律所设的一般性禁止,使其能够合法地从事特定行为或者活动的行政行为。"[2] "公安行政许可是指公安机关根据特定行政相对人的申请,按照有关法律、法规的规定,通过颁发许可证和证照等形式,允许其从事某项活动,行使某项权利,获得某种资格和能力的公安行政执法行为。"[3] 结合《中华人民共和国行政许可法》第二条对行政许可的定义,笔者认为:"公安许可权是指公安机关根据公民、法人或者其他组织的申请,经依法审查,准予其从事特定的与公安机关管辖有关活动的行为。"

2. 公安许可权的特征

(1) 主体的特定性。公安许可权,是公安机关对公民法人或者其他组织所申请的事项依法审查、准予的行为,其主体是公安机关。

(2) 程序的严格性。公安许可权的行使必须严格按照法律的规定。在现实生活中,由于法律具有滞后性,在法律规定不明确时,公安许可权给予公安机关较高的自由裁量权,而公安许可权所涉及的内容之广,如果不加以约束,则容易造成公安许可权的滥用,因而在公安许可权的行使过程中,要严格遵守法律、严格按照程序。

(3) 内容的广泛性及明确性。公安行政许可涉及的范围主要包括道路交通管理、户政管理、消防管理、出入境管理、治安管理、边检管理、计算机安全管理等七大类[4],涉及政治、经济、社会生活等方方面面,对比工商许可、卫生许可等行政许可所涉及的范围较为单一。公安许可权是一种依申请的行为,公民提出公安行政许可时,需要充分发挥法律的指引作用,有法可依。

(4) 许可的被动性。公安行政处罚、公安行政强制等其他公安行政行为普遍具有强制性。《公安机关行政许可工作规定》第五条规定:"公民、法人或者其他组织依法需要取得公安行政许可的,应当向公安机关提出申请。"行政许可是依法申请的,公安许可权作为行政许可权的一种,其行使是依据公民法人或者其他组织的申请,而不能是公安机关主动实施行政许可行为,因而具有被

---

[1] 邢捷. 公安执法与行政许可法适用 [M]. 北京:群众出版社,2003:247.
[2] 张兴祥. 中国行政许可法的理论和实务 [M]. 北京:北京大学出版社,2003:66-70.
[3] 杨玉海,盛国. 公安行政法教程 [M]. 北京:群众出版社,2001:186.
[4] 杨伟洁. 公安行政许可制度初探 [D]. 上海:复旦大学,2004:18-20.

动性。

（5）许可的要式性。行政行为按照是否需要具备一定的形式要件可以划分为要式行政行为和非要式行政行为。要式行政行为是指行政行为必须满足一定的形式要件才能有效成立的行为，而非要式行政行为则不要求行为具有固定的形式要件。根据《中华人民共和国行政许可法》第三十九条规定："行政机关作出准予行政许可的决定，需要颁发行政许可证件的，应当向申请人颁发加盖本行政机关印章的下列行政许可证件：（一）许可证、执照或者其他许可证书；（二）资格证、资质证或者其他合格证书；（三）行政机关的批准文件或者证明文件；（四）法律、法规规定的其他行政许可证件。"公安许可常见的形式有：驾驶证、行驶证、身份证、护照等许可证件。

3. 公安许可权的意义

从公安许可权在维护安全角度来看，公安许可权维护了国家安全，也维护了公共安全。如公安许可权涉及出入境管理的许可，出入境人员的管理是我国国家安全非常重要的一部分，通过对我国公民及外国人出入境许可的严格把控，预防可能出现的泄露国家秘密或是潜在的危害国家安全的活动；又如公安许可权涉及驾驶证许可及烟花爆竹零售网店许可等，这些许可的目的并不是要剥夺公民的权利，而是通过审查申请人的资格和条件，限制那些不符合条件者从事该类活动，从而避免侵犯他人利益，避免危害公共安全和社会治安秩序之行为的发生，最终达到维护社会安全，维护整个社会的利益。

从公安许可权在保障权利方面来看，公安许可权保障公民、法人或者其他组织的合法权益不受侵犯，也是公民、法人或者其他组织获得稳定生活的前提。公安机关准予自然人、法人或者其他组织从事特定的活动，从另一个角度来看，未被准予的自然人、法人或者其他组织就不具有从事该项活动的权利，这实际上也是对已经取得公安许可权利人的一种保障。一些关系到公民合法身份资格和证明的许可，如身份证许可、户口迁移许可等，是公民、法人或者其他组织在日常生活中所必须具有的资格和证明，没有这些许可，会给生活带来诸多的不便和麻烦。

（二）公民权基本理论

1. 公民权的概念

现代公民权概念源自民族—国家，在民族—国家框架中，"特定的权利和义务被赋予处在它的权威之下的个体"①。公民权，即一个国家公民的权利，是指一国公民在该国法律上所拥有、为政府所保障的公民的基本权利，它是根据宪法、法律的规定，公民享有参与公共社会生活的权利，包括政治、经济、文化等多方面的权利。马克思指出，公民即"公人"，是参与社会政治共同体即参与国家公共事务的人，是"政治人"，他们参与国家事务的政治权利即公权利，这种公民权是同政治共同体相结合的权利，公民权的内容是"参加这个共同体，而且是参加政治共同体，参加国家。这些权利属于政治自由范畴，属于公民权利的范畴"②。

法律权利	政治权利	社会权利	参与权利
1. 人身安全：防范非法失踪、无严刑逼供、无死刑、堕胎权、隐私权	1. 个人政治权利：投票权、竞选公职权、信息自由权、抗议权	1. 促进能力的权利：医疗卫生保健、养老金、康复治疗、家庭咨询服务	1. 劳动力市场干预权利：劳动力市场信息获取权、就业安置、就业保障、就业机会创造、免于就业歧视
2. 司法和程序性权利：法律代理权、契约权、免费法律援助、免除诉讼费用的权利、对质证人的权利、陪审团裁决的权利	2. 组织权利：成立政党、组织商业、经济联合会、社会运动、反对权、集会和抗议的群体权利、文化的、少数民族的权利	2. 机会权利：学前教育、初等和中等教育、高等教育、教育咨询服务	2. 建议、决定权利：劳资联席会、协调会、集体谈判权、共同决策权（人力资源决策）
3. 良知和选择：言论自由、出版自由、宗教信仰自由、选择配偶自由、职业选择权、性别/民族选择权	3. 成员资格权：移民和定居权、归化入籍权、避难权、文化权利	3. 再分配和补偿的权利：战伤抚恤、工伤抚恤、低收入者权利、失业补偿、侵权补偿	3. 资本监控权利：工薪者基金、中央银行调控、地方投资决策、反托拉斯和资本逃逸法、共同决策权（战略决策）

2. 公民权的特征

（1）时代性。早期资产阶级宪法主要规定其政治制度，因而公民权的内容也仅仅涉及公民基本政治权利；进入20世纪以后，公民权利在宪法中的规定已从政治方面扩大到社会经济生活方面；二战以后，随着社会经济、科学技术、

---

① 恩靳·F. 伊辛，布雷恩·S. 特纳. 公民权研究手册［M］. 王小章，译. 杭州：浙江人民出版社，2007：15－20.

② 马克思. 论犹太人问题［M］//马克思恩格斯全集：第1卷. 北京：人民出版社，1956：436－443.

文化生活等方面的巨大发展，不论是社会关系还是个人生活的各个领域都有了显著的变化，与此相适应，又出现了许多新的公民权利。随着社会的进一步发展，还会出现很多新的公民权利。由此可见，公民权利是具有鲜明的时代特征的。权利要受客观存在的制约，也就是说权利的存在和发展是随着社会的变化而变化的。因而时代性可以说是权利带有普遍意义的最基本的特征。

（2）国别性。各国宪法关于公民权的规定都没有离开各自的社会、经济、政治、意识形态的发展水平以及文化、习俗和传统的不同特点。而处于不同政治制度和经济文化背景中的各国公民对权利的要求也彼此不同。如生育权，在人口稀疏的北欧各国，法律不禁止生育自由，人口稠密的印度就不得不立法实行"计划生育"。

（3）阶级性。公民权的本质特征就是阶级性。[①] 法律是统治阶级或集团维护其利益和调整社会关系与社会秩序的手段。公民权利的内容均是法律规定的，属于法定权利，所以公民权利也就显然具有阶级性质。

（4）民族性。公民权的民族差异性是由民族的特点决定的。民族同私有制的出现，同阶级、国家和法律这些社会现象是有着密切联系的。一方面，统治阶级制定法律赋予不同民族的公民的权利时，往往会因为其阶级利益的需要，照顾或剥夺不同民族的个人权利或群体权利，如美国就曾经因种族歧视，区别对待黑人而备受关注；另一方面，不同民族的公民对权利要求也会因其民族传统、地理环境、价值观念和政治信仰的不同而各异，如宗教信仰自由，我国宪法规定中华人民共和国公民享有宗教信仰自由，不同民族也享有自由信仰不同宗教的权利。

（5）可能性。公民权的实现要以物质的、政治的、社会的、文化的和其他的各种社会关系来加以保证。公民权有可能通过新的立法或法律解释而予以推定和确认，使公民既有权利中蕴含的可能权利成为法定权利。公民权的规定必须尽可能达到立法的最高目的。随着经济社会的发展和人们对公民权利研究的深入，公民权利内容体系分类等都会不断发生变化。

3. 公民权的意义

（1）公民权是人权实现的基本途径。[②] 人权先于宪法而存在，宪法只有承认它，而不是产生它，宪法的目的就是要求国家保护人的那种天赋的自然权利。现在社会一个明显的趋势就是把人权入宪，即将存在于自然法中的人权以国家

[①] 卢轶. 公民权利发展与国家的阶级性 [J]. 学理论, 2009（02）: 12-13.
[②] 杨茜. 谈当代社会公民权利的价值 [J]. 活力, 2009（03）: 130-131.

根本法的形式表现出来，使纳入宪法范畴的人权变成国家中的人权。将人权宪法化具有重要的意义，它使人权具有了一种相对于国家而存在的特性。这样，公民权的范围将会得到极大的扩大。

（2）公民权是公权力的基本目标。公权力的产生源泉和基础是公民的个人权利，是从公民的自身权利中让渡一部分汇聚而成的。国家公权力源于公民的授权。公民权虽然是国家权力产生的母体，但是作为人们相互之间的认可和承诺，体现为个体意志，分散由个人行使，处于弱势地位，是非常脆弱的，最易受到来自外界的侵害。在现实社会经济生活中，不受保护的权利等于没有权利。由于国家权力是一种超越于公民之上的公共力量，具有强制执行力，可以通过强制义务履行以保障公民权的实现。

（3）公民权是法治的基本使命。法治强调以尊重人、关怀人为内容的公民权利，表达了人类相互之间的深刻认同。公民权不仅是作为一种概念，而且是作为一种人类孜孜不倦追求的理想而存在。公民权不仅是现代民主政治的目的，也是现代进步文明法律的目标，它构成了法律的人道主义基础，它像一把尺子，标出了人类生活的文明程度及未来应当达到的文明指标。在法治社会中，法律是始终为公民的权利而存在的，只有公民权利得到确定保障的国家，才可以说是一个真正的法治国家。权利不仅意味着法治，而且是人类永恒的追求。

（三）公安许可权与公民权的基本关系

1. 公安许可权与公民权的统一

权力来源于权利。人们出于保护公共安全和自身安全的需要让与一部分自由，从而使行政权有了合法、合理的基础。如果权力失去了权利的支持，其权威和效力必然大打折扣，其维护社会秩序的功能也必然无法顺利实现。"没有一个人为了公共利益将自己的那份自由毫无代价地捐献出来，这只是浪漫的空想。""人们牺牲一部分自由是为了平安无忧地享受剩下的那份自由。"[1] 人们这种自由的让予是有明确的目的和限度的。"正是这种需要迫使人们割让自己的一部分自由，而且，无疑每个人都希望交给公共保存的那份自由尽量少些，只要足以让别人保护自己就行了。"[2] 权力来源于权利的让予，表明权力的有限性，也确定了权力意味着责任的基本理念。

公安许可权的存在是对公民权的保障。公安许可是一种广泛涉及公共安全

---

[1] 贝卡利亚. 论犯罪与刑罚 [M]. 黄风, 译. 北京：中国法制出版社，2005：10.
[2] 许其勇. 必须保卫刑法——从"刑法修正案（八）"看刑法修改权问题 [J]. 刑事法评论，2011（2）：301.

和社会治安秩序管理的、与公民基本权利关系最为密切的、程序要求更为严谨的、具有垄断性的行政许可行为，更加体现了权力意味着责任这种理念。宪法以肯定基本权利的存在为前提，为公共利益的需要，许可国家以制定法律的方式来限制之。公安许可权的实施就是恢复公民基本权利的过程。因为公安许可与公民基本权利最为密切。

公安许可权的范围变化是公民权的需要。法律随着社会的发展而不断地完善，公安许可权也一样。中华人民共和国成立初从事印铸业、旅馆业、无线电器材制造等必须经过公安机关的批准，随着社会经济、文化生活的发展，公安许可权范围越来越广。行政审批多就表明政府对市场的干预多，干预过多，则不利于市场经济的发展并且政府可能会失灵，我国推行行政审批制度改革，取消了一大批公安许可审批项目。不论是公安行政许可权范围的扩大还是缩小，都是服务于公民权的，都是公民权的需要。

2. 公安许可权与公民权的衔接

从公安许可权角度来讲，法无授权即禁止。《行政许可法》第七十六条规定："行政机关违法实施行政许可，给当事人的合法权益造成损害的，应当依照国家赔偿法的规定给予赔偿。"公安行政许可是由具有公安行政许可权的公安机关在法定的职权范围内实施。公安机关在实施公安行政许可时必须按照法定的权限、条件和程序进行。

从公民权的角度来讲，法无禁止即自由。我国《宪法》第五十一条规定："中华人民共和国公民在行使自由和权利的时候，不得损害国家的、社会的、集体的利益和其他公民的合法的自由和权利。"这可以看作是设定公安许可的宪法依据，也就是说，公民、法人从事社会、经济活动，以自由为原则，只要无损于国家的、社会的、集体的利益和他人的合法自由和权利，国家不得加以限制，不得设定公安许可。

从总体上讲，设定公安许可，应当遵循经济和社会发展的规律，有利于发挥公民、法人或者其他组织的积极性、主动性，维护公共利益和社会秩序，促进经济、社会和生态环境协调发展的原则。公安许可权的设定应该是在权利保护与权力限制之间找到最佳的平衡点，即维护公共安全和社会治安秩序所必需的权利限制与增进公共利益，保障公民、法人和其他组织的权利和自由大体一致。公安许可与公民、法人和其他组织权益之间的平衡，在于保障安全与限制自由的平衡，行政主体与相对人之间的权利、义务平衡，行政机关权力与责任的平衡。

3. 公安许可权与公民权的冲突

公安许可权与公民权的冲突，本质上是公权力与私权利的冲突。权力与权利存在相互冲突的一面。权利是法律赋予人实现其利益的一种力量。只要存在权力，就必然会存在权力的扩张，就会对公民实现其权利造成一定影响与冲突。公安许可权作为与公民生活最密切的公权力之一，经常处于与公民权冲突的最前沿，这是一种公权力对私权利的冲突。

公安许可权与公民权的冲突，从法理上讲是自由与秩序的冲突。公安许可权是对国家利益的追求，是秩序价值的反映；公民权的核心是人权，是自由价值的体现。公安许可权与公民、法人和其他组织权利自由的关系，存在此消彼长的关系。如果公安许可设定范围大，对社会的控制力就强，公民、法人和其他组织权利自由范围肯定相对较小；公安许可设定范围小，对社会的控制力就弱，也就意味着公民、法人和其他组织权利自由范围相对较大。也就是说，公安许可在哪个领域实施，就会在哪个领域限制一般人的自由和权利。从这个意义上讲，要对公安许可权进行合理的限制，将其约束在一个合理的范围内并接受必要的监督。

公安许可权与公民权的冲突，表现为轻监管、轻服务。公安机关对于被许可人的监管，一是上级公安机关对实行行政许可的下级公安机关的监管，二是公安机关对被许可人的监管。公安机关对于被许可人的监管流于形式，监督检查往往只是年审，其他时候对被许可人不管不问。由于公安机关事后监管缺位导致一些行业畸形发展，如旅馆等行业。轻监管会导致公民权的滥用而违背公安许可权的初衷。公安工作的宗旨是全心全意为人民服务，具体到公安行政许可工作，可谓关系到公民的切身利益。公安机关和执法人员应培养执法为民的意识。比如公民要经营宾馆、搞运输，这些都关系到公民的衣食保障。公安机关更应站在公民的立场，认真、高效率地审核，真正做到权为民所用，利为民所谋。公安许可关系到公民的切身利益，与公民的基本生活息息相关。

二、公安许可权与公民权的基本规范

（一）公民人身权与公安许可权的基本规范

1. 生命健康权

是指公民对自己的生命安全、身体组织、器官的完整和生理机能以及心理状态的健康所享有的权利，包括生命权、身体权和健康权。生命健康权是公民权中最基本的权利。公安的行政许可，都是建立在尊重和保护生命健康权基础上的。为了更好地保护公民的生命健康权，我国法律在某些公安行政许可事项上进行了严格的规定,如烟花爆竹经营许可,枪支配备和配置许可,爆炸物品储存、运输、销售许可等,这些许可的危险性高,如果不加以严格控制,很容易造成大规模的损害,对公民生命健康构成巨大的威胁。

2. 姓名权

是公民依法享有的决定、使用、变更自己的姓名并要求他人尊重自己姓名的一种人格权利。公民决定、变更自己的姓名等都是公安行政许可的重要内容。公民申请护照、申请某种行业的执业执照等都是公民姓名权的延伸。公民的姓名权与公安许可权有着极其密切的联系。公安许可权以公民的姓名权为基础,不享有姓名权的人在申请公安许可权时是不被准予的。公民在行使自己的姓名权时,如变更自己的姓名,会影响到其所获得的公安许可的实现。

3. 隐私权

是指公民不愿公开或让他人知悉个人秘密的权利,公民享有的私人生活安宁与私人信息依法受到保护,不被他人非法侵扰、知悉、搜集、利用和公开等的一种人格权。公民在申请公安许可时,会涉及一些信息是私人的、不愿意被他人所知晓的,或是涉及商业秘密等。如中国公民因私事往来香港地区或者澳门地区许可,这就涉及公民的隐私权;放射性同位素与射线装置放射防护监管许可,这可能会涉及商业秘密。但是,有时候公民的隐私权会和公共利益冲突,公安行政机关可能会采取必要且适当的方式对公民所取得的公安许可进行公开。追求个人最大限度的隐私权的利益和公安行政机关为了公共利益的需要而对个人隐私权限制或者否定是不冲突的。

(二) 公民财产权与公安许可权的基本规范

财产权是人身权的对称。它具有物质财富的内容,一般以货币进行计算。在公安行政许可中,与公民财产权最相关、联系最密切的是行政许可收费的问题。"行政收费的目的不是为了盈利,也不是为了增加政府财政收入,而是对特定支出的行政成本的一种补偿方式,其目的是为了实现受益者与未受益者之间的公平或者为了提高自然资源、公共设施的使用效率。"[1] 行政许可的收费影响到了公民、法人和其他组织的财产权,是一种对公民财产权的处置,在公安许可权收费这种公权力与公民财产权这种私权利需要平衡时,公安许可权的收费要被合理地限制和严格地规范以保护公民财产权,因而公安许可的收费应当在有足够的法理基础支撑之后开收才具有正当性。

《中华人民共和国价格法》第四十七条规定:"国家行政机关的收费,应当

---

[1] 章剑生. 行政收费的理由、依据和监督[J]. 行政法学研究,2014 (2).

依法进行，严格控制收费项目，限定收费的范围、标准。"出于保护公民财产权的目的，公安许可的收费要依法有据，有明确收费的项目和收费的标准。行政收费的"自愿性"具有一种间接的强制性：不交纳费用，权利就得不到实现，但国家不会强制行政相对人交费，除非已经实现了权利但事后不交纳费用，国家才能动用强制交费的制度。如申请公安机关颁发出国护照需要交纳护照成本费，若申请人不交纳这笔费用，他的权利就不能实现，基于颁发出国护照职权的垄断性，他又不能从其他地方获得出国护照。

公民在申请公安许可时，有很多也是出于自身利益来考虑的，为的是获得某种能够准予其从事特定的公安许可来实现其财富的积累，如刻字业经营许可、设立拍卖业特种行业许可、设立旅馆业特种行业许可等。在公民申请这类公安许可时，许可权的取得与否直接关系到公民财产权的实现与否。公安机关在实施某些特定行业的特别许可时，准予与否、准予谁获得该种许可都是公安机关说了算。因而对公安许可要有更加严格的法律来规定。

(三) 公民程序权与公安许可权的基本规范

1. 建议权

公民的言论自由不仅仅包括表达的自由，也包括向国家权力机关建言献策的自由。公民行使建议权是公民言论自由的核心组成部分。公民向国家权力机关提出建议，不是参与管理国家事务的主要形式，而是公民行使宪法基本权利的组成部分。公民对公安机关就公安许可提出建议，是公民行使建议权的表现。公民作为公安许可的相对人，所提出的问题更多的是他们在实际申请公安许可过程中所遇到的，更加地贴近生活。公民合理行使建议权，有利于公安机关合理行使公安许可权，提高公安许可的效率。

2. 监督权

我国现行宪法第四十一条规定："中华人民共和国公民对于任何国家机关和国家工作人员，有提出批评和建议的权利；对于任何国家机关和国家工作人员的违法失职行为，有向有关国家机关提出申诉、控告或检举的权利。"监督权是指公民具有对国家权力机关进行批评、质询和参与审议的权利。行政相对人行使监督权，是他们作为国家主人的地位的体现。公民通过行使监督权对公安机关实施公安许可发挥舆论监督作用，这种监督不仅是事中的监督，而且是事后的监督；不仅是程序、法律依据上的监督，而且是公正廉洁上的监督；不仅是出于对自身利益实现的监督，而且是出于对公共利益维护的监督。

3. 知情权

是指公民知悉、获取政府有关信息的自由与权利。知情权是由人民主权推导出来的权利,也是公民行使一切民主权利的重要前提。公安机关在行使公安许可权的时候,公民有权知道自己的申请是否得到批准,如果公民的申请未得到批准,公民有权知道公安机关没有批准公民许可的原因。对于一些具有竞争性事项的许可,公安机关有义务公布公安许可的结果。这种公开透明的执法,有利于公民参与国家活动,有利于公民依据所了解的信息安排自己的活动,也有利于文明执法,防止执法中的腐败滋生。公安机关公开公安许可权的内容、申请流程、费用等,能够体现执法为民、以民为本的思想,方便了公民权利的实现,也能够提高公安机关的办事效率。

4. 救济权

是由原权派生的,为在原权受到侵害或有受侵害的现实危险而发生的权利,是保护性法律关系中的权利[1]。当公民因为申请公安许可发生纠纷时要求救济,救济的途径有两种,一种是行政复议,一种是行政诉讼。"有权利必有救济。"对公民权的救济,是对公民权的保护。公安许可纠纷的发生本身涉嫌就是对公民权利的一种侵犯,如果公民在自身权利受到侵犯而又没有合理合法的途径去将损失损害降到最小的话,这实际上是对公民权利的二次侵害。

(四)公安许可权与公民权的平衡理论

1. 树立还权于民、服务于民的思想

简政放权,在公安许可领域并不是放权于民,而是还权于民。许可是一种剥夺公民自由的制度,行政机关放松管制、废除许可,将人民原本拥有的自由与权利还给人民。为此,行政机关不能以放权思维来改革,而必须抱着尽可能维护公益与私益之间平衡的宗旨,根据社会发展之需要,灵活机动而非运动式地进行许可的立、改、废。公安在实施许可时,要有服务于民的思想。公民既是实施公安许可的主体,也是公安许可法制之目的能否充分实现的关键。为此,公安机关一方面要严格把关,避免不合法的许可影响公共福祉或是侵害其他公民本可以获得的自由;另一方面则要为公民申请许可创造条件,帮助公民迅速合法地恢复自由,而不是将公安许可权作为设租寻租的工具。

2. 分立申请程序与审批程序,流程更加透明化,免除公民在公安许可申请时的额外负担

公安许可行为由两个环节组成,前者为公民的申请即意思表示环节,后者即公安机关的审批环节;前者为外部环节,后者为内部环节。这就意味着,公

---

[1] 苏仲庆. 论我国宪法公民程序权的完善 [J]. 和田师范专科学校学报, 2008 (03): 27.

安机关不能在法定许可要件、程序之外，再设条件、再立程序、再增审批环节，也不能再要求公民在申请许可时往返于同一职能部门的不同办公室。

3. 强化公安许可审批时限制度

应当明确公安机关的审批期限，到期不批准的，推定公安机关批准了许可，公民可以此为依据请求法院判决公安机关发放证照。当一些公安机关工作人员不行使公安许可权致使公民无法获得许可进而无法开展相关业务时，这一做法将是制约懒政、怠政的良药。在公安许可中，也有一些简单公安许可审批时间较长的现象，可以适当地缩短审批时间。

4. 着力推行电子政务系统

将法定许可流程与要件软件化、模式化，尽可能地实现无纸化办公，使得公民申请公安许可只要在网上填报相应材料即可，而公安机关不能再自行添加新的环节与新的要件；公安许可设定机关也应当尽力实现许可实体要件的明确化，尽量限缩公安许可审批机关法律解释上的裁量权；网上排队、网上叫号，方便公民合理安排时间，减少不必要的等待时间。

5. 要强调公众的参与

在公安许可审批过程中要强调公众的参与，通畅公众发表意见建议和投诉的渠道，公示公安行政许可审批的过程，增加公安行政服务的透明度，确保公安行政许可审批公众依法有序开展。

三、公安行政许可权与公民权关系的基本状况

相较于其他类型的行政案件，公安行政许可权与公民权冲突的案例在数量上要少很多。基于对近几年公安行政许可权与公民权冲突的案例的收集和研究，笔者发现案例主要集中在治安行政许可权、道路交通行政许可权以及消防行政许可权这几类公安行政许可权中。笔者从几个近年来较为典型的公安行政许可权与公民权冲突的案例入手，研究公安行政许可权与公民权的冲突问题。

（一）治安行政许可权与公民权冲突典型案例及其表现

1. 冲突的典型案例

案例一①：桂阳兴业公章刻制有限公司向桂阳县公安局治安大队提交《送检印章企业申请表》申请公章刻制许可。桂阳县公安局治安大队做出了"同意

---

① 本案例选自中国裁判文书网："桂阳兴业公章刻制有限公司诉郴州市公安局因不履行公安行政许可法定职责一案"，访问时间 2017 年 1 月 10 日。笔者限于写作的字数等要求，在尊重案例原文的基础上对原文做了适当修改。

送检"的意见，之后郴州市公安局做出"审批移交行政审批科"的意见。兴业公司向郴州市公安局提交公章刻制许可的申报材料。其中公章刻制企业经营审批表中，只有桂阳县公安局城北派出所一栏签有同意上报的意见，其余县公安局治安意见、市公安局及其行政许可审批科意见均未填写。湖南省《关于进一步明确全省印章治安管理信息系统有关事项的通知》中规定，一个市州可以设立多家印章刻制企业，但是印章刻制企业只能使用同一种系统软件且只能由一家企业承建。兴业公司并未安装该系统软件。因此郴州市公安局并未对兴业公司公章刻制申请予以批准，并告知只要其申请资料完善，符合许可条件，公安机关随时受理、审批其印章刻制特种行业许可证的申请。后兴业公司以郴州市公安局未依法履行职责为由提起行政诉讼。一审法院郴州市苏仙区人民法院认为，兴业公司提交的申请材料中因没有县公安局治安意见、市公安局及其行政许可审批科意见而不完整，不满足公章刻制许可的前置条件，遂做出（2015）郴苏行初字第4号行政判决书，判决驳回兴业公司诉讼请求。兴业公司不服，向郴州市中级人民法院上诉。郴州市中级人民法院以同样的理由做出（2015）郴行终字第99号行政判决书，判决驳回上诉、维持原判。

2. 冲突的基本方面

案例一体现了治安社会管理方面公章刻制许可权与公民权的冲突。兴业刻章公司未获得公章刻制许可不是由于郴州市公安局不作为，而是由于其未满足获得公章刻制许可的前置条件。笔者以《中华人民共和国治安管理处罚法》（以下简称《治安处罚法》）中确定的四个方面——公共秩序、公共安全、公民人身和财产以及社会管理为依托，梳理出治安行政许可权与公民权（这里是指许可申请人权利）的冲突存在于以下三个方面：

（1）公共秩序管理方面：这类许可权主要是为了维护社会秩序。维护公共秩序，就会对公民生产工作等活动进行约束，这种约束本质上是对公民自由的限制。具体包括大型群众性文化体育活动许可、集会游行示威许可等。

（2）公共安全管理方面：公共安全所涉及的范围较广，是公民及其他组织进行所有活动的前提和保障。为了更好地保障公民权，法律等制度对公共秩序管理类治安行政许可的规定严格，公安机关在实施这类许可时也更加规范、严格。但这也意味着其对公民权极大地限制和约束。具体包括警用电击器产品生产许可，购买剧毒化学品许可，爆炸物品储存、购买、销售、运输、使用许可，爆破员作业许可，剧毒化学品公路运输许可，在生产爆破器材工厂外设置试验场地许可，枪支配备和配置、制造、配售、运输、出境、入境许可，射击运动枪支弹药管理许可，民用爆炸物品安全生产许可，装置放射防护监管许可等。

(3) 社会管理方面：这类许可设定，是为了管理特定行业和维护特定行业的行业秩序以及公共秩序。为实现社会的稳定运行，对特定行业许可的设定要比一般行业更严格，一方面可以加强公安机关对社会的管理；另一方面严格的许可实际上为许可申请人权利的实现增加了负担。具体包括刻字业经营许可，拍卖业、旅馆业、典当业特种行业设立许可等。

3. 冲突的基本表现

冲突是指两个或两个以上事物彼此之间存在对立以及对抗的过程。冲突所包含的必要元素之一，是要求冲突双方存在意见的不一致或对立，并带有某种相互作用。据此定义，结合冲突的程度，笔者将冲突分为三个层次，即冲突双方存在不一致、互相对立及互相对抗。行为是权力（利）的外在表现形式。公安行政许可权与公民权，在现实中展现为权力（利）行为。公安行政许可权展现为公安行政许可行为，公民权展现为公民申请行为。研究公安行政许可权与公民权的冲突，就是研究公安行政许可行为与公民行为的冲突，而冲突主要表现为行为主体动因上的不一致，行为方式上的对立性和行为目标上的对抗性。

应该说案例一是一个较为典型的公安机关治安行政许可方面的案件。仅就本案而言，它的冲突表现为公章刻制许可与公民行为动因上的不一致：公章刻制许可是为了对公章刻制领域进行约束，维护行业经营秩序；兴业刻章公司则是为了从事公章刻制的经营，满足其经营需求。笔者认为，公安机关在治安行政许可方面与公民申请行为的冲突表现在公共安全、公共秩序以及社会管理等方面。上述诸方面的冲突，笔者认为表现为以下三点：

（1）行为主体动因的不一致：治安行政许可权立足于国家安全、社会正常有序、公民人身安全和财产安全；公民权则是立足于公民自己人身财产安全、生活秩序正常有序。治安行政许可权的目的是公安机关在治安管理领域对公共秩序、公共安全、公民人身财产、社会管理进行管理，保证公民在治安行政许可中正确行使权利，以维护公共安全和公共秩序；公民权的目的则是为了实现政治上的表达与主张，或是从事危险化学品、枪支等特定物品的生产运输，或是满足公民生产生活需求、经营需求、工作请求、利益诉求等。

（2）行为方式的对立性：治安行政许可权与公民权行为方式上的对立，主要表现为公安机关实施治安行政许可权必须严格依照国家通过法律、法规以及规章

等制度形式设定的交易、使用条件①、经营条件②、生产条件③、运输条件④以

---

① 例如，爆炸物品使用条件规定在《民用爆炸物品安全管理条例》第二十一条："民用爆炸物品使用单位申请购买民用爆炸物品的，应当向所在地县级人民政府公安机关提出购买申请，并提交下列有关材料：（一）工商营业执照或者事业单位法人证书；（二）《爆破作业单位许可证》或者其他合法使用的证明；（三）购买单位的名称、地址、银行账户；（四）购买的品种、数量和用途说明。受理申请的公安机关应当自受理申请之日起 5 日内对提交的有关材料进行审查，对符合条件的，核发《民用爆炸物品购买许可证》；对不符合条件的，不予核发《民用爆炸物品购买许可证》，书面向申请人说明理由。《民用爆炸物品购买许可证》应当载明许可购买的品种、数量、购买单位以及许可的有效期限。"又如第三十二条："申请从事爆破作业的单位，应当按照国务院公安部门的规定，向有关人民政府公安机关提出申请，并提供能够证明其符合本条例第三十一条规定条件的有关材料。受理申请的公安机关应当自受理申请之日起 20 日内进行审查，对符合条件的，核发《爆破作业单位许可证》；对不符合条件的，不予核发《爆破作业单位许可证》，书面向申请人说明理由。"

② 例如，拍卖企业的经营条件规定在《中华人民共和国拍卖法》第十二条："企业申请取得从事拍卖业务的许可，应当具备下列条件：（一）有一百万元人民币以上的注册资本；（二）有自己的名称、组织机构、住所和章程；（三）有与从事拍卖业务相适应的拍卖师和其他工作人员；（四）有符合本法和其他有关法律规定的拍卖业务规则；（五）符合国务院有关拍卖业发展的规定；（六）法律、行政法规规定的其他条件。"第十二条："拍卖企业经营文物拍卖的，应当有一千万元人民币以上的注册资本，有具有文物拍卖专业知识的人员。"第十四条："拍卖活动应当由拍卖师主持。"

③ 例如，警用电击器产品生产条件规定在《警用电击器产品生产许可证实施办法》第五条："企业取得生产许可证必备的条件：1. 生产企业必须持有工商行政管理部门核发的营业执照；2. 产品质量必须达到现行公安部部标准 CN40–88《警用电击器》的要求；3. 生产企业的质量保证体系，必须达到产品质量保证体系评定办法中各项规定的合格分数线。"

④ 例如，剧毒化学品公路运输条件规定在《危险化学品安全管理条例》第五十条："通过道路运输剧毒化学品的，托运人应当向运输始发地或者目的地县级人民政府公安机关申请剧毒化学品道路运输通行证。申请剧毒化学品道路运输通行证，托运人应当向县级人民政府公安机关提交下列材料：（一）拟运输的剧毒化学品品种、数量的说明；（二）运输始发地、目的地、运输时间和运输路线的说明；（三）承运人取得危险货物道路运输许可、运输车辆取得营运证以及驾驶人员、押运人员取得上岗资格的证明文件；（四）本条例第三十八条第一款、第二款规定的购买剧毒化学品的相关许可证件，或者海关出具的进出口证明文件。"又如《民用爆炸物品安全管理条例》第二十六条："运输民用爆炸物品，收货单位应当向运达地县级人民政府公安机关提出申请，并提交包括下列内容的材料：（一）民用爆炸物品生产企业、销售企业、使用单位以及进出口单位分别提供的《民用爆炸物品生产许可证》《民用爆炸物品销售许可证》《民用爆炸物品购买许可证》或者进出口批准证明；（二）运输民用爆炸物品的品种、数量、包装材料和包装方式；（三）运输民用爆炸物品的特性、出现险情的应急处置方法；（四）运输时间、起始地点、运输路线、经停地点。受理申请的公安机关应当自受理申请之日起 3 日内对提交的有关材料进行审查，对符合条件的，核发《民用爆炸物品运输许可证》；对不符合条件的，不予核发《民用爆炸物品运输许可证》，书面向申请人说明理由。《民用爆炸物品运输许可证》应当载明收货单位、销售企业、承运人，一次性运输有效期限、起始地点、运输路线、经停地点，民用爆炸物品的品种、数量。"

及贮存条件①等，实行逐级审批、审检、准允。而公民在不具备某些条件的情况下出于利益直接化、最大化、效率化等个人考虑，往往会以伪造证件、提供虚假材料、冒用他人资质等手段申请治安行政许可。

（3）行为目标的对抗性：国家对治安行政许可权从经营、生产、运输、交易、使用等条件上做了规定。公民不满足治安行政许可条件时，可能会为实现其利益置治安行政许可于不顾，在不被许可的现实情况下仍然存有从事相关许可的强烈愿望。在这些意念的指引下，必然会派生出大量的对抗行为来。比如我国法律对枪支配置进行了严格的规定，当公民申请枪支配置许可不被准予时，公民就会做出私藏枪支的行为。这就是公民对公安枪支配置许可权的对抗。

（二）出入境行政许可权与公民权冲突典型案例及其表现

1. 冲突的典型案例

案例二②：何某与张某离婚，女儿小舟（化名）由张某抚养。张某申请办理带女儿小舟去加拿大定居的出国护照，无锡市公安局审查后认为申请符合签发条件，做出准予护照签发的决定。后何某得知张某为女儿小舟办理了出国护照，以无锡市公安局审批出国护照时并没有征求其意见，侵犯其监护权为由，向无锡市崇安区人民法院提起行政诉讼，请求无锡市崇安区人民法院撤销无锡市公安局为小舟签发出国护照的行为。无锡市崇安区人民法院以无锡市公安局在护照许可中严格按照法律规定，不存在侵犯何某监护权的事实为由，做出（2001）崇行初字第6号行政判决书，判决维持无锡市公安局签发的护照许可。何某不服，向江苏省无锡市中级人民法院提起上诉，二审法院做出（2001）锡行终字第9号驳回上诉、维持原判的行政判决。

2. 冲突的基本方面

案例二体现了公安护照许可权与公民权的冲突。该冲突是由于法律等制度规定不完善而形成的。法律等制度中没有规定在审批、签发未成年人出国护照时，是否需征求离婚后未抚养一方父或母的意见。这导致何某所享有的监护权没有得到完全的保障。护照许可只是出入境行政许可的一个方面。《中华人民共和国出境入境管理法》（以下简称《出境入境管理法》）涉及中国公民以及外国

---

① 例如，爆炸物品储存条件规定在《民用爆炸物品安全管理条例》第四十三条："民用爆炸物品变质和过期失效的，应当及时清理出库，并予以销毁。销毁前应当登记造册，提出销毁实施方案，报省、自治区、直辖市人民政府国防科技工业主管部门、所在地县级人民政府公安机关组织监督销毁。"

② 祝铭山. 典型案例与法律适用——行政许可类行政诉讼［M］. 北京：中国法制出版社，2004：4.

人出入境方面的许可,《中国公民因私事往来香港地区或者澳门地区的暂行管理办法》(以下简称《因私往来港澳地区暂行管理办法》)涉及港澳同胞来内地方面的许可,《中华人民共和国国籍法》(以下简称《国籍法》)涉及国籍方面许可等。笔者通过对出入境相关法律的梳理,认为出入境行政许可权与公民权的冲突包括以下几个方面:

(1) 大陆居民出入境管理方面:这类冲突主要发生在中国公民出国出境及往来港澳台地区证件的审批、签发过程中。具体包括中国公民出境许可,中国公民入境许可,中国公民因私事往来香港地区或者澳门地区许可,中国公民前往香港、澳门定居许可,大陆居民前往台湾及延期许可等。

(2) 港、澳、台居民出入境管理方面:这类冲突主要发生在港、澳、台居民往来大陆及居留证件的审批、签发过程中。具体包括港澳同胞来内地许可、港澳同胞驾驶机动车辆来内地许可、港澳同胞回内地定居许可、台湾居民来大陆许可、台湾居民来大陆定居许可、台湾居民来大陆延期许可等。

(3) 外国人出入境管理方面:这类冲突主要发生在外国人签证、居留证件的审批、签发及其临时住宿登记管理过程中。具体包括外国人入境、过境、居留许可、外国人旅游许可、外国人过境许可、外国人临时住宿登记许可等。

(4) 国籍管理方面:这类冲突主要发生在中华人民共和国国籍管理过程中。具体包括加入、退出、恢复中国国籍许可等。

3. 冲突的基本表现

从案例二可以看出公安机关在护照许可方面与公民权存在冲突,该冲突在本案中具体表现为护照许可与公民行为动因上的不一致:护照许可通过对护照的管理,规范公民申请护照的行为,维护国家安全,而张某为女儿申请护照则是为了便捷、快速地获得护照,及时出国。何某认为无锡市公安局为其女儿颁发出国护照的具体行政行为侵权而提起诉讼,致使无锡市公安局颁发护照的行为不能及时发生法律上的效力,张某的申请不能及时地获得批准。笔者认为,就冲突的程度而言,出入境许可与公民权在大陆居民出入境管理,港、澳、台居民出入境,外国人出入境,国籍管理方面的冲突,表现为以下三点:

(1) 行为主体动因的不一致:出入境行政许可权立足于国家安全、国家主权完整、国际关系和谐、国民待遇保护;公民权则是立足于公民自由迁徙、自由出境入境。出入境许可权的目的是国家通过制定出入境规范,对公民出入境活动进行管理,保障国家安全,维护国家主权;公民权的目的则是为了能够自由、便利、便捷地出入境内境外,自行选择定居的国家和地区,自主决定国籍的加入或退出。

（2）行为方式的对立性：出入境行政许可权与公民权行为方式上的对立，主要表现在公安出入境管理机关严格按照法律、法规和规章等制度，检验、审查、审核出入境行政许可的申请是否满足批准条件①、定居条件②、身份条件③、签证签发条件④等。而公民为了便捷、快速、高效地获得出入境许可，在实际中往往会采取虚假填写银行存款信息、编造出国目的、伪造个人征信报告、伪造在国外有近亲属的证明文件等手段。

（3）行为目标的对抗性：国家从批准、签证签发、定居、国籍身份等方面对出入境行政许可做出设定。公民未申请出入境行政许可，却又渴望在实际生活中享有与取得出入境许可等价的权利，在这种想法的驱使下，就会做出与取得出入境行政许可等价的行为来对抗出入境行政许可。比如公民选择偷渡出境，就是公民对出入境行政许可的对抗。

（三）道路交通行政许可权与公民权冲突典型案例及其表现

1. 冲突的典型案例

案例三⑤：2008年12月4日以前，柴某没有按照规定向驻马店市公安局交通管理支队递交身体情况证明申请驾驶证更换许可。由于实行电子办公，驻马店市公安局交通管理支队自动将柴某驾驶证予以网络注销，同时在网上发布了注销公告，但并未收回驾驶证的正副本。2013年7月，柴某查询自己的车辆信息时，

---

① 例如，中国公民出境批准条件规定在《出境入境管理法》第九条："中国公民出境入境，应当依法申请办理护照或者其他旅行证件。中国公民前往其他国家或者地区，还需要取得前往国签证或者其他入境许可证明。但是，中国政府与其他国家政府签订互免签证协议或者公安部、外交部另有规定的除外。"

② 例如，港澳同胞回内地定居条件规定在《中国公民因私事往来港澳地区的暂行管理办法》第十八条："港澳同胞要求回内地定居的，应当事先向拟定居地的市、县公安局提出申请，获准后，持注有回乡定居签注的港澳同胞回乡证，至定居地办理常住户口手续。"

③ 例如，退出中国国籍条件规定在《国籍法》第十条："中国公民具有下列条件之一的，可以经申请批准退出中国国籍：一、外国人的近亲属；二、定居在外国的；三、有其他正当理由。"

④ 例如，外国人不予签发签证条件规定在《出境入境管理法》第二十一条："外国人有下列情形之一的，不予签发签证：（一）被处驱逐出境或者被决定遣送出境，未满不准入境规定年限的；（二）患有严重精神障碍、传染性肺结核病或者有可能对公共卫生造成重大危害的其他传染病的；（三）可能危害中国国家安全和利益、破坏社会公共秩序或者从事其他违法犯罪活动的；（四）在申请签证过程中弄虚作假或者不能保障在中国境内期间所需费用的；（五）不能提交签证机关要求提交的相关材料的；（六）签证机关认为不宜签发签证的其他情形。"

⑤ 本案例选自中国裁判文书网："柴某诉驻马店市交通管理支队公安行政注销案"。笔者限于论文写作的字数等要求，在尊重案例原文的基础上对原文做了适当修改。

发现自己的驾驶证已经被注销。于是柴某向驿城区人民法院提起诉讼，请求法院确认驻马店市公安局交通管理支队注销其驾驶证的行为违法，同时请求依法判令为其恢复驾驶证的使用权。一审法院驿城区人民法院做出（2013）驿行初字第112号行政判决书，认为对柴某注销驾驶证并无不妥，判决驳回柴某的诉讼请求。柴某不服，上诉至河南省驻马店市中级人民法院。二审法院认为驻马店市交通管理支队注销柴某的机动车驾驶证后，既没有收回，也没有提供公告该作废的证明，其注销行为程序违法，并在（2013）驻行终字第320号行政判决书中撤销原判，确认驻马店市公安局交通管理支队注销柴某驾驶证的行为无效。

2. 冲突的基本方面

案例三体现了驾驶证审验许可权与公民权的冲突。公安机关注销柴某的汽车驾驶证，就是在实施道路交通行政许可权。驻马店市公安局对注销柴某汽车驾驶证是负有告知义务的。这种提示告知义务不仅是在网络上公告注销驾驶证，更应该是以能够让行政相对人知晓的方式，如收回驾驶证或其他能够有效证明驾驶证作废的公告。驻马店市公安局没有以能够让行政相对人知晓的方式对柴某予以告知，属于程序违法，客观上导致柴某的期待利益受损。驾驶证审验许可权与公民权的冲突，只是道路交通行政许可与公民权冲突的一个方面。笔者通过对《中华人民共和国道路交通安全法》（以下简称《道路交通安全法》）、《中华人民共和国机动车驾驶证管理办法》（以下简称《驾驶证管理办法》）、《机动车登记规定》等道路交通相关法律的整理和梳理，发现道路交通行政许可权与公民权在以下三个方面存在冲突：

（1）驾驶员管理方面：这类冲突主要发生在机动车驾驶证件管理过程中。具体包括驾驶证许可，驾驶证异动、复验许可，部队驾驶证换证许可，境外驾驶证换证许可等。

（2）机动车管理方面：这类冲突主要发生在机动车辆管理过程中。具体包括机动车登记、变更、检验许可，机动车补牌、补证许可，机动车号牌准产证许可，机动车临时牌照许可等。

（3）道路交通管理方面：这类冲突主要发生在道路交通安全管理过程中。具体包括载运爆炸物品、易燃易爆化学物品许可，道路交通管理占用、挖掘道路许可，设置检查站点许可，车辆运载超限物品许可，载运剧毒、放射性等危险物品许可，出租车经营许可等。

3. 冲突的基本表现

案例三是关于公安机关驾驶证审验许可的典型案例，它所体现的冲突表现为驾驶证审验与公民行为方式上的对立：驾驶证审验通过对驾驶证的审验审查来防范交通危险。柴某没有及时提交身体状况证明审验驾驶证，是以消极行为的方式与驾驶证审验对立。笔者认为，公安机关道路交通行政许可与公民权在驾驶员管理、机动车管理、道路交通管理三个方面的冲突，主要表现为以下三点：

（1）行为主体动因的不一致：道路交通行政许可立足于道路安全、公民人身财产安全、道路交通秩序正常；公民权则是立足于公民驾驶自由、工作生活便捷、生命健康以及财产安全。道路交通行政许可权的目的是国家通过制定道路交通规范，对公民道路交通活动管理，防范各种可能危害交通安全的危险，维护道路交通的秩序；公民权的目的则是为了便捷、快速、高效、经济地实现道路交通方面的便利，付出较少的经济成本和时间成本到达目的，便捷快速地获得驾驶证及机动车登记证，经济高效地通过驾驶证及机动车审验，自由地从事出租车经营业务，以满足自己工作生活的需求，获得经济上的利益。

（2）行为方式的对立性：国家通过法律、法规以及规章对道路交通行政许可的登记条件[①]、审验条件[②]、更换条件[③]、经营条件[④]、变更条件[⑤]等做了明

[①] 例如，机动车登记条件规定在《道路交通安全法》第九条："申请机动车登记，应当提交以下证明、凭证：（一）机动车所有人的身份证明；（二）机动车来历证明；（三）机动车整车出厂合格证明或者进口机动车进口凭证；（四）车辆购置税的完税证明或者免税凭证；（五）法律、行政法规规定应当在机动车登记时提交的其他证明、凭证。"

[②] 例如，机动车审验条件规定在《道路交通安全法》第十三条："对登记后上道路行驶的机动车，应当依照法律、行政法规的规定，根据车辆用途、载客载货数量、使用年限等不同情况，定期进行安全技术检验。对提供机动车行驶证和机动车第三者责任强制保险单的，机动车安全技术检验机构应当予以检验，任何单位不得附加其他条件。对符合机动车国家安全技术标准的，公安机关交通管理部门应当发给检验合格标志。"

[③] 例如，驾驶证更换条件规定在《机动车驾驶证申领和使用规定》第五十七条："机动车驾驶人应当于机动车驾驶证有效期满前九十日内，向机动车驾驶证核发地或者核发地以外的车辆管理所申请换证。申请时应当填写申请表，并提交以下证明、凭证：（一）机动车驾驶人的身份证明；（二）机动车驾驶证；（三）县级或者部队团级以上医疗机构出具的有关身体条件的证明。属于申请残疾人专用小型自动挡载客汽车的，应当提交经省级卫生主管部门指定的专门医疗机构出具的有关身体条件的证明。"

[④] 例如，出租汽车经营条件规定在《巡游出租汽车经营服务管理规定》第八条："申请巡游出租汽车经营的，应当根据经营区域向相应的设区的市级或者县级道路运输管理机构提出申请，并符合下列条件：（一）有符合机动车管理要求并满足以下条件的车辆或者提供保证满足以下条件的车辆承诺书：1. 符合国家、地方规定的出租汽车技术条件；2. 有按照第十三条规定取得的出租汽车车辆经营权。（二）有取得符合要求的从业资格证件的驾驶人员；（三）有健全的经营管理制度、安全生产管理制度和服务质量保障制度；（四）有固定的经营场所和停车场地。"

[⑤] 例如，机动车变更条件规定在《道路交通安全法》第十二条："有下列情形之一的，应当办理相应的登记：（一）机动车所有权发生转移的；（二）机动车登记内容变更的；（三）机动车用作抵押的；（四）机动车报废的。"

确规定。公民为了个人便利、减少开支，做出驾驶证到期不更换、伪造车辆年检合格标志、套用他人机动车牌照等行为，是行为方式上与道路交通行政许可的对立。

（3）行为目标的对抗性：道路交通行政许可的登记、审验、更换、经营、变更等条件都有明确的法律规定。公民申请道路交通行政许可时，会因为不满足许可条件而不被批准。这时公民为了从事其所申请的许可事项，就会做出一些与道路交通行政许可相对抗的行为。比如机动车因达到报废标准而未被准予登记，驾驶人员开车上路的行为就构成了对道路交通行政许可权的对抗。

（四）消防行政许可权与公民权冲突典型案例及其表现

1. 冲突的典型案例

案例四①：建设工程竣工后，郑州客属房地产有限公司通过河南消防信息网申报建设工程消防验收，同时生成了建设工程竣工验收消防备案表，但该工程未被纳入消防验收随机抽查对象中。该公司在项目竣工后报为多层办公建筑。黄某承租该建设房屋，将其用于会所经营并进行了室内装修，但在消防验收时受到严重阻碍。理由是只有主体楼获得消防验收备案后，室内装修消防验收才能申请备案。黄某认为郑州客属房地产有限公司取得消防备案违法，以郑州市公安消防支队未对客属房地产公司违规备案的行为做出管理而提起上诉。一审法院河南省郑州市金水区人民法院做出（2016）豫0105行初279号行政裁定，认为申报竣工验收消防备案不可诉，裁定驳回黄某的起诉。黄某不服，上诉至河南省郑州市中级人民法院，二审法院做出（2016）豫0105行终907号行政裁定书，认为一审裁判结果正确，依法应予维持。

2. 冲突的基本方面

案例四体现了公共场所消防安检许可权与公民权的冲突。由于郑州客属房地产有限公司建设工程并未被列入抽查对象，郑州市公安消防支队未对该建设工程进行实质核查，导致承租人黄某在申请装修工程的消防验收时受到阻碍，权利实现受到影响。笔者通过查阅《中华人民共和国消防法》（以下简称《消防法》）等消防方面的法律、法规以及规章，发现消防行政许可权与公民权的冲突除了表现在公共场所消防安全方面，还表现在以下两个方面：

（1）消防产品管理方面：这类冲突主要发生在公安机关消防设施、消防产

---

① 本案例选自中国裁判文书网："黄某与郑州市公安消防支队公安行政管理——消防管理一案。"笔者限于论文写作的字数等要求，在尊重案例原文的基础上对原文做了适当修改。

品的生产、维修许可的过程中。具体包括公安机关实施消防设施设计许可、灭火器维修许可等。

（2）消防安全检查方面：这类冲突主要发生在建筑工程消防安全验收时。具体包括：群众性活动消防安检许可，设有车间或者仓库的建筑物内、设置员工集体宿舍的消防安检许可等。

3. 冲突的基本表现

案例四是一个公共场所消防安检许可方面与公民权冲突的案例。在本案中公共场所消防安检许可与公民权的冲突表现为冲突双方行为动因上的不一致：公共场所消防安检是为了控制和预防火灾的发生，保障公民人身、财产安全；而黄某则是为了快速、便捷地获得公共场所消防安检许可，从事经营活动。案例四只反映了消防行政许可权与公民权冲突的一个方面中的一种表现。笔者认为，消防行政许可权与公民权的冲突存在于消防产品管理和消防安全检查两个方面，这两个方面的冲突具体表现为以下三点：

（1）行为主体动因的不一致：消防行政许可权立足于公民人身财产安全不会因火灾事故而毁于一旦；公民权则是立足于降低企业生产经营成本、便利公民生产生活。消防行政许可权的目的是国家通过制定消防规范，对公民消防领域内的生产生活管理，控制和预防火灾的发生，保障公民人身安全、财产安全，维护公共安全；公民权的目的则是为了尽可能减少购买消防设施、设备、器材的数量，降低购买消防设施、设备、器材的支出，快速便捷地取得消防行政许可。

（2）行为方式的对立性：消防行政许可权与公民权行为方式上的对立，表现在国家通过法律、法规以及规章等制度形式，对消防审核领域[①]、审核方

[①] 如，消防审核领域规定在《建设工程消防监督管理规定》（2009 年中华人民共和国公安部令第 106 号）第十三条 对具有下列情形之一的人员密集场所，建设单位应当向公安机关消防机构申请消防设计审核，并在建设工程竣工后向出具消防设计审核意见的公安机关消防机构申请消防验收：（一）建筑总面积大于二万平方米的体育场馆、会堂，公共展览馆、博物馆的展示厅；（二）建筑总面积大于一万五千平方米的民用机场航站楼、客运车站候车室、客运码头候船厅；（三）建筑总面积大于一万平方米的宾馆、饭店、商场、市场；（四）建筑总面积大于二千五百平方米的影剧院，公共图书馆的阅览室，营业性室内健身、休闲场馆，医院的门诊楼，大学的教学楼、图书馆、食堂，劳动密集型企业的生产加工车间，寺庙、教堂；（五）建筑总面积大于一千平方米的托儿所、幼儿园的儿童用房，儿童游乐厅等室内儿童活动场所，养老院、福利院，医院、疗养院的病房楼，中小学校的教学楼、图书馆、食堂，学校的集体宿舍，劳动密集型企业的员工集体宿舍；（六）建筑总面积大于五百平方米的歌舞厅、录像厅、放映厅、卡拉 OK 厅、夜总会、游艺厅、桑拿浴室、网吧、酒吧，具有娱乐功能的餐馆、茶馆、咖啡厅。

式①、审核条件②、审核材料③等方面予以规定。但在现实生活中公民为了自己的经济利益可能少考虑甚至不考虑消防安全,尽可能地规避消防行政许可,逃避消防检查,如公民为了逃避消防审核故意不申请消防验收,在消防验收时借用他人的消防设施、设备及器材,使用过期、失效的消防器材来应付消防验收等。

(3) 行为目标的对抗性:国家对消防行政许可的领域、方式、条件、证明材料等做了明确的规定。公安消防机关对公民、法人或者其他组织的消防许可申请进行审核时会严格按照上述的规定。公民在不满足消防行政许可的现实情况下,不顾危险后果,仍然执意从事相关活动,其行为必然是与消防行政许可对抗的行为。比如公民在申请设有车间或者仓库的建筑物内消防安检许可不被准予时,不顾消防安全,仍然进行生产、建设,这种行为即是公民对设有车间

---

① 例如,消防审核领域规定在《建设工程消防监督管理规定》(2009 年中华人民共和国公安部令第 106 号)第十四条 对具有下列情形之一的特殊建设工程,建设单位应当向公安机关消防机构申请消防设计审核,并在建设工程竣工后向出具消防设计审核意见的公安机关消防机构申请消防验收:(一)设有本规定第十三条所列的人员密集场所的建设工程;(二)国家机关办公楼、电力调度楼、电信楼、邮政楼、防灾指挥调度楼、广播电视楼、档案楼;(三)本条第一项、第二项规定以外的单体建筑面积大于四万平方米或者建筑高度超过五十米的公共建筑;(四)国家标准规定的一类高层住宅建筑;(五)城市轨道交通、隧道工程,大型发电、变配电工程;(六)生产、储存、装卸易燃易爆危险物品的工厂、仓库和专用车站、码头,易燃易爆气体和液体的充装站、供应站、调压站。第十五条 建设单位申请消防设计审核应当提供下列材料:(一)建设工程消防设计审核申报表;(二)建设单位的工商营业执照等合法身份证明文件;(三)新建、扩建工程的建设工程规划许可证明文件;(四)设计单位资质证明文件;(五)消防设计文件。"

② 例如,消防设计审核条件规定在《建设工程消防监督管理规定》(2009 年中华人民共和国公安部令第 106 号)第十八条:"公安机关消防机构应当依照消防法规和国家工程建设消防技术标准对申报的消防设计文件进行审核。对符合下列条件的,公安机关消防机构应当出具消防设计审核合格意见;对不符合条件的,应当出具消防设计审核不合格意见,并说明理由:(一)设计单位具备相应的资质;(二)消防设计文件的编制符合公安部规定的消防设计文件申报要求;(三)建筑的总平面布局和平面布置、耐火等级、建筑构造、安全疏散、消防给水、消防电源及配电、消防设施等的消防设计符合国家工程建设消防技术标准;(四)选用的消防产品和具有防火性能要求的建筑材料符合国家工程建设消防技术标准和有关管理规定。"

③ 例如,消防设计审核材料规定在《建设工程消防监督管理规定》(2009 年中华人民共和国公安部令第 106 号)第十五条:"建设单位申请消防设计审核应当提供下列材料:(一)建设工程消防设计审核申报表;(二)建设单位的工商营业执照等合法身份证明文件;(三)设计单位资质证明文件;(四)消防设计文件;(五)法律、行政法规规定的其他材料。"

或者仓库的建筑物内消防安检许可权的对抗。

(五)户政行政许可权与公民权冲突典型案例及其表现

1. 冲突的典型案例

案例五[①]:黄某、向某从建始县景阳镇马鞍山村某一村民处购买住房及部分耕地、林地后,该村村民委员会为二人出具了准迁证明,准予黄某、向某一家迁入该村落户。此后,黄某、向某向景阳派出所申请户口迁移许可,景阳派出所并未对该户口迁移做出批准。后黄某、向某夫妇持准迁证明、迁出证明等再次到景阳派出所申请户口迁移许可,景阳派出所仍旧未对该申请做出批准。该住房处于地质灾害区内需要移民搬迁,黄某、向某由于并未把户口迁入景阳镇马鞍山村而不被纳到安置对象中。黄某、向某向建始县人民法院提起诉讼要求建始县公安局为其办理户口迁移登记并赔偿其经济损失。一审法院做出(2015)鄂建始行初字第00014号行政判决,责令被告建始县公安局履行为原告黄某、向某进行户口迁移登记的法定职责。黄某、向某、建始县公安局均不服向湖北省恩施土家族苗族自治州中级人民法院上诉,二审法院做出(2015)鄂恩施中行终字第00127号行政判决书,驳回上诉、维持原判。

2. 冲突的基本方面

案例五体现了户口迁移许可权与公民权的冲突。黄某、向某多次向建始县公安局申请户口迁移登记,建始县公安局既不进行户口迁移登记,又不说明不予登记的理由。建始县公安局的行政不作为,致使黄某、向某没有独立的户口而被排除在滑坡体实物指标调查及移民安置对象之外。笔者通过梳理《中华人民共和国户口登记条例》(以下简称《户口登记条例》)、《中华人民共和国居民身份证法》(以下简称《身份证法》)等户政相关法律、法规以及规章,发现户政行政许可涉及户口许可、暂住证许可、身份证许可等。笔者将户政行政许可与公民权的冲突归纳为以下两个方面:

(1)户口管理类行政许可权与公民权的冲突:这类冲突主要发生在公民户口管理过程中。具体包括户口登记许可、小城镇常住户口许可、户口迁移许可、户口变更许可、农转非许可、暂住证许可等。

(2)身份证件管理类行政许可权与公民权的冲突:这类冲突主要发生在居民身份证申请、管理过程中。具体包括身份证许可、临时身份证许可等。

---

① 本案例选自中国裁判文书网:"黄某、向某诉建始县公安局不履行法定职责一案",访问时间:2017年1月5日。笔者限于论文写作的字数等要求,在尊重案例原文的基础上对原文做了适当修改。

3. 冲突的基本表现

从许可的内容来看，案例五是户口迁移许可权与公民权冲突的典型案例。该案中的冲突表现为冲突双方动因上的不一致：户口迁移许可是为了控制人口流动，维护社会秩序，而黄某、向某申请户口迁移是在其合法购买房屋后，为了实现生活生产上的便利，享有更好的村民待遇。笔者认为，户政行政许可权与公民权的冲突不仅表现在户口管理方面，还表现在身份证管理方面。这两个方面的冲突，又表现为以下三点：

（1）行为主体动因的不一致：户政行政许可权立足于户籍的有效管理、社会的有序运行；公民权则是立足于公民自身工作生活便利、社会福利的享有、家庭成员的权益。户政行政许可权的目的是国家通过设定法律对公民户政领域行为管理，证明、确定公民身份，控制人口流动，保障公民合法权益，维护社会秩序；而公民权的行使目的则是为了自身生活、工作上的便利，享受更好的社会福利待遇，孩子接受更好的学校教育，家庭成员拥有更好的生活环境等。

（2）行为方式的对立性：户政行政许可与公民权方式上的对立，主要表现在国家以法律、法规以及规章等制度对户政行政许可权的变更条件①、登记条件、迁移条件②、身份证申请条件③做了规定。公民通过伪造与他人有近亲属关系的证明、变更与他人民事关系、变造城市劳动部门的录用证明等方式申请户政行政许可，即构成与户政行政许可行为方式上的对立。

（3）行为目标的对抗性：户政行政许可登记、变更、迁移、身份等条件由法律、法规以及规章等形式设定。公民不申请户政行政许可却仍然从事相关许可事项，这就是公民行为对户政行政许可权的对抗。如公民离开常住户口所在地的市区或者乡、镇，在其他地区暂住一个月以上是需要申请暂住证的，但公

---

① 例如，户口变更条件规定在《户口登记条例》第十七条："户口登记的内容需要变更或者更正的时候，由户主或者本人向户口登记机关申报；户口登记机关审查属实后予以变更或者更正。户口登记机关认为必要的时候，可以向申请人索取有关变更或者更正的证明。"

② 例如，户口迁移条件规定在《户口登记条例》第十条："公民迁出本户口管辖区，由本人或者户主在迁出前向户口登记机关申报迁出登记，领取迁移证件，注销户口。公民由农村迁往城市，必须持有城市劳动部门的录用证明，学校的录取证明，或者城市户口登记机关的准予迁入的证明，向常住地户口登记机关申请办理迁出手续。公民迁往边防地区，必须经过常住地县、市、市辖区公安机关批准。"

③ 例如，身份证申请条件规定在《中华人民共和国居民身份证法》第七条和第十条："公民应当自年满十六周岁之日起三个月内，向常住户口所在地的公安机关申请领取居民身份证。未满十六周岁的公民，由监护人代为申请领取居民身份证。""申请领取居民身份证，应当填写《居民身份证申领登记表》，交验居民户口簿。"

民为了自己的便利不申请暂住证,就是公民对户政行政许可权的对抗。

(六)边检行政许可权与公民权的冲突表现

1. 冲突的典型案例

案例六①:柯某委托当地造船厂为其建造了一艘玻璃钢船。该厂并没有获得该船的建造审批文件、设计图纸等资料,该船也并未申领《出海船舶户口簿》,无船名、无船号、无船籍港标识。2014年7月25日,柯某驾驶该船舶出海,并雇佣8名船员随船出海作业。同年7月30日,柯某驾驶的船舶在东山县兄弟屿西南附近海域从事鱿鱼捕捞作业时被海警三支队执法船登临检查。经检查查明,柯某未申领《出海船舶户口簿》且未携带《出海船民证》擅自驾船出海,3名船员未申领《出海船民证》出海,5名船员未携带《出海船民证》出海。海警三支队于2014年7月31日做出闽公边(海三)决字(2014)第2002号公安行政处罚决定书,对船长柯某未申领《出海船舶户口簿》及未携带《出海船民证》、3名船员未申领《出海船民证》、5名船员未携带《出海船民证》擅自出海的行为做出行政处罚。柯某不服该行政处罚,向厦门市海沧区人民法院起诉。一审法院做出(2015)海行初字第10号行政判决,认为海警三支队认定柯某驾驶三无船舶擅自出海作业的违法事实,事实清楚,证据充分;行政处罚决定适用法律正确,符合法定程序。柯某不服向福建省厦门市中级人民法院提起上诉,二审法院做出(2015)厦行终字第80号行政判决书,驳回上诉、维持原判决。

2. 冲突的基本方面

案例六体现了出海船舶许可权与公民权的冲突。柯某在从事出海捕捞作业时为了自己的便利,应该申请而未申请出海船舶许可,且其所雇佣的3名船员也未获得出海船民许可。《中华人民共和国出境入境边防检查条例》(以下简称《边检条例》)规定了外国籍船员登陆住宿许可,《沿海船舶边防治安管理规定》规定了出港许可等。笔者通过对边检行政许可权相关法律、法规及规章的梳理,将边检公安行政许可权与公民权的冲突归纳为以下两个方面:

(1)出海船舶管理方面:这类冲突主要发生在对沿海船舶边防治安管理的过程中。具体包括出海船舶边防许可,出港许可,停泊许可,香港、澳门合资、合作经营船舶许可,台湾渔船登轮、搭靠许可,台湾渔船离港许可等。

(2)人员管理方面:这类冲突主要发生在对出海船民、船员及作业人员的

---

① 本案例选自中国裁判文书网:"柯某与福建省公安边防总队海警第三支队行政处罚一案"。笔者限于论文写作的字数等要求,在尊重案例原文的基础上对原文做了适当修改。

管理过程中。具体包括出海船民许可，非出海人员在船上作业、住宿许可，台湾居民登陆许可，对台劳务人员登轮作业许可，船员上下船舶许可等。

3. 冲突的基本表现

案例六是一个关于公安机关行使出海船舶许可权的典型案例。在本案中，公安机关出海船舶许可权与公民权的冲突具体表现为双方行为目标上的对抗：出海船舶许可权规定了出海船舶的注册条件，以维护边检秩序；而柯某不申请出海船舶许可却又驾驶船舶出海，是行为上对出海船舶许可的对抗。笔者认为，出海船舶管理以及出海人员管理两方面的边检许可与公民权的冲突，按照冲突的等级可以划分为以下三个层次：

（1）行为主体动因的不一致：边检行政许可立足于国家安全、国家主权完整、沿海地区及海上治安秩序正常、船员和渔民人身财产安全；公民权则是立足于自由出海捕捞、自主管理船员和船舶，满足生产生活需求。边检行政许可的目的是通过制定边检行政许可的规范，管理边防治安秩序，保障沿海地区渔民、船员的人身财产安全，维护边境安全，维护中华人民共和国的主权；公民权的目的则是为了自由出海捕捞航行以满足生活上的需求，便捷地上下船舶，方便、快速、自由地离港出港，自由地在船舶上作业，自主地与他人合作经营船舶。

（2）行为方式的对立性：边检行政许可与公民权行为方式上的对立表现在国家通过法律、法规以及规章等制度对边检行政许可的经营条件[①]、资格条件[②]、

[①] 例如，公民与港澳合作经营船舶规定在《沿海船舶边防治安管理规定》第二十三条："经省、自治区、直辖市人民政府和有关部门批准，与外国或者香港、澳门特别行政区合资或者合作生产经营，在我国领海海域作业，并悬挂中华人民共和国国旗的船舶，应当到船籍港公安边防部门申领《出海船舶边防登记簿》，在规定的海区作业，在指定的港口停泊、上下人员以及装卸货物，接受公安边防部门的检查、管理。"

[②] 例如，不予颁发出海证规定在《沿海船舶边防治安管理规定》第八条："有下列情形之一的，公安边防部门不发给出海证件：（一）刑事案件的被告人和公安机关、国家安全机关、人民检察院、人民法院认定的犯罪嫌疑人；（二）被判处管制、有期徒刑缓刑、假释和保外就医的罪犯；（三）人民法院通知有未了结的经济、民事案件的；（四）出海后将对国家安全造成危害或对国家利益造成重大损失的；（五）利用船舶进行过走私或者运送偷渡人员的；（六）其他不宜从事出海生产作业的。"

许可条件①、登陆住宿条件②等方面做出规定。公民为了获得边检行政许可做出伪造船舶船员等有效证件，隐瞒有未了结经济、民事案件的真实情况，隐瞒被判处管制、有期徒刑缓刑、假释和保外就医等罪犯的真实情况的行为，就是与边检行政许可的对立。

（3）行为目标的对抗性：国家从注册、资格、合作经营、登陆住宿等条件上对边检行政许可做出规定，是为了规范公民边检领域权利的行使。当公民不满足边检行政许可条件时，却又积极地追求自身权利的实现，执意从事相关活动，其行为必然构成与边检行政许可的对抗；公民在获得边检行政许可后，为了获取更大的利益，在这种意念驱使下做出许可范围之外的行为，也是对边检行政许可的对抗。比如在不满足出海船舶边防许可、出港许可条件时，为追求经济上的利益，公民会去走私；在获得出海船舶边防许可后，为了获取更大的利益，公民可能会从事一些非法犯罪的活动，如走私枪支弹药等。这些都是公民对边检行政许可权的对抗。

（七）计算机行政许可权与公民权冲突表现

1. 冲突的典型案例

案例七③：清浦公安分局下属治安大队民警未出具检查通知书和检查证，进入范某所开的网吧检查，在对网吧监控器等物品扣押的过程中，没有当场出具扣押清单。当晚，清浦公安分局以"破坏计算机信息系统罪"的罪名拘留了范某。随后，清浦公安分局下达了"解除取保候审决定书"。范某向淮安市清浦

---

① 例如，出海船舶许可条件规定在《沿海船舶边防治安管理规定》第四条："出海船舶除依照规定向主管部门领取有关证件外，应当向船籍港或者船舶所在地公安边防部门申请办理船舶户籍注册，领取《出海船舶户口簿》。渔政渔港监督管理机关、海事行政主管部门依照国家有关规定不发给有关证书的其他小型沿海船舶，应当向公安边防部门申领《出海船舶边防登记簿》。内地经营江海运输的个体所有的船舶，按协议到沿海地区从事运输的，应当由所在地县级以上公安机关出具证明，持有关船舶、船员等有效证件，到其协议从事运输的沿海县（市）级以上公安边防部门办理《出海船舶户口簿》《出海船民证》。"

② 例如，船员登陆住宿条件规定在《边检条例》第十条："抵达中华人民共和国口岸的船舶的外国籍船员及其随行家属和香港、澳门、台湾船员及其随行家属，要求在港口城市登陆、住宿的，应当由船长或者其代理人向边防检查站申请办理登陆、住宿手续。经批准登陆、住宿的船员及其随行家属，必须按照规定的时间返回船舶。登陆后有违法行为，尚未构成犯罪的，责令立即返回船舶，并不得再次登陆。从事国际航行船舶上的中国船员，凭本人的出境、入境证件登陆、住宿。"

③ 本案例选自中国裁判文书网："淮安市公安局清浦分局与范某要求履行法定职责一案。"笔者限于论文写作的字数等要求，在尊重案例原文的基础上对原文做了适当修改。

区人民法院起诉,请求判令淮安市公安局清浦分局依法履行职责,为其出具并送达"撤销案件决定书"。一审法院认为出具"撤销案件决定书"不属于人民法院行政诉讼的受案范围,做出(2014)浦行诉初字第0001号不予受理行政裁定书。范某不服,提出上诉。江苏省淮安市中级人民法院认为撤销案件属于依照刑事诉讼法授权实施的行为,不属于行政诉讼受案范围,做出(2014)淮中行诉终字第0001号驳回上诉、维持原裁定的行政裁定书。

2. 冲突的基本方面

案例七体现了网吧经营许可权与公民权的冲突。公安机关依法对获得网吧经营许可的单位进行监管。但是在监管过程中,由于监管程序不合法、监管执法不规范,造成了范某财产利益受到损害,人身自由受到限制。计算机许可主要规定在《金融机构计算机信息系统安全保护工作暂行规定》《关于规范"网吧"经营行为加强安全管理的通知》等规范中。笔者通过梳理这些规范中计算机许可的种类和内容,归纳出计算机行政许可权与公民权以下三个方面的冲突:

(1) 计算机信息系统产品管理方面:这类冲突主要发生在计算机信息系统安全专用产品检测和销售管理过程中。具体包括计算机信息系统安全专用产品检测和销售许可等。

(2) 计算机信息系统人员管理方面:这类冲突主要发生在计算机信息系统安全管理人员资质的管理过程中。具体包括计算机信息系统安全管理人员资质许可等。

(3) 计算机行业经营资格方面:这类冲突主要发生网吧经营管理过程中,即经营"网吧"许可。

3. 冲突的基本表现

案例七是一个典型的公安机关对获得网吧经营许可企业进行监管的案例。就本案而言,网吧经营许可权与公民权冲突表现为双方行为动因上的不一致:网吧经营许可是为了实现计算机网络秩序正常有序,预防计算机犯罪,而范某申请网吧经营许可是为了自主经营网吧,获得经济上的利益。公安机关对网吧经营许可的不合理监管,妨碍了范某网吧的正常经营,致使其申请目的不能实现。笔者认为,计算机行政许可权与公民权的冲突表现在计算机信息系统产品、人员、行业经营资格三个方面,每一个方面的冲突又表现为以下三点:

(1) 行为主体动因的不一致:计算机行政许可权立足于网络安全、计算机网络秩序正常有序;公民权则是立足于节约申请计算机许可的成本,便捷快速获得计算机许可。计算机行政许可权的目的是通过制定相关法律、法规以及规章,保护计算机信息系统安全,预防计算机犯罪;公民权的目的则是为了便捷、经济地实现计算机产品的自主经营,快速、高效地获得计算机管理人员资质,满足工作生产需求,降低计算机经营成本。

(2)行为方式的对立性:计算机行政许可权的准许,以满足国家通过法律、法规以及规章等制度设定的计算机经营条件①、销售条件②、检测条件③、资质条件④为前提。计算机行政许可权与公民权方式上的对立,表现为公民提供虚假的计算机信息系统安全专用产品功能及性能的有关材料、为应付检查临时聘用技术人员等。

(3)行为目标的对抗性:国家从销售、检测、资质、经营等条件上对计算机行政许可做出了明确的规定。计算机行政许可权的批准与否,不仅受到法律等规定的约束,而且受国家政策、地方计划的影响。当计算机行政许可数量达到国家政策、地方计划所设定的数量时,即使公民满足计算机行政许可的形式要件也不会被批准。在这样的现实情况下,公民仍旧执意从事相关活动,其行为必然是与计算机安全行政许可对抗。比如我国严格控制网吧经营许可的数量,当网吧经营许可的数量达到国家政策、地方计划所规定的数量时,公民申请网吧经营许可则不被准予。这时公民非法经营网吧的行为,就是对网吧经营许可权的对抗。

---

① 例如,"网吧"经营条件规定在《关于规范"网吧"经营行为加强安全管理的通知》中:"申请经营'网吧'应具备下列条件:(一)营业场地安全可靠,设施齐全;(二)具有相应的计算机设备和技术人员;(三)建立完善的安全保护管理制度;(四)配备专职或兼职的安全管理人员;(五)符合国家法律、法规的有关规定。"

② 例如,计算机信息系统安全专用产品销售条件规定在《计算机信息系统安全专用产品检测和销售许可证管理办法》第十五条:"安全专用产品的生产者申领销售许可证,应当向公安部计算机管理监察部门提交以下材料:(一)营业执照(复印件);(二)安全专用产品检测结果报告;(三)防治计算机病毒的安全专用产品须提交公安机关颁发的计算机病毒防治研究的备案证明。"

③ 例如,计算机信息系统安全专用产品检测条件规定在《计算机信息系统安全专用产品检测和销售许可证管理办法》第十二条:"送交安全专用产品检测时,应当向检测机构提交以下材料:(一)安全专用产品的安全功能检测申请;(二)营业执照(复印件);(三)样品;(四)产品功能及性能的中文说明;(五)证明产品功能及性能的有关材料;(六)采用密码技术的安全专用产品必须提交国家密码管理部门的审批文件;(七)根据有关规定需要提交的其他材料。"

④ 例如,计算机信息系统安全管理人员资质条件规定在《金融机构计算机信息系统安全保护工作暂行规定》第十九条:"计算机信息系统安全保护专职部门或者安全管理人员应当对本单位的主要计算机信息系统资源配置、技术人员构成进行登记,报同级公安机关计算机管理监察部门备案。"第四十四条:"公安机关应当对金融机构的计算机信息系统安全管理人员进行安全知识培训,并颁发《计算机安全员上岗证》,并协助金融机构建立、完善计算机信息系统安全保护制度。"

四、公安行政许可权与公民权关系的基本思考

（一）公安行政许可权与公民权冲突的产生原因分析

笔者通过对七类公安行政许可相关案例的研究，分析各类公安行政许可权在实际运行时的不合理之处，发现在公安行政许可权行使过程中出现的公安行政许可法律规定不完善、公安机关不作为、程序违法、公安行政许可缺少必要的事后监督等问题，是具有普遍性的。公安机关在行使公安行政许可权时出现的这些问题，对行政相对人权利的实现产生了巨大的影响，甚至会侵害公民财产权、姓名权等权利。公安行政许可权与公民权之间有冲突，且这种冲突是不能被忽略的。通过对公安行政许可权与公民权冲突的分类研究，笔者发现公安行政许可权与公民权冲突的原因主要集中在以下几个方面：

1. 从立法角度分析

笔者通过对山西省公安行政许可相关法律的统计①，发现山西省公安行政许可涉及法律11部，行政法规4部，部门规章34部，地方政府规章6部，规范性法律文件4部，涉及公安行政许可180多项。公安行政许可权种类多且涉及部门广，公安行政许可在立法上出现的法律不完善、不明确等，客观上造成了公安行政许可权与公民权的冲突。

一是公安行政许可权法律规定的不完善。

公安机关依据现有的法律、法规以及规章行使公安行政许可权。法律规定的不完善，致使公安机关在做出行政许可时未能完全保障公民权的实现。案例二中法律在护照许可规定的不完善，导致何某所享有的监护权没有得到完全的保障。《户口登记条例》中规定公民将户口迁出户口所在地时，需要向原户口登记机关申报登记，但该条例中并没有强制公民户口迁出申报的相关规定。公安机关对于户口迁出的管理只能依靠公民的自觉性和主动性，户口迁与不迁由公民自主决定②。又比如，《户口登记条例》中规定对虚假申报、违规申报户口的行为应依法给予治安处罚③，但《户口登记条例》及《治安处罚法》中并未对违规、虚假申报户口的处罚做出规定。公安机关只能依靠宣传和教育的手段要

---

① 数据来源：山西省公安厅公安便民服务在线，2016年11月20日。
② 张献.中国现行户政管理体制利弊分析[J].湖南行政学院学报，2005（03）：58.
③ 《户口登记条例》第二十条规定："有下列情形之一的，根据情节轻重，依法给予治安管理处罚或者追究刑事责任：（一）不按照本条例的规定申报户口的；（二）假报户口的；（三）伪造、涂改、转让、出借、出卖户口证件的；（四）冒名顶替他人户口的；（五）旅店管理人不按照规定办理旅客登记的。"

求公民配合户口管理。户籍制度与子女入学、劳动就业、高考等公民权利挂钩，随着城市化进程的推进，人户分离现象日趋严重。法律约束机制的缺位，严重影响公安机关行政许可权的行使效果。

二是公安行政许可权法律规定的滞后。

法律、法规以及规章对公安行政许可权的规定滞后于当前的社会需求。《户口登记条例》于1958年颁布实施，距今有将近60年的时间，其中的很多规定不能满足当前社会户政管理的要求。如户政行政许可中对公民姓名的变更并没有做出明确而详尽的规定。公民姓名的变更，只能依照各项政策以及其他法律中零散的规定。

又如，在出入境行政许可权中，《中国公民因私事往来港澳地区的暂行管理办法》制定于1986年，距今30年之久，且并未修改或出台过相关的补充条例。赴港澳签证种类多、申请材料复杂，已不能满足公民权利的发展需要。

三是公安行政许可权法律规定的不明确。

公安行政许可权法律等制度的设定不明确，导致权利实现时有法难依。《边检条例》中只规定了边检站可以对限定区域实施警戒，并没有明确规定对进出口岸限定区域的人员是否需要许可审批①。而《边检条例》中又规定可以对擅自进入限定区域的人员进行行政处罚②。《边检条例》对进入口岸限定区域是否需要申请许可是不确定的。公安行政许可权规定不明确，公民在申请公安行政许可时没有明确的法律依据而无法便捷高效实现其权利。

公安行政许可权的批准条件、执行程序等不明确，很大程度上降低了法律对公民的指引作用。如在《旅游业治安管理办法》中，对旅馆行业的许可没有具体的规定，没有确定的许可条件、期限等。一些其他的治安行政许可也存在类似的问题。治安行政许可的范围、程序、时限以及权限等规定要尽可能具体、明确、详细③，许可申请人才能了解治安行政许可权的申请流程、材料等，才能更便捷地实现自己的权利，监督公安机关的许可行为。

公安行政许可权法律等制度的设定不明确，给公安机关提供了自由裁量空

---

① 沈一波.行政许可法定原则对边防检查行政许可的影响及其对策［J］.上海公安高等专科学校学报，2005（06）：41.
② 《边检条例》第三十五条规定："有下列情形之一的，处以警告或者500元以下罚款：（一）未经批准进入口岸的限定区域或者进入后不服从管理，扰乱口岸管理秩序的；（二）污辱边防检查人员的；（三）未经批准或者未按照规定登陆、住宿的。"
③ 倪侃，吴红霞.《行政许可法》对公安机关治安行政管理工作的影响［J］.公安研究，2003（12）：52－53.

间，容易导致自由裁量权的滥用而损害公民权①。《边检条例》对边检机关实施边检行政许可权的时限、权限、程序、责任等内容规定较少，往往只是对许可申请人的限制。且《边检条例》对边检行政许可权内容的规定多为原则性、纲领性的，难以运用到实践中去。实际中边检行政许可权的行使大多依据公安部的内部规章和各边检总站的相关规范性文件。边检行政许可的规定不明确，给边检机关了较大的自由裁量空间，容易造成自由裁量权的滥用，损害公民的利益。

2. 从执法角度分析

公安行政许可权涉及的许可内容多而杂，公安行政许可可能会成为公安机关权力设租寻租的管道。由于公安行政机关执法人员懈怠，有时出现公安行政许可权执法程序错误、不作为等现象，阻碍了公民权利的实现，也降低了公安行政许可权的公信力。

一是公安行政许可权的滥用。

公安机关实施公安行政许可权时滥用权力，干涉公民权的实现，破坏了秩序和公平。滥用职权实施行政许可，是指公安机关在法定权限范围内做出许可，但该许可与法律设定许可的初衷相悖，存在公安行政许可权的不当行使。比如道路交管人员滥用驾驶证许可权，利用其审批职权上的便利索贿、买卖驾驶证，对不满足驾驶证批准条件的人颁发驾驶证。驾驶证许可是一项准予公民驾驶机动车上路的许可，关乎道路安全、生命安全。道路交管人员这种滥用驾驶证许可权的行为，给他人和社会带来了很多隐患，破坏了道路交通管理的秩序。

公安机关在行使公安行政许可权时滥用职权，是对公民权利的约束和限制。公安行政许可权的扩大，意味着公民权利的缩小。比如消防行政许可权不仅由立法机关设定，而且存在没有立法权的机关也在设定消防行政许可权的现象，更有甚者公安机关内部的"红头文件"也在设定②。消防行政许可权关系到公民生命财产安全，也关系到社会公共安全，应当严格按照法律的形式设定。滥用职权增加公安行政许可权的设定，意味着公民行使权利时自由的减少、限制的增加。

公安机关在行使公安行政许可权时滥用职权，不严格依照法律做出公安行政许可，违反了法律的可预期性，使得公民权的实现缺乏可预料性。滥用公安

---

① 叶向义. 出入境边防检查自由裁量权研究［D］. 上海：复旦大学，2012：10-13.
② 宁振华. 浅析《行政许可法》的实施对消防行政许可的影响［J］. 科技情报开发与经济，2004（12）：374-375.

行政许可权，可能造成相同的许可申请不同的许可结果，影响公民权利的实现。行政裁量权要求公安机关在行使公安行政许可权时具有稳定性，不能做出前后矛盾的公安行政许可。然而在实践中，当公安机关拥有较大的自由裁量权时，容易出现前后许可不一致、随意行政、滥用自由裁量权的现象。案例四中消防行政许可权与公民权的冲突是由于郑州消防支队滥用职权。其未对主建设工程实质审查，却在承租人黄某申请装修工程消防验收时要求主建设工程获得消防验收许可，前后两者是矛盾的。

二是公安行政机关的不作为。

案例一中兴业刻章公司未获得公章刻制许可是由于自身不满足公章刻制许可的前置条件，而不是由于郴州市公安局的不作为，相反郴州市公安局对其履行了告知义务。而案例五中建始县公安局不为黄某、向某办理户口迁移登记，使得二人被排除在移民安置对象之外，人身权和财产权都受到了不同程度的损害，是典型的公安行政机关不作为。公安行政许可过程中，公安机关对公民行政许可申请应当受理而不受理、应当准允批准而不准予、应当在法律所规定的时限内做出决定而未做出、应当告知公民的事项不予告知、应当举行听证会而不举行、应当说明许可决定理由而不说明、应当依法履行监督职责而不监督等都属于行政不作为。公安行政许可的行政不作为，导致公民权不能及时实现①。如机动车驾驶证许可的法定期限为驾驶证申请人考试合格后 5 日②。如果车辆管理所未在考试合格后的 5 个工作日内制作核发驾驶证，就会构成不作为。

三是公安机关违反法定程序。

公安行政许可权的执法程序，直接关系到公安行政许可权的执法效果。严格依照法定程序做出许可，能够有效地防止公安行政许可权的滥用和随意放大。案例三中，驻马店公安局违反法定程序吊销柴某的汽车驾驶证，柴某的信赖利益受损，且遭受了经济损失。公安机关在行使公安行政许可权时要严格按照法定的程序。例如，关系到公共利益的许可事项是应当告知公民可以申请听证的。公安机关未履行听证的告知义务则违反了许可的法定程序。

四是公安行政许可权行使尺度标准不一。

公安行政许可权的行使没有统一的标准，各个地区标准各异。公民在申请

---

① 郑红雯. 公安交通行政许可问题与对策探析 [J]. 探索与争鸣，2006 (12)：66-72.
② 《道路交通安全法实施条例》第二十一条的规定："公安机关交通管理部门应当对申请机动车驾驶证的人进行考试，对考试合格的，在 5 日内核发机动车驾驶证；对考试不合格的，书面说明理由。"

地域跨度较大的公安行政许可时无标准可依。《消防法》并没有对消防行政许可事项做出具体详细的规定，消防行政许可的程序、标准等各地不同，一般由各地地方性法规规定。这就导致了全国没有统一的消防行政许可尺度标准[1]。消防行政许可权在执行过程中弹性幅度大，执行尺度标准执行不统一，一定范围内降低了消防行政许可的规范性，损害了许可申请人的正当权益。又如《消防监督检查规定》规定营业场所开业前需要消防机关对其消防安全进行检查，但是没有规定明确的消防检查标准。各个地区消防安全检查的标准不一样，连锁企业在跨地区跨城市开设分店时，无固定的消防安全检查标准可依，给企业造成了疑惑和困扰。

不断变化的公安行政许可权执行尺度标准，给公民的信赖利益造成了损失。比较典型的是计算机行政许可。随着网络的发展，计算机行政许可的条件、程序等也在不断变更。国家重视对网络市场秩序的规制和规范。网吧经营需要获得公安机关等相关部门的许可，同时对网吧的数量进行严格的限制，推行连锁网吧[2]。网吧管理过程不断出现新的问题，国家不断调整网吧经营许可的条件，严格限制网吧经营许可的批准，变更对网吧的监管措施。网吧经营许可是授益性的，获得网吧经营许可权的许可相对人已经基于信赖利益保护而安排了自己的经营活动，国家对网吧经营许可政策的变更给他们造成了诸多不便及损失。

五是公安行政许可权涉及部门多。

公安行政许可权涉及其他部门，公民在申请公安行政许可权时需要获得多头审批，这给申请人带来极大不便。出入境行政许可的批准，以公安部门为主。但出入境行政许可权不只关系到公民权利的实现，还关系到国家安全、国家主权等，所以需要与外交部等其他部门通力合作共同管理出入境事务。如公安部门负责中国境内公民因私出境入境行政许可以及加入或者退出国籍的管理等，外交部门负责对中国公民因公出境入境许可和因公往来港澳台地区许可的管理等，交通部门负责中国出海船舶许可的管理等[3]。公安行政许可涉及其他部门，需要相关部门在公安行政许可方面相互合作、相互配合、相互沟通。各部门相互合作的过程必然会出现一些烦琐甚至多余的环节，影响公安行政许可的执法

---

[1] 王伟红，韩子忠. 浅谈如何规范消防行政许可工作 [C] //中国科协2005年学术年会第24分会场论文集. 北京：中国科学技术出版社，2005：349.

[2] 高娃. 浅谈我国的行政许可制度——以网吧业为例 [J]. 社会与法治，2009（05）：46-48.

[3] 魏琪，朱旭东. 中国公安出入境管理体制改革研究 [J]. 中国人民公安大学学报，2009（05）：32.

效率和质量，也为公民申请公安行政许可增加了流程。

六是公安机关执法中缺乏透明度。

公安行政许可权的行使不公开透明，致使申请人对申请的许可事项信息掌握不全面、申请所要提交的资料和需要具备的条件不了解等，阻碍了公安行政许可权的实施进程。随着政府信息公开，公安行政许可权行使越来越透明化。如边检机关在批准企业获得集体登外轮作业许可前，应当公布拟被批准的企业名单，以便于企业接受社会的监督，尤其是许可相关人的监督。社会公众有权对从事集体登外轮作业许可提出异议，且边检机关应当听取这些异议并对异议进行审查，以最终确定被许可的企业。公安机关行使行政许可权不及时，全面地向社会公开，不利于公民权利的实现，不利于公民对公安行政许可权事项的了解和监督。

3. 从监管角度分析

公安行政许可权的事后监督，是为了更好地保障公民已经取得的公安行政许可权。有权力就要有监督。公安行政许可是一个持续的过程，公安机关准予公民从事公安行政许可，从另一个角度来看，就是公安机关需要对公民申请许可到实施许可的每一个过程都进行管理和监督。案例六中对未携带《出海船民证》出海作业的船员进行处罚，就是出海船民许可的事后监管。公民申请公安行政许可，表明公民自愿在申请、获得、实施行政许可的整个过程中都接受公安机关的依法管理和监督。实践中公安机关对公安行政许可权的监管存在很大的问题，这些问题阻碍了公民权利的实现，极易造成公安行政许可权与公民权在权力（利）目的上的冲突。

一是监管不完善。

公安机关在批准公安行政许可后，不对许可进行监管，容易造成许可相对人滥用许可的现象，如将行政许可出借给他人，或将行政许可任意转让给他人，甚至倒卖行政许可以获取经济利益。监管的不完善，可能会导致企业因缺乏必要的约束力走上弯路。缺少对特种行业的许可监管，会造成这些行业运行秩序混乱，进而造成社会秩序的混乱，危害社会的稳定。对于已经取消的公安行政许可也需要进行必要的监管，这是出于维护社会秩序考量。如对旅馆业行政许可的监管不完善。旅馆业行政许可监管不完善，使得旅馆行业秩序混乱无序，带来了诸多社会隐患，给公民人身安全、财产安全带来了潜在的威胁。

二是监管不到位。

公安行政许可权事后监管不到位，则为公民权的实现埋下了隐患。消防行政许可权关系到公民人身安全和财产安全。对这类公安行政许可的准予应该慎之又慎，不仅要做好事前的严格审查，更要做好事后的检查监督①。消防行政许可权不仅包括事前对建筑工程消防安全许可申请的审查，还包括事后对已经获得消防安全许可证的公民、企业进行监督检查。

公安行政许可权事后监管不到位，公民的信赖利益受损。行政许可有"重视许可的批准、轻视许可的监管"之特点，计算机行政许可也一样。在相关行政许可的监督过程中，通常因为监督手段不当，对公民已经获得的许可造成侵犯，使公民信赖利益遭受损失②。案例七中清浦公安分局在网吧监管过程中由于监管程序不合法造成了范某人身、财产上的损失。在"网吧"许可中，当发生一些恶性事件后，通常会对网吧"严打""整治"。这样的做法往往不能达到预想的效果，且耗费巨大。公安机关出于公共利益的考量需要撤销具体公安行政许可，对于因此造成的公民财产上的损失应该给予合理补偿。然而在现实中，基于网络环境管理需要对网吧经营许可整顿、撤销时，由此造成的损失只能由被整顿、撤销的网吧经营者自行承担。

（二）公安行政许可权与公民权关系的法理学定位

行政法的基本原则，在公安行政许可过程中同样适用。公安机关在实施公安行政许可权的过程中，要贯彻合法合理、便民高效、公开公平公正的原则。③基于上述基本原则，结合对公安行政许可权与公民权冲突原因的研究，笔者从立法、执法以及事后监管三个方面入手，提出解决公安行政许可权与公民权冲突问题的法理思考。

1. 立法上公安行政许可权的设定要严格

公安行政许可权与公民权的冲突，从法理上讲是自由与秩序的冲突。④公安行政许可权是对国家利益的追求，为的是维护社会管理秩序；公民权是对个人权益的追求，更看重自由。自由的实现需要依托秩序，而秩序的建立需要依靠法律、法规以及规章等制度。立法上公安行政许可权的设定要严格，才能建立更加文明的公安行政许可秩序，更好地保护公民的自由。⑤

一是增设公安行政许可中的缺失条款。

---

① 史郁葱，贾志．《行政许可法》带给消防行政许可的机遇与挑战［J］．消防技术与产品信息，2006（02）：26．
② 陈洁．关于网吧管理的行政许可制度思考［J］．社会与法治，2009（05）：250－252．
③ 《公安机关行政许可工作规定》第三条规定："公安机关实施行政许可，应当遵循合法、公开、公平、公正、便民、高效等原则。"
④ 陈晓济．警察权与办民权的平衡［J］．天府街论，2008，（01）：12．
⑤ 孙利．行政法与行政诉讼法［M］．北京：对外经济贸易大学出版社，2004：160．

法治社会的基本要求就是有法可依。法律、法规以及规章中对于一些必要的公安行政许可事项设定的缺失，影响到公安机关行政许可权的执法效果，公民的权利也因为没有法律等制度的依托而不能实现。增设公安行政许可中的缺失条款，可使公安机关在实施行政许可权时有法可依，公民在行使权利时有法能依。首先要增设公安行政许可中的缺失项目。一些事项虽然没有明文规定，但是对公安机关行政执法的效果有着重要的影响。在法律、法规以及规章中增设这些事项，能够更好地实现公安机关的管理职能，更好地维护社会秩序，如户口迁出申报。法律等制度中并没有对公民户口迁出申报做出规定，户口迁出申报主要依靠公民的自觉。由于公民不能自觉地进行户口迁出申报，户口迁出申报管理混乱，严重影响公安机关对户籍的管理。建议在《户口登记条例》第十条中增加公民户口迁出申报的强制性规定，并对无正当理由不申报者进行必要的行政处罚，以提高公民户口迁出申报的自觉性。其次要增设公安行政许可中的缺失条件。国家通过法律、法规以及规章对公安行政许可权的条件做了设定。一些未被包含的条件可能直接影响到公安行政许可权的批准与否。如在出入境许可中，要增设对公民资信条件的审查。资信条件是公民资产信用状况的反映，也是公民信誉、信用的重要衡量标准。公民资信条件关系到其出入境的目的、动机和行为，进而关系到国家安全。而出入境许可的相关规定中，并没有要求在做出许可决定时对公民资信条件进行审查。建议在《出境入境管理法》第九条公民出入境审查条件中增加一款关于资信条件的规定，将资信条件作为审查公民出入境条件的重要指标。

二是修改公安行政许可中不明确及不适应现实需要的规定。

修改公安行政许可中不明确及不适应现实需要的规定，是执法为民、以民为本的要求，是依法许可的保障。首先要修改公安行政许可中不明确的规定。法律要求具有明确性，不明确的法律不能为公民提供指引作用。一些规定在设定时由于条件不成熟或是规避某些现象而缺少明确性。如《金融机构计算机信息系统安全保护工作暂行规定》只规定了计算机信息系统安全管理人员需要在有关部门登记备案，需要公安机关颁发《计算机安全员上岗证》，并没有明确地规定获得计算机信息系统安全管理人员资质的具体条件。建议对该规章第十九条进行修改，对《计算机安全员上岗证》申请人员的年龄、计算机水平等条件做出具体、明确的规定，以规范计算机信息系统安全管理人员的管理。又如

《旅游业治安管理办法》只规定了开办旅馆需要经公安机关签署意见①，但没有对开办旅馆的具体许可条件做出明确规定。建议对该法规第四条进行修改，明确申请旅馆经营许可的场地、消防等具体规定。其次要修改公安行政许可中不适应现实需要的规定。法律等制度本身具有滞后性，而社会是不断发展的，所以这些法律制度也需要不断地完善以适应社会的发展。为了满足公民权的发展需求，要不断调整公安行政许可的相关法律、法规以及规章，满足网络时代公民权利合理、便捷的需求，减少公安行政许可与公民动因上的冲突。如《护照法》中关于护照的申请、补办条件滞后。公民申请、补办护照时，需要回到户籍所在地，这与公民追求便捷高效是冲突的。建议修改《护照法》第四条以及第十一条中关于护照申请、补办地点的规定，将护照申请、补办地点由公民户籍所在地扩大到公民经常居住地。

2. 执法上公安行政许可权的行使要规范

公安行政许可权与公民权的冲突，本质上是公权力与私权利的冲突②。权利是公民对自己权益、利益的追求。权力则是公安机关对公共秩序和利益的追求。权力的扩张，会对公民权利的实现造成影响。从公安许可权角度来讲，法无授权即禁止。公安行政许可权的行使，要严格遵循"法已规定不可违"。

一是严格公安行政许可执法程序。

公开、公平、公正原则要求严格公安行政许可权的行使程序。案例三中公安机关吊销柴某的驾驶证，应当以柴某能够知晓的方式对其告知，但公安机关并没有严格按照法律程序履行告知义务。程序公正是实体公正的前提和基础。首先，要依法公开公安行政许可的法律依据、申请程序、申请材料、许可标准等一般性事项。这样可以达到政务公开的目的，避免公安机关随意执法。如在公安机关网站上及时发布和更新公安行政许可权的相关信息，在办公场所公示公安行政许可的事项、依据、条件、程序、期限以及申请公安许可需要提交的全部材料和申请书示范文本等。其次，公民申请公安行政许可的事项以及结果也要公开。如在办公场所设置专门的公告栏，定期对新做出的公安行政许可予以公示；在公安机关网站上对公安行政许可是否批准的决定及理由予以公告，公众有权查阅；设置专门的公安行政许可查询窗口，由专人负责公众对公安行政许可事项及决定的查阅。同时，要严格按照法定期限办理公安许可。能够当

---

① 《旅馆业治安管理办法》第四条规定："申请开办旅馆，应经主管部门审查批准，经当地公安机关签署意见，向工商行政管理部门申请登记，领取营业执照后，方准开业。"

② 丛华. 法治视野中的警察权与公民权的平衡关系 [J]. 犯罪研究，2013（01）：21.

场做出是否准予公安行政许可的应该当场做出，不能够当场做出的要严格按照法定的期限。对逾期做出公安行政许可决定的工作人员，可以给予适当处罚。

二是统一公安行政许可执法标准。

依法行政就是依确定的标准行政、依统一的标准许可。是否获得某项公安行政许可完全依照法律、法规以及规章的规定。这样做能够促进公平正义的实现，也可将腐败扼杀在摇篮中。建立统一的公安行政许可执法标准，要限制公安机关自由裁量权的行使。如《出境入境管理法》第七十一条①给予公安机关较大的自由裁量权，既可单处较低数额的罚款，也可在拘留的同时并处一万元的罚款。建议在相关行政法规和部门规章中明确违法行为的具体情节及对应的处罚标准，确保行政裁量的合理行使和罚责的一致性。公安机关在行使公安行政许可权过程中具有很大的自由裁量权。自由裁量权给予公安机关更多的自主性，在法律、法规以及规章允许的范围内自主决定公民获得该许可所要付出的成本，引发不公平的现象。同一事项，在不同的地域，由于执法人员素质或者执法环境的不同，会出现不同的程序或结果。如消防行政许可中对建筑工程消防验收采取抽查的方式，如何选取抽查的企业各地的标准是不同的②。我国现已出台了《国家工程建筑消防技术标准》，可根据该标准建立一套适用于全国范围内的建筑工程消防验抽查标准，包括抽查的时限、抽查的比例、抽查的划分标准是依区域还是时间段等。建立统一的执法标准，用相同的许可标准对待不同的许可申请人，公安行政许可权也会更加透明、公正。

三是简化公安行政许可执法部门。

简化公安行政许可执法部门，是行政法高效便民原则的具体应用。简化公安行政许可执法部门，与公民权追求高效便捷的目的是一致的。简化公安行政许可执法部门，首先要贯彻"一个窗口对外"原则。对于那些涉及公安机关多个内设机构的公安行政许可，可以简化为一个"联合办公"机构统一实施，即统一受理、统一许可、统一送达。将复杂的公安行政许可转化成几个简单的集中办理的公安行政许可，这是执法便民原则的体现。如公民户口迁移申请需要

---

① 《出境入境管理法》第七十一条规定："有下列行为之一的，处一千元以上五千元以下罚款；情节严重的，处五日以上十日以下拘留，可以并处二千元以上一万元以下罚款：（一）持用伪造、变造、骗取的出境入境证件出境入境的；（二）冒用他人出境入境证件出境入境的；（三）逃避出境入境边防检查的；（四）以其他方式非法出境入境的。"

② 笔者通过查阅相关建筑工程消防验收备案制度，发现湖南省建筑工程消防验收的抽查范围是工程投资额大于30万元或建筑总面积大于300平方米的建筑工程；而福州市建筑工程消防验收的抽查范围是建筑面积300平方米及以上的新建、扩建、改建（含室内装修、用途变更）等建设工程。

向户口迁入地派出所提出，报迁入地市、县公安局审批。简化公安行政许可执法部门，笔者认为可以设置迁入地派出所及市、县公安局联合办公机构，对公民户口迁移申请统一受理、统一许可，以便利当事人。其次，要贯彻"相对集中行政许可权"制度。可根据公安行政许可的申请事项、申请时间、申请人所在区域等"同类项"集中办理公安行政许可，为公民申请公安行政许可提供更多的便利。如港澳同胞短期来内地或在内地定居，不仅要向出入境管理处申请港澳同胞回乡证，而且短期居住需要申请暂住证，长期定居需要向拟定居地的市、县公安局申请办理常住户口手续。在办理港澳同胞短期来内地或在内地定居许可中贯彻"简化"原则，笔者认为可以将回乡证的办理与暂住证的办理、常住户口的登记集中起来，这样做能够为港澳同胞提供便利。最后，实行电子政务。笔者认为电子政务体现了简化公安行政许可的原则。电子政务可以解决需要公安机关和其他行机关共同审批、需要上级政府部门牵头协调的情况。比如申请旅馆业经营许可需要消防、工商等多个部门批准，公民不满足任何一个部门的条件都不会获得许可，这时就容易出现公民权与旅馆经营许可权的对立及对抗。贯彻简化原则，实行电子政务，运用互联网技术，在各审批主体单位间实行信息共享，能够提高公安机关行政许可的效率，方便公民权的实现。

3. 监督上公安行政许可权的监管要加强

公安行政许可权与公民权的冲突，表现为重审批、轻监管。轻监管会导致公民权的滥用而违背公安许可权的初衷，缺监管会导致一些行业畸形发展。加强对公安行政许可事项的监管，也是解决公安行政许可权与公民权冲突问题的一个重要途径。

一是树立正确的监管观念，培育健康的监管意识。

观念与意识，是依法行政的核心问题。[1] 树立正确的监管观念，培育健康的监管意识，才能全面提升公安机关公安行政许可权的执法能力，减少公安行政许可权与公民权的冲突问题。

公安机关在行使公安行政许可权时往往拥有错误的监管观念，甚至缺乏监

---

[1] 陈晋胜. 行政法专题研究 [M]. 中国香港：国际炎黄文化出版社，2010：14.

管观念。公安行政许可过程中出现的"只审批,不监管"①,就是公安机关缺乏监管观念的表现。只审批不监管,容易造成公民滥用自己取得的许可,破坏公安行政许可的秩序。公安机关认为公安行政许可权是对公民的"赋权"②,则是错误的监管观念。被许可人不应该是公安行政许可管理的对象。要树立正确的监管观念就要树立服务的观念,公安机关在公民面前既是许可的监督者,又是"人民的公仆";公民并非公安行政许可的行政对立人,而是公安行政许可的合作人。树立正确的监管观念,还要树立为民众的观念。在监管的过程中要讲究监管的技巧、注重监管的方式,做到许可为民、监管为民、以民为本。

公安机关行使公安行政许可的过程中,可能会出现一些不健康的监管意识,如公安机关利用法律对许可监管规定的不完善,向被监管人索取财物等。不健康的监管意识,会导致公安机关的滥权,降低公民对公安机关的期望,破坏公安行政许可权的公信力。而健康的监管意识,能够提升出优质、高强的监管能力和监管效果。培育健康的监管意识,就要树立权责一致的观念。公安机关对行政许可的监管,不仅是公安机关对行政许可的监督,更是为了保障公民已经获得的公安行政许可,维护公安行政许可运行的秩序。

二是坚持监管主体多管齐下,加强监管方式多措并举。

公安行政许可权的监管,主要遵循的是"谁许可、谁监管、谁负责"的原则。但是仅仅依靠公安机关对公安行政许可进行监管,是远远不够的,很有必要建立以公安机关监管为主、行业协会监管为辅的监管制度。③ 行业协会是一种社会团体,是同一行业中的各个企业以自愿加入的方式所组成的企业共同体,为的是维护企业合法权益,增加企业共同利益。在企业监管方面,行业协会更能够督促企业在建立和发展中自我约束、自我限制。借助行业协会对公安行政许可和被许可人的监管,能减轻公安机关的负担。

采取多种监管方式加强对公安行政许可权的监管。既要监管公安机关,又

---

① "驻马店市群升汽车运输有限公司诉驻马店市公安局交通管理支队公安行政管理—道路交通管理"一案就是典型的公安机关"只审批、不监管"的案件:驻马店市公安局交通管理支队具有核发、换发驾驶证的法定职权。驻马店市公安局交通管理支队为张某换证过程,应该是对驾驶证许可的监管过程。但是驻马店市公安局交通管理支队在此过程中未尽到审查监管的职责,导致出现争议的驾驶证姓名与持有人不符的情况。案例来源:中国裁判文书网。笔者限于论文写作的字数等要求,在尊重案例原文的基础上对原文做了适当修改.

② 吕雪梅.公安许可问题研究[D].北京:中国政法大学法学,2004.

③ 李庆平.论治安行政管理工作的改革——贯彻《行政许可法》的几点思考[J].武汉公安干部学院学报,2005(02):11.

要监管申请人、被许可人。① 要加强对公安机关的执法监管，贯彻行政法权责一致的基本原则，依法追究公安机关在公安行政许可中的非法行为。事前监管和事后监管并举。加强对申请人的事前监管，严格审查申请人的条件、材料等，防止公民采取提供虚假信息、假借他人资质等方式申请公安行政许可。加强对被许可人的事后监管，采取抽查、定期检查、实地检查等方式监督被许可人积极从事相关许可事项。还可以建立公民、组织投诉、举报机制，最大程度地发挥社会力量对公安机关以及许可申请人、被许可人的监督作用。

公安行政许可权是与公民权关系最为密切的一种行政行为。这种密切联系性更容易造成公安行政许可权与公民权的冲突，可能会出现公安行政许可权对公民权的侵害、公民权与公安行政许可权的对立对抗。解决公安行政许可权与公民权的冲突，有利于维护社会秩序和公共安全，有利于促进社会经济发展，有利于维护国家安全、国家主权。本书的创新之处就在于对公安行政许可权与公民权冲突的方面及表现进行了深入的分析，从立法、执法、监管三个角度探究公安行政许可权与公民权冲突原因，为合理解决公安行政许可权与公民权冲突提出法律建议。由于笔者认识有限，很可能出现不完善的地方，随着公安行政许可权的发展以及公民权要求的提高，今后也可能出现新的问题。笔者相信，在法学界与社会学界等多学科领域的联合作用下，公安行政许可权与公民权的关系会朝着不断和谐、平衡的方向发展。

---

① 杨伟洁. 公安行政许可制度初探 [D]. 上海：复旦大学，2004.

第三章 公安行政处罚权与公民权关系

一、公安行政处罚权与公民权的基本理论

（一）公安行政处罚权的基本理论

公安行政处罚权是基于国家统治权，为满足社会对公共秩序、公共安全以及公民人身和公私财产安全等需要而产生的，是国家在组织管理社会治安中运用警察力量的意志的表现。其涉及公安行政管理的所有领域，并且在公安行政执法中以无可比拟的力度触及数量巨大的警察行政执法相对人的切身利益，是一项最重要、最典型的公安权力，也是公安权力中适用范围最广、影响最大的公权力。虽在具体的理论研究中学者们更注重对警察权的研究，但基于公安行政处罚权与公民权利的紧密性以及在尊重和保护人权的当下，使得对公安行政处罚权的研究更具有现实意义。处罚权基本理论涉及的内容有很多，包括其含义、性质及特点等内容，本文聚焦点在公安，侧重于公安行政处罚权。因此，从其入手，探求公安行政处罚权的含义、内容及表现形式，与其他权力的关系，旨在探索公安行政处罚权的特性。

1. 公安行政处罚权的含义

公安权作为一项国家权力，包含的内容极其广泛，包括行政处罚权、行政强制权、行政指导权、刑事侦查权等。无论在理论中还是在实践里，对于行政处罚权都很是偏爱，理论研究较多，实践中更为常见。行政处罚权主体有很多，公安、工商等都是行政处罚的处罚主体。本书以公安行政处罚为视角，探寻其与公民权之间的关系，实现公安行政处罚权与公民权之间的平衡与协调。

公安行政处罚权的具体含义可以表述为：法律赋予特定的行政主体（公安机关及人民警察）在履行职责过程中，基于维护公共利益和社会治安秩序，保障公共安全，保护公民、法人或其他组织的合法权益之目标，所具有的对违反公安行政法律规范的相对方实施惩戒性的权力。公安行政处罚是一种特殊的警察行政行为，相对于其他警察行政行为，它直接影响到被处罚人的权利和义务的处置,即通过对违法的相对方予以警告、罚款以及行政拘留等方式,达到维护公共利益、保障公共安全和保护公民合法权益之目标。警察行政处罚权与权力、公共权力、政治权力、行政权力和警察权力紧密关联,为此,我们可从这些相关概念及其内在联系来把握其含义。

首先,公安行政处罚权是一种权力。权力是反映主客体命令服从关系的影响力,表现为对社会资源的支配以及强制性地影响他人行为的能力。权力是施加影响力的特例,这是借助制裁背离拟行政策的行为来影响他人决策的过程。公安行政处罚权就是权力主体为维护社会治安秩序,通过对权力客体(行政相对方)以制裁方式纠正其违法行为从而实现自身的治安管理目标的能力。

其次,公安行政处罚权是一种公共权力。公共权力就是根据公共意志,组织、协调和控制社会公共生活的力量。在现代民主社会中,公共权力的产生及其效力通常是通过民主的程序,经由法定的民意代表和机关授权,并由宪法和有关法律所确认的。公安行政处罚权的运作集中体现在为社会公众提供公共安全物品和服务、维护公共安全利益。

再次,公安行政处罚权是一种行政权力。行政是国家利益的代表,行政权力是国家行政机关依靠特定的强制手段为有效执行国家意志,而依据宪法原则对全社会进行管理的一种能力。行政权力根本目标是要通过贯彻执行国家法律来有效实现国家意志,公安行政处罚权是作为行政机关的公安机关依靠法定的强制手段,如警告、罚款或行政拘留等,执行国家意志的体现。公安是国家的暴力工具,是国家机器的重要组成部分。因此,公安行政处罚权正是这样一种属于国家权力的政治权力。

最后,公安行政处罚权是一种警察权力。有关实施警察行为的权力可称之为警察权力,警察权是警察职能的具体体现。在我国,人民警察是具有武装性质的国家治安行政力量和刑事司法力量,因而法律赋予其公安行政权和公安刑事权。公安行政权具体包括行政立法权、行政命令权、行政决定权、行政教育权、行政监督权、行政裁决权、行政强制权、行政处罚权以及紧急情况处置权等。因此,公安行政处罚权是警察权的一个重要组成部分。[①]

2. 公安行政处罚权的内容及表现形式

行政权的一个特点就是"大",管理的范围大,涉及的范围宽。而公安行政处罚权作为行政权的一部分,其内容必然十分广泛,包含自然人之间的打架斗殴、卖淫嫖娼,港口、码头等的公共安全,放射性、有毒有害化学物品的管理,

---

① 李香梅. 警察行政处罚权探析 [J]. 山西高等学校社会科学学报, 2008 (9): 96 – 97.

计算机互联网管理等,以上这些均属于公安治安管理的内容,《治安管理处罚法》对此进行了很好的概括总结。《治安管理处罚法》将公安进行的治安处罚行为分为以下几类:扰乱公共秩序的行为、妨害公共安全的行为、侵害人身权利、财产权利的行为以及妨害社会管理的行为,较为全面完整,将纷繁复杂的公安治安管理进行了较为系统的分类描述。但是,公安行政处罚权并不限于治安管理处罚权。在实践中,警察对于违规停放车辆的罚款、对于酒驾司机的警告罚款、对于高速公路的交通管理等都属于交通管理处罚的内容;对于森林防火的管制、对仓库防火安全的管理以及违规行为的处罚、对娱乐场所消防设施等的管理,属于公安消防管理处罚的内容;公安对于公民出入境、边境地区的管理以及对违规行为的处罚,属于公安边防管理处罚权的内容;对于户口登记、暂住证、居民身份证等的管理,属于户籍管理处罚权的内容。综上所述,我们将公安行政处罚权分为治安管理处罚权、交通管理处罚权、消防管理处罚权、边防管理处罚权以及户籍管理处罚权等。

关于公安行政处罚的表现形式,在《行政处罚法》中有所涉及。行政处罚作为公安行政处罚的上位概念,《行政处罚法》第八条的规定几乎囊括了所有的公安行政处罚,当然也不乏一些特殊的情形,比如《治安管理处罚法》以及《外国人入境出境管理法》中对外国人驱逐出境的处罚形式。在理论上,我们将公安行政处罚分为四大类,即:人身罚、财产罚、行为罚以及申诫罚,其中人身罚包括行政拘留以及驱逐出境、禁止进境或者出境、限制出境;财产罚包括罚款以及没收违法所得和非法财物;行为罚包括责令停产停业以及暂扣或者吊销许可证、执照;申诫罚包括警告以及通报批评。

3. 公安行政处罚权与其他权力的关系

对公安行政处罚权的研究不仅应从其内在含义、内容上把握,而且还有必要探究其与其他权力的关系,以进一步明析公安行政处罚权的外部边界。

(1) 公安行政处罚权与其他行政处罚权的关系

公安行政处罚权与其他行政处罚权均属行政处罚权的下属概念。它们有共同之处,都是对违法的行政相对方的不利处分,也就是通过剥夺或限制违法行为人的一定的权利或利益,使其人身权或财产权受到一定损失,从而达到预防、警戒和制止违法行为的目的,具有法律制裁属性。但公安行政处罚权与其他行政处罚权又存在明显差异:一是权力适用领域不同,前者为警察行政管理领域,后者如工商、税务、海关、质检等行政管理领域;二是权力行使主体不同,前者为公安机关以及人民警察,后者则是税务机关、质检机关等及其执法人员;三是强制程度不同,公安行政处罚权与其他行政处罚权相比,更具有特殊的强制性，公安的存在本身就带有一定的强制性；四是权力作用的方式有别，比如公安机关可以通过特定形式对违法行为人的人身自由权处分，而其他行政机关则没有。国家行政管理是一个有机的系统，各种行政管理是互相联系、互相配合的。公安行政处罚权由于具有特殊强制性，所以有着其他行政处罚不具有的权威性和约束力，是其他行政管理处罚顺利进行的保障。只有在其他行政管理机关工作人员依法履行职务受到拒绝、阻碍时，公安机关才能依法予以协助，并及时查处有关违反治安管理行为。① 因此，公安行政处罚权是其他行政处罚权运行的保障。

（2）公安行政处罚权与刑事处罚权的关系

公安行政处罚权与刑事处罚权同属于法律制裁权，两者的区别主要体现在以下几个方面。一是权力性质的归属不同。前者属国家行政权，后者属国家司法权。二是权力行使主体不同。前者为享有公安处罚权的警察机关，后者为行使国家审判权的人民法院。三是权力作用对象不同。前者是针对违反公安行政法规范的公民、法人和其他组织而实施，后者是针对触犯刑律并依法应受刑事惩罚的人而实施。四是权力作用方式不同。前者侧重于财产罚和能力罚以及人身罚，后者侧重于人身自由罚。五是权力适用条件不同。前者是对违法情节和危害后果较轻或者某些特定性质的违法行为的制裁，适用于行政案件，后者主要是对违法情节和危害后果较重的违法行为的制裁，适用于触犯刑律的案件。六是权力运行程序不同。前者适用行政处罚程序，后者适用刑事诉讼程序，而且刑事诉讼程序要比行政处罚程序复杂得多。在中国现行法制体系中，从公安行政处罚权与刑事处罚权的调整范围看，两者规制行为的范围在相当程度是重合的，如《治安管理处罚法》所规定的行为，如很多与《中华人民共和国刑法》（以下简称《刑法》）分则所规定的具体犯罪的构成要件是相同或者相似的。这就需要权力主体严格依法行使，避免"以刑代罚"或者降格处理。②

（3）公安行政处罚权与公安刑事权的关系

我国公安机关不仅依法承担治安管理、消防管理、户籍管理等职责，而且还具有刑事司法职能，依法承担绝大多数刑事案件的侦查工作，并且对犯罪嫌疑人依法实施刑事强制措施。公安行政处罚权与公安刑事权二者同属警察权范畴，都是公安职能的具体体现，二者之间的差异也是显著的。第一，权力主体不同。根据我国有关法律的规定，公安行政处罚权行使主体是享有处罚权的公安机

---

① 李香梅. 警察行政处罚权探析 [J]. 山西高等学校社会科学学报, 2008 (9): 98.
② 李香梅. 警察行政处罚权探析 [J]. 山西高等学校社会科学学报, 2008 (9): 98-99.

关及其人员，公安刑事权的主体是享有刑事权的公安机关及其人员。第二，权力属性不同。公安行政处罚权是公安行政权主要运用于治安管理、交通管理、户籍管理、消防管理等领域，属国家行政权。刑事权主要运用于预防、制止和打击刑事犯罪领域，属国家司法权。第三，权力适用对象不同。公安行政处罚权是针对违反公安行政法规范的行政相对人，而公安刑事权的适用对象是犯罪嫌疑人。第四，权力行使目的不同。公安行政处罚权是基于违反公安行政管理法规的违法行为而作出，主要是为了维护公安行政管理秩序，主要适用于违反行政法律义务的公民、法人或者其他组织。公安刑事权是基于对可能触犯法律的犯罪嫌疑行为而作出，是为了查破案件、查缉案犯，查明案件事实以打击犯罪。

（4）公安行政处罚权与公安行政强制措施权的关系

公安行政强制措施权是公安机关及其人民警察在维护秩序、履行公安行政管理职责过程中依法采取的限制特定行政相对人人身、财产等权利或者强制其履行某种义务以及限制其从事某项行为的权力。它虽也是一种公安强制权，但不同于公安行政处罚权，两者存在明显差别。第一，行为性质不同。公安行政处罚权具有制裁性，是相对人因其违反治安管理行为应当受到惩罚和应承担的不利后果，是一种行政制裁权力。公安行政强制措施权则是一种处置权，使相对人人身、财产等被保护在某种状态，以达到行政目的，因而不具有制裁性，是一种临时性限制权力。第二，前提和基础不同。公安行政处罚权旨在通过对违法行为人的制裁，最终实现治安秩序的稳定，是以违法行为的确实存在为其必要前提。而公安行政强制措施与相对人行为是否违法没有必然联系，有可能针对违法行为，也有可能针对的根本不是违法行为，只是为了公共利益的需要。第三，法律效果不同。公安行政处罚权往往是对相对人权利的处分，非经法律程序公安机关不得自行变更或解除。公安行政强制措施权则只是对相对人权利的一种临时限制，不具有最终处分性权力。公安机关可以依法及时变更或解除强制措施权。

（二）公民权的基本理论

公民权即公民权利指作为一个国家的公民所享有的公民资格和与公民资格相关的一系列政治、经济和文化权利。这是大多数人关于公民权的理解。关于公民权的基本理论，其涉及的内容有很多，包括公民权的含义、性质、内容、与有关概念的区分等。由于本章是在研究公安行政处罚权与公民权的关系，因此就必须在公安行政处罚权的释义下谈公民权。本章从公民权的内涵以及内容两个方面来具体探究。公民权的种类涉及公民的政治权利、经济权利、文化权利和社会权利等诸多方面，笔者节选其中的人身权、财产权以及程序性权利，在公安行政处罚权视角下具体研究公民权的内容，也就是说此处的公民权是指公安行政处罚权所保护的或者所侵害的公民权。之后的内容也都是围绕这个展开。

1. 公民权的内涵

公民权是人权的一种基本表现形式，对公民权概念进行界定，需要明确公民的内涵与外延。公民是指具有某个国家国籍，并根据这个国家的宪法和法律享有权利和承担义务的自然人。公民权即公民权利，是指国家宪法和法律确认、赋予并加以保护、支持和鼓励一国公民所享有的政治、经济、文化、社会等各方面的权利。公民权主要包括民主自由权、人身自由权、财产所有权、知识产权、债权、劳动就业和休息权、自我发展权、安全保护权等。

公民权既然是自然人作为公民，经由宪法和法律规范的认可和授予应当享有的权利和自由，那么它就应包括宪法权利和法律权利两个基本范畴。其中宪法权利则是最重要的和最基础性的。公民权是从属于公民的，是对公民作为自然人所具有的自然属性和社会属性的本能要求在法律上的反映，是一个国家对于个体应享有权利和自由的理性确认，它所承载的是在社会发展过程中所体现出来的特定价值观念和信仰。公民权首先是一个法律概念，通常情况下我们习惯于从法律的角度解读公民权，宪法中所表达的公民权，是一个以公民所享有的政治权利为核心，以拥有的财产权利为保障，以正当法律程序确保个体人格的平等性的基本权利体系。公民权还是一个历史概念，公民权的确立是社会文明进化的结果。所有民主法治国家的历史也都是一部公民权不断得到普及和发展的历史。① 法治社会的前提条件就是承认每个人首先应是一个公民，确立一个政治国家法律制度的框架，自始至终都应围绕公民这个法治社会的基本构成单位而展开。公民权是个体享有权利和自由的实际状态，核心内涵就是以人为本，它以自然状态下的权利为基础，以个人自由的相对最大化为目标，以社会秩序为手段，以和谐为最高价值。其表达了在人类社会文明递进过程中，对人与人之间异化的关系进行修正的愿望。因此，公民权体系范畴也由原始的、经典的自由权转变为生存权和发展权，其内涵得到了极大的扩展。

2. 公民权的内容

公民权由两部分构成，包含基本权利以及法律权利。从基本权利的内容看，我国采取列举式的方式设定了公民基本权利，具体范围包括：平等权、选举权与被选举权、言论、出版、集会、游行、结社、示威自由、人身自由、宗教信仰自由、文化教育权利、社会经济权利、监督权与请求权、特定主体权利。我

---

① 高丽. 浅议警察权运行中公民权的保障 [J]. 世纪桥, 2013 (1)：61.

国规定的基本权利范围基本上反映了世界权利发展的普遍性要求，体现了公民获得最根本的权利地位。而对于法律权利，自《中华人民共和国侵权责任法》颁布以后，公民权进一步得以扩充，隐私权第一次写入法律，人格权受到了重视。除此之外，公民权还包括许多身份性质的权利，如配偶权、亲权等。而在此处所说的公民权主要是指与公安权力行使相关的公民权利，具体包括以下三种。

人身权。又称非财产权利，指不直接具有财产的内容，是与主体人身不可分离的权利。而在公安行政处罚权行使的过程中，可能被侵犯的人身权主要有以下几种。人身自由权，是指公民在法律范围内有独立的行为而不受他人干涉，不受非法逮捕、拘禁，不被非法剥夺、限制自由及非法搜查身体的自由权利。人身自由不受侵犯，是公民最起码、最基本的权利，是公民参加各种社会活动和享受其他权利的先决条件。而行政拘留权作为公安独有的行政处罚权利，很容易对公民的人身自由造成侵害。人格尊严权，是指公民作为一个"人"所应有的最起码的社会地位并且受到他人和社会的最基本尊重，是公民对自身价值的认识与其在社会上享有的最起码尊重的结合。我们每一个人都应该受到尊重，即使是潜在的违法者，公安机关在执法时也不可随意对其进行侮辱、谩骂、贬低。隐私权，指公民享有的私人生活安宁与私人信息秘密依法受到保护，不被他人非法侵扰、知悉、收集、利用和公开的一种权利。但在现实公安机关执法的过程中，公布个人信息的现象偶有发生，造成了对公民隐私权的侵犯。公权的行使已经干预了私权的正常运行。

财产权。财产权是与人身权相对应的一种权利，以财产内容为中心，并与人身没有太大的依附关系。在公安对违法违规行为进行行政处罚的过程中，罚款是一个主要的形式。在我国的法律体系中，公安行政处罚权中的罚款权遍布社会的各个管理层面，在交通管理、治安管理、户籍管理、消防管理以及边防管理的法律法规中都有涉及。公安机关在罚款这一项上有很大的权限，处罚的数额虽有幅度限制，但是这中间的自由裁量权很大，存在着诸多可操作的空间。一些公安机关滥用权力乱收费用在一定程度上会造成公民对公权力的不信任，使得公权力的权威下降，更有可能使国家的法治建设遭到破坏。

程序性权利。我们都知道，《行政处罚法》是一部程序法，《行政处罚法》中涉及实体的内容很少，主要都是处罚程序。《行政处罚法》中规定了处罚的一般程序、简易程序以及执行程序，各个程序都有自己独特的内容。比如一般程序中行政相对人的陈述权与申辩权，对于处罚结果的知情权，对于较大数额罚款的申请听证的权利等，这些程序性权利的存在都是为了保证处罚结果的公正性以及正确性。在执法过程中,有些公安机关人员忽略掉这些重要的权利,在行使处罚权的过程中不按法定步骤进行或者顺序颠倒,对于超出时限的违法行为强制处罚,行政处罚决定书形式不规范,缺少必要的内容。这些程序性权利的存在在很大程度上也是对公安机关权力的一种制约,公安机关必须按照法定的程序步骤来办事。

(三) 公安行政处罚权与公民权的关系

公安行政处罚权与公民权的关系就是公权与私权的关系。一方面,公权来源于私权的让渡,其目的在于维护和保障私权,另一方面,公权要面临的挑战也很多,其中之一就是公权的行使难免会对私域有所介入。公安行政处罚权作为公权的一种,其与公民权的关系大致如此。公安警察作为维护公民权的方式之一,其职责是为社会群体服务,保护任何人不受非法行为的伤害。在现代社会中,与公民权联系最密切、最广泛、最直接的权力之一就是公安行政处罚权。公安行政处罚权作为一种国家行政权力,其行使过程和结果肯定会对公民的尊严、财产、自由甚至生命等基本公民权产生严重的影响,公安行政处罚权在行使过程中极易转化成对公民人权的侵害。[①] 随着人权观念的发展,公安行政处罚权对公民权的影响越来越受到国际社会的普遍关注。限制公权力保障公民权的呼声越来越高,在我国的法治现代化进程中公民权与公权力的冲突是一个突出问题,尤其是公民权与警察行政处罚权的冲突更是一个不容回避的现实。从某种意义上说法治的进程也恰恰是公民人权与警察行政处罚权等公权力的博弈过程。

1. 公安行政处罚权与公民权的一致性

公安行政处罚权权与公民权的一致性主要体现在处罚权的来源与目的上。

从公安行政处罚权的源泉看,其主要来自公民对权利的转让。启蒙运动时代的法学家们大都认为,在国家和社会还未正式成立之前,曾存有一种人们完全平等自由的"自然状态"。在这种自然状态中人们可以享受到各种自然权利。但这种享有并不稳定,总会有不断遭受别人侵犯的可能。于是,人们交出部分权利并缔结契约以使自己的生命、自由、财产得到必要的保障,国家权力因此而形成。由此可见,公安行政处罚权作为国家权力的一项基本权力从根本上来自公民权利的转让。在现代民主政治下,民主就意味着权力属于人民,在国家生活中人民作为一个集合体不可能直接行使权力,人民只能通过选举代表参与公共管理,并通过特定的民主程序将某些权力委托给依法成立的国家机关。公

---

① 郑汉军. 警察行政处罚权与人权的博弈 [J]. 法学研究, 2005 (2): 56.

安行政处罚权便是委托给警察机关及警察人员行使的那一部分由公民权利转让而形成的公共权力。

从公安行政处罚权行使的目的来看，保护每一个公民的生命财产安全以及其他合法权益就是其存在目的。无论是从传统的"天赋人权""权利让渡"等观点，还是从现代国家民主政治体制的实际运作都可以看出，国家权力产生在公民权利产生之后，保护、服务、实现和发展公民权利是国家权力的终极目的。法律的目的是保护和扩大自由，公安行政处罚权是国家运用公权力，以法律的形式规定公安机关及其警察来行使公权力，同时法律体现着人民的意志、利益和愿望，公安机关及其警察作为法律的执行者、秩序的维护者，必须严格依照法律正确行使其权力。因此，公安行政处罚权的根本价值取向上就是为了保护公民权，这与法律的价值取向一致。这充分说明，处罚权的根本目的就在于保护公民权利，使之不受侵害，保障公民权利，使之受益，即使在某些特殊情况下对公民权有所限制，保障公民权利这个根本目的仍然不变。如果公安行政处罚权不以保护公民权为最终目的，或者忽视公民权置于不顾，那么就背离了公民让渡权利的初衷，也就失去了其存在的意义。①

2. 公安行政处罚权与公民权的矛盾性

任何权力都是按照"命令—服从"的规则来运行，权力意味着一方对另一方的支配过程，这一过程实质上就是权利受到限制的过程，因此权力与权利之间存在着矛盾。在公安行政处罚权与公民权之间，除存在一致性之外，也有着经常的甚至是复杂的冲突与矛盾。这主要有三个原因。

首先是权力与权利的关系决定了两者之间的矛盾性。公安行政权应发挥的主要功能之一就是对于公民权的规范，甚至是某些条件下的限制与控制。在权利与权力的相互关系中，尽管权力有时会表现出扩张性和对权利的进攻性，但它毕竟代表一定程度下的公共利益，它因体现公意而使自身的存在具有正当性。因此公安处罚权对公民权的规范与限制因其正当性而不可避免，只要公共权力还有存在的必要，权力与权利间的相互作用就仍会继续，公安权力与公民权利的矛盾就依然存在。由于公安行政处罚权的行使相对于公民权利来说具有优先性，当公安机关执法要对公民的财产进行征用时，公民没有拒绝的权利，只能通过事后来予以补偿。

其次是较大的公安行政处罚自由裁量空间都会产生处罚权与公民权之间的矛盾性。自由裁量权是行政主体为提高行政效率所必需的权限，它可以使行政

---

① 任雪征. 警察权与公民权关系论纲 [D]. 济南：山东大学，2007：29-30.

执法者因地制宜地处理问题。正如博登海默在《法理学——法哲学及其方法》所指出的："真正伟大的法律制度是这样一些制度，它们的特征是将僵硬性与灵活性给予某种具体的有机的结合。"① 因此，自由裁量权作为行政权力的重要组成部分，在现代行政管理中必不可少。虽然可能会导致滥用，但公安机关在执法的过程中存在一定的自由裁量权是必要的。公安处罚的自由裁量权与其他行政权一样，在其运行过程中，不可避免地产生两方面的作用。一方面行使自由裁量权会遵循合法、合理和服务的原则，而起到积极的推动作用；另一方面却因自由裁量的弹性空间由行政主体运用，从而会对行政相对人的权益构成威胁。

最后是由于公安行政处罚权与公民权双方主体审视角度不同、出发点与落脚点的不一致等，都会不可避免地造成主张上的差异甚至对立。②

3. 公安行政处罚权与公民权在对立统一中趋于平衡

公民行使公民权利的相互冲突需要一种裁定纷争、保护公民权利的公意机构，于是行政权作为国家公权的典型代表得以出现。然而，行政权的行使又会限制公民权的行使，公安行政处罚权作为行政权的一种也不可避免存在这样的问题。公安行政处罚权在保护和实现公民权利的过程中又必须限制公民的某些权利和自由，于是在处罚权与公民权的实现之间便形成了冲突。因为公安行政权力与公民权利在一定条件下成反比关系，即公安行政处罚权的扩大意味着公民权的缩小，其滥用往往会使公民权化为乌有。这是公安行政处罚权与公民权关系的一种基本状态，这一点毋庸置疑。

但社会权利是由代表公共利益的国家权力和代表个体利益的公民权利构成的，其中公共利益虽然是以个体利益为基础，实际上却是个体利益在社会标准下相互协调、融合的结果。公共利益与个体利益这种相容性和同一性决定了两者的法律表现形式权力与权利之间必然趋于平衡。这种平衡是权力与权利之间一种动态的和谐，实际上是一种利益的协调。公安行政处罚权与公民权的关系就是这样一种经过博弈后达到的动态平衡关系，二者在运作过程中，依据既定的制度设置和程序规则在相互对峙、制约的基础上呈现出相对稳定、共存的状态。

法治是公安行政处罚权与公民权协调的基石。美国独立之父杰斐逊曾说过："政府是必要的恶，要用宪法之链束缚，以免受其害。"经过漫长的探索，人们清醒地认识到行政权并非难以控制，法治是强有力的约束。公安行政处罚权与

---

① 博登海默. 法理学——法哲学及其方法 [M]. 邓正来，姬敬武，译. 北京：华夏出版社，1987：23.
② 任雪征. 警察权与公民权关系论纲 [D]. 济南：山东大学，2007：30-31.

公民权的冲突也是可以协调的，面对可能侵害公民权利并有不断扩张、任意行使的危险情况出现时，可以用更为严格的法治的手段对其进行规制，这是对规制的规制。这种规制既要防止公民意志的抵触，又要防止陷入无政府的境地，它成为横亘在公权与私权之间的无形界限，使得公安行政处罚权与公民权形成了一种折中与平衡，从而保证了实现二者之间的动态和谐。在这种和谐的状态下，公安行政处罚权与公民权利之间不再是压制、管理的关系，而是一种保护与支持、服务与完善的和谐共处关系。公安行政处罚权的行使更符合公平、正义和人权保障的理念，能平等地保护公民的权利，使法律上规定的公民权利得到充分的主张、实现和公正地补救，公民权随着在法律范围内的充分实现又反作用于公权，使得公安行政处罚权实施更加规范，行使更加顺畅、更加富有效率，这是符合法治精神的理想模式。

公安行政处罚权的产生从主观上说是出于对社会秩序、社会安全和个人自我安全的需要。正如庞德所说，当法律秩序已经认定和规定了它所需要设法加以保障的某些利益，并以授予或承认某些权利、权力、自由和特权作为保障这些利益的手段后，它就必须为那些权利、权力、自由得以生效提供保障手段，并为此目的成为维护法律秩序的一种重要手段。从这个角度上看权力在一定程度上是公共利益的代表，它的存在因公意的体现而具有正当性。我国公安机关处于行使国家行政处罚权的第一线，作为社会秩序、个人权利和公共利益的保护机关，担负着预防和惩罚违法犯罪的重任。公安行政处罚权从根本上是为了保护公民的基本权利免受不法侵害。因此，从这个角度出发，公安行政处罚权与公民权的价值在根本上是一致的，为了保护公民权有必要进一步强化警察权尤其是警察行政处罚权。然而，公安行政处罚权与公民人权在一定条件下也成反比例关系，即公安行政处罚权的扩大意味着公民人权的缩小，公安行政处罚权的滥用往往使公民权得不到保障。公安行政处罚权作为一种制裁性公权力，其行使过程始终存在着对公民合法权利造成侵害的危险性。行政处罚本身就是一种对公民权利进行限制和剥夺的手段，一旦行政机关违法使用行政处罚权，就会直接侵犯公民的权利。所以为了保护公民的基本权利，我们又必须对公安行政处罚权进行严格的限制。

公民权的主要特点就是"排斥干涉"，而公安行政处罚权存在的正当根据在于维护社会治安，它的一个重要特征就是通过约束权利达到社会有序。我们一方面要求对公民基本人权给予保障，但又不时地找些借口对它进行行政干预，可以说这是一个理论的难题，是矛盾冲突的基础。在这对矛盾中，由于公安行政处罚权代表国家行使权力，具有强制性，因而公安行政处罚权对公民人权的侵犯更加普遍，成了这对矛盾的主要表现形式。①

二、公安行政处罚权与公民权的基本规范

（一）对基本规范的整理

通过第一部分的叙述，我们已经初步了解了公安行政处罚权与公民权的基本理论，对于它们之间的对立统一而又趋于平衡的关系有了一个概括性的认知。在具体的实践中，行政权遵循法无授权即禁止、依法行政的原则，行政机关做出的任何行政行为都必须依法进行，包括法定的权限、内容的法定、主体、程序等的合法性等。而公安行政处罚权作为行政权的一个部分，自然也应当遵循，并且具有其特殊性。接下来，笔者就法律、行政法规以及地方性法规中涉及公安行政处罚权的规定进行梳理，对公安行政处罚权的立法有一个大致的认识。由于本章所研究的是公安行政处罚权与公民权的关系，因此对处罚权释义下的有关公民权的法律法规的整理也必不可少。研究任何的法律制度，都离不开对现行立法的整理与归纳。

1. 对公安行政处罚权规范的整理

类别	名称	适用条款
法律	《行政处罚法》	全文适用
	《治安管理处罚法》	全文适用
	《人民警察法》	全文适用
	《居民身份证法》	第15、16、19条
	《护照法》	第17、18、19条
	《中华人民共和国境外非政府组织境内活动管理法》	第45、46、47条
	《中华人民共和国公民出境入境管理法》	第70—86条
	《中华人民共和国禁毒法》	第59、60、61、62条
	《中华人民共和国枪支管理法》	第40、42、43、44、45条
	《道路交通安全法》	第88—102、104—107条
	《集会游行示威法》	第27、28、30条
	《消防法》	第58—62、63、64、66、67、68、70条
	《中华人民共和国人民银行法》	第42、43条

---

① 任雪征. 警察权与公民权关系论纲 [D]. 济南：山东大学，2007：32.

续表

类别	名称	适用条款
行政法规	《机动车交通事故责任强制保险条例》	第39、40、41条
	《中华人民共和国道路交通安全法实施条例》	第103条
	《道路交通事故处理办法》	第23、24、25条
	《城市道路管理条例》	第43条
	《中华人民共和国外国人入境出境管理法实施条例》	第24、25条
	《中华人民共和国出境入境边防检查条例》	第39条
	《危险化学品安全管理条例》	第78、81、84、88、89条
	《烟花爆竹安全管理条例》	第36、39—43条
	《民用爆炸物品安全管理条例》	第46—51条
	《易制毒化学品管理条例》	第38、40、41、42条
	《中华人民共和国计算机信息系统安全保护条例》	第20、23、24条
	《中华人民共和国计算机信息网络国际联营管理暂行规定》	第20、21条
	《中华人民共和国集会游行示威法实施条例》	第24、27条
	《音像制品管理条例》	第40条
	《娱乐场所管理条例》	第43—45、47、50—54、56条
	《印刷业管理条例》	第38、42条
	《大型群众性活动安全管理条例》	第20—23条
	《中华人民共和国户口登记条例》	第20条
	《中华人民共和国看守所条例》	第47条
	《企业事业单位内部治安保卫条例》	第19条
	《报废汽车回收管理办法》	第26条
	《居住证暂行条例》	第18、19条

续表

类别	名称	适用条款
部门规章	边防管理	《中华人民共和国边境管理区通行证管理办法》	第23、24条
		《办理劳务人员出国手续的办法》	第17、18条
		《因私出入境中介活动管理办法》	第31—34条
	交通管理	《高速公路交通管理办法》	第25、26、27条
		《机动车修理业、报废机动车回收业治安管理办法》	第14—18条
		《道路交通安全违法行为处理程序规定》	第40、41、50条
	消防管理	《社会消防技术服务管理协定》	第45—50条
		《仓库防火安全管理规则》	第57条
		《高层居民住宅楼防火管理规则》	第16条
		《建筑工程消防监督审核管理规定》	第28、29条
		《公共娱乐场所消防安全管理规定》	第22条
		《消防监督检查规定》	第33条
		《机关、团体、企业、事业单位消防安全管理规定》	第46条
		《消防产品监督管理规定》	第34、35、36条
		《社会消防技术服务管理规定》	第45—50条
	治安管理	《废旧金属收购治安管理办法》	第13条
		《易制毒化学品购销和运输管理办法》	第30—37条
		《剧毒化学品购买和公路运输许可证管理办法》	第21—25条

续表

类别	名称	适用条款
部门规章	《放射性物品运输安全管理条例》	第62、66条
治安管理	《再生资源回收管理办法》	第22—25条
	《租赁房屋治安管理规定》	第9、10、11条
	《典当管理办法》	第15、16条
	《旅馆业治安管理办法》	第15、16条
	《沿海船舶边防治安管理规定》	第26—29、31、34、35条
	《娱乐场所治安管理办法》	第41—44条
	《港口治安管理规定》	第23条
	《典当业治安管理办法》	第15、16条
	《计算机信息系统安全专用产品检测和销售许可证管理办法》	第20条
	《计算机病毒防治管理办法》	第16—20条
户籍管理	《户口登记条例》	第20条
	《暂住证申领办法》	第14、15条
其他	《公安机关实施保安服务管理条例办法》	第45—47条
	《保安培训机构管理办法》》	第33—39条
	《公安机关办理行政案件程序规定》》	全文适用
	《社会力量办学印章管理暂行规定》》	第17、18条

111

2. 对公民权规范的整理

名称	权利类型	具体规定
宪法	财产权	第十三条：公民的合法私有财产不受侵犯
	所有权利	第三十三条：国家尊重和保障人权
	人身自由权	第三十七条：公民人身自由不受侵犯。禁止非法拘禁和以其他方式剥夺或者限制公民的人身自由
	人格尊严权	第三十八条：禁止以任何方法对公民进行侮辱、诽谤和诬告陷害
侵权责任法	所有权利	第二条：所有侵犯公民合法民事权益的行为均受本法调整
行政复议法	救济性权利	全文适用
	人身自由权	第六条：对行政机关作出的限制人身自由的行政相对人有申请复议的权利
行政诉讼法	救济性权利	全文适用
	财产权	第十二条：公民对行政机关作出的罚款、没收等行政行为不服的有提起诉讼的权利
国家赔偿法	救济性权利	全文适用
	人身权	第三条：行政机关及其工作人员在行使行政职权时有侵犯人身权行为的，受害人有取得赔偿的权利
	财产权	第四条：行政机关及其工作人员在行使行政职权时有侵犯财产权行为的，受害人有取得赔偿的权利

（二）对基本规范的分析

通过以上公安行政处罚权与公民权基本规范的整理，让我们深刻体会到行政权的"大"。公安行政处罚权为行政权的冰山一角，其涉及的内容十分丰富，包括社会生活中的各方各面、各方各业，所有能管理的、能处罚的几乎囊括其中，特别是《治安管理处罚法》对处罚的分类最为经典，也最为全面。同时，我们可以清晰地看到，关于公民权的规定是较少的，但层级高。控权的艰难性由此也可以看出。接下来的内容，笔者对基本规范进行深入的分析，对公安行政处罚权与公民权进行剖析，为之后的行文奠定基础。

1. 对公安行政处罚权规范的分析
（1）边防管理处罚权规范分析

类别	适用领域	执法渠道	规定现状
法律	出入境管理、出境手续的办理以及对境外组织在境内活动的管理	大多公安机关享有单独的行政处罚权，少数边防机关也享有	法律中规定较少，均为原则性的内容，为法规以及部门规章的制定奠定了基础。其中，部门规章规定的最为详尽，涉及面更广，除了出入境管理以外，还规定通行证、对中介活动的管理等
行政法规	出入境管理以及出入境边防检查	大多公安机关享有单独的行政处罚权，少数边防机关也享有	
部门规章	出入境管理、边境通行证管理以及出境手续的办理	大多公安机关享有单独的行政处罚权，少数边防机关也享有	

公安边防管理处罚权是公安行政处罚权中的重要一环。公安边防管理涉及出入境管理，手续的办理、出入境边防检查、境外组织境内活动的管理以及有关边防的许可证如通行证、护照等的管理，旨在维护出入境秩序以及我国的边境安全。关于边防处罚的主体，并不是只有公安机关单独享有，少数法律法规规定边防机关同样享有对边防管理中的违法行为的行政处罚权。这不难理解，公安机关是一个庞杂的体系，下设消防部门、交通部门、户籍管理部门等职能部门，分管不同领域的管理。而边防管理无疑是特殊的，关乎整个国家的安全，加之其专业化管理以及边防活动的对外性，更需要边防机关从中协助，与公安机关共同促进边防管理。从立法上看，关于边防管理处罚权的规定，相较于治安管理来说，少之甚少。其中，法律作为上位法为行政法规以及部门规章的制定提供了基础，而行政作为一项执行法律的活动也发挥了其应有的作用，在边防管理处罚中，部门规章规定得最为详尽以及宽泛。

(2) 交通管理处罚权规范分析

类别	适用领域	执法渠道	规定现状
法律	道路交通安全管理	公安机关单独行使	同边防管理，法律关于其的规定较少，集中于行政法规以及部门规章当中，涉及各个方面、各个层面的交通管理
行政法规	道路交通安全管理、道路管理交通事故责任、车辆管理	公安机关单独行使	
部门规章	道路交通管理以及安全管理、车辆管理	公安机关交通管理部门独立行使	

公安交通管理处罚权在我们生活中最为常见，常常看到有交警对路边违法停放的车辆贴罚单、对来往车辆进行交通管制、对醉酒驾驶的检查以及处罚等。公安机关内部设有交警大队专门进行交通管理以维护良好的交通秩序。公安交通管理主要包括道路管理、道路交通安全管理、行使车辆的管理、酒驾等危害公共安全行为的管理以及道路交通事故责任的管理等，对于违法的行人、驾驶者等都有处罚的权利。公安机关单独对交通违法行为进行处罚，由于公安机关下设交通部门，有一系列的办事机构，如交警支队、交警大队等，人员较多，足以满足管理的需求，而且交通管理也被看作公安的一项特有职权。在立法上，同边防管理，法律关于其的规定较少，集中于行政法规以及部门规章当中，涉及各个方面、各个层面的交通管理。

(3) 消防管理处罚权规范分析

类别	适用领域	执法渠道	规定现状
法律	消防管理	公安消防机关单独行使	法律、行政法规关于消防管理的规定很少，集中于部门规章当中，涉及消防技术服务的管理以及对其的监督等内容，范围宽泛
行政法规	消防安全管理	公安消防机关单独行使	
部门规章	消防安全管理、消防技术服务管理、消防监督检查管理	公安消防机关单独行使	

消防管理处罚权是公安行政处罚权中的又一项重要内容。消防涉及公民的人身财产安全，做好消防工作对于维护社会秩序有很好的作用，防止因消防问题所带来的各种恐慌。对于消防管理处罚，公安机关有单独的处罚权，具体由

公安机关下设的公安消防机关这一职能部门来行使，处理各类事宜，做好消防工作。消防管理主要包括消防安全管理、对消防产品的监督检查、对消防技术服务的管理以及对各行业、各场所的消防管理等，涉及面很广泛。在相关立法中，法律、行政法规关于消防管理的规定很少，主要集中于部门规章当中。

（4）治安管理处罚权规范分析

类别	适用领域	执法渠道	规定现状
法律	妨害社会安全的行为，如对毒品、枪支的管理	公安机关单独行使，有的适用治安管理处罚法中的规定	法律的规定同样相对较少，但内容均涉及对一些国家管制品、危险性极大物品的管理。而部门规章涉及范围杂一些，对不同行业、不同地方的治安管理都在其中
行政法规	妨害社会安全的行为以及扰乱社会公共秩序	公安机关单独行使，有些领域质检、安检等附有监察职能的部门也有处罚权	
部门规章	妨害社会安全的行为以及扰乱社会公共秩序、社会管理行为	公安机关单独行使	

治安管理处罚权是公安行政处罚权中的重头。从上述表格中可以看到，公安治安管理处罚的规定在所有类型的处罚中，法律法规数量是最多的，法律的规定同样相对较少，且内容涉及对一些国家管制品、危险性极大物品的管理，而部门规章涉及范围杂一些，对不同行业、不同地方的治安管理都在其中，如对旅馆业、娱乐场所、港口的管理等。在《治安管理处罚法》中，第七条明确规定了公安的治安管理处罚权，但在一些特别的行业，如烟花爆竹，由于涉及质量安全，质检部门也有一部分的处罚权。《治安管理处罚法》将公安机关的治安管理行为分为扰乱公共秩序的行为，妨害公共安全的行为，侵害人身权利、财产权利的行为以及妨害社会管理的行为四类，较为全面。从名称上我们可以看到这与《刑法》中一些章节的名称有所重复，立法上的交叉使得具体的运行过程中出现了问题。

（5）户籍管理处罚权规范分析

类别	适用领域	执法渠道	规定现状
法律	身份证、护照管理	公安机关单独行使	相对于其他类型的管理，户籍管理的内容都是最少的
行政法规	户籍管理	公安机关单独行使	
部门规章	户籍、暂住证管理	公安机关单独行使	

在现实生活中，我们都知道办理户口簿、身份证等都在派出所等公安机关。这就引出公安行政处罚的又一项重要内容——户籍管理处罚权。户籍管理也属于公安机关的特有职能，包括户口管理、户口的登记迁移、暂住证的管理等。这一类管理权往往由公安机关单独行使，具体由公安机关所设的具有户籍管理职能的部门来进行，良好的户籍管理制度以及户籍管理实践对地区稳定有很大益处。从立法上看，相对于边防管理处罚、消防管理处罚、交通管理处罚以及治安管理处罚，规定户籍管理处罚权的规范是最少的，但户籍管理的重要性不容忽视。在实践中，伪造、变造身份证的行为有很多，只不过其由其他法律规范调整，在此不做过多叙述。

（6）其他方面管理处罚权规范分析

类别	适用领域	执法渠道	规定现状
法律	银行业管理	公安机关单独行使	无论法律还是行政法规、部门规章都规定较少，前述分类几乎涵盖了所有的管理
行政法规	看守所管理	公安机关单独行使	
部门规章	保安培训、办学印章等社会管理	公安机关单独行使	

除了边防管理处罚权、交通管理处罚权、消防管理处罚权、治安管理处罚权以及户籍管理处罚权外，公安行政处罚权还有别的一些内容。正如法律不能穷尽社会生活一样，也还有另外一些没有纳入立法的领域。在对公安行政处罚权处罚规范整理的过程中，找到了公安对银行业即金融机构的管理、对带有国家强制力的看守所的管理以及对保安培训、办学印章等带有社会属性事项的管理。由于本人学术能力有限以及知识面的狭窄，只找到这些。但是透过这些，我们不难看出，前文所述的边防、交通、消防、治安、户籍等五大类管理处罚权，几乎涵盖了公安所有的处罚类型。

2. 对公民权规范的分析

通过上面表格的整理，我们可以发现，对于公民权的保护包括公民人身权、财产权以及救济权,其规范的位阶是很高的,上升到法律甚至是宪法,这是国家尊重和保障人权的体现。公民权的立法保护涉及的公民权的范围极广,由于本章写的是公安行政处罚权释义下的公民权,所以只是整理其中的一部分。但在整理的过程中,也发现了问题。

第一,对公民权保护的规定比较原则、抽象,缺乏可操作性,公民权遭受执法行为侵犯时救济手段少。比如,就公民权的隐私权来说,我国对隐私权保护的有关规定只涉及自然人之间的隐私权侵害,却没有谈到当公权侵害隐私权时如何救济。即当前只在民事法律规范中谈到隐私权的保护,而对于公安行政处罚行为侵犯隐私权在《行政处罚法》《治安管理处罚法》中均没有相关的细化规定。再如人格尊严权,在公安进行行政处罚的过程中,由于执法人员素质不一,会出现部分工作人员对公民谩骂的现象,或进行言语乃至身体上的侮辱。这无疑是对公民权的一种侵犯,对于此行政行为给公民造成的损害救济法律中没有规定。其是否应适用民事法律规范中的规定?针对执法人员还是公安行政机关?这都是亟待解决的问题。一项法定权利如果没有对侵害这种权利行为的制裁措施,那么这种权利必将是不完整的,也是得不到充分保障的。[①]

第二,公民权立法保护相对公权处于一个法律弱势地位。从权利的来源来看,公权是私权的让渡,行政权乃至公安行政处罚权同样是公民权的让渡,作用到实际中,公权的行使是为了保护公民权。前述两个表格一对比,自然发现:公安行政处罚权规范要比公民权规范多得多。不难想到,行政立法同样是对行政权的一种限制,行政权很大,它需要被控制。另一方面,控制过度就是僵化,自由裁量权的存在很好地解决了这一问题。自由裁量的存在使得公民权更容易受到损害,加之对公民权保障不到位,更加剧了它们之间的矛盾。

三、公安行政处罚权与公民权的基本状况

(一)公安行政处罚权与公民权的现状

公安行政处罚权来源于公民权利的让渡,公民权利遭受侵害时需要具有强制力的公权出面来加以维护,公安行政处罚权设立的最初目的就在于维护公民权利。在最初的时候确实起到了这样的作用,公安通过对出入境的管理维护边防安全,通过行使交通管理处罚权为公民营造良好的交通秩序,通过对消防设施、产品、技术服务等的管理使公民财产免受不应有的侵害,通过治安管理处罚保护公民人身财产权。但在公权与私权的长期较量中,在处罚权与公民权的

---

① 高丽. 浅议警察权运行中公民权的保障 [J]. 世纪桥, 2013 (1): 60.

博弈中，处罚权占据上风并迅速扩张，在行使的过程中不断被滥用、被越权，对公民权造成损害。而本身就处于弱势地位的公民权便不能与处罚权相对抗，处罚权的行使者更加肆无忌惮，侵害公民人身权、财产权、程序性权利的行为也会增加。现通过表1和表2对公安行政处罚权与公民权现状进行梳理。

表1 根据处罚所涉领域不同对公安行政处罚权与公民权现状分析

处罚类型	处罚主体	处罚对象	现状
边防管理处罚	公安机关以及边防机关	公民、外国人	在边防管理处罚中，公安对于违法行为的处罚，维护了边防安全。但在具体的操作中，公安机关乱罚款的行为对公民财产权造成严重侵犯
交通管理处罚	公安机关	公民	在交通管理处罚中，公安对于违法行为的处罚，维护了交通秩序。但在具体的操作中，公安机关滥用职权、超越职权乱收打款，乱用行政拘留权，违反法定程序的行为对公民权造成严重损害
消防管理处罚	公安消防机关	公民、法人及其他组织	在消防管理处罚中，公安对于违法行为的处罚，对于消防安全，保障公民财产权免受不必要的损害。但是有些人员对消防的不重视使得在消防监督管理中出现问题造成不应有的损害
治安管理处罚	公安机关以及等质检、安监机关	公民、法人及其他组织	治安管理处罚由于本身所涉及的范围广，因此存在的问题也很多。由于其中的自由裁量权，随意处罚会造成对公民权的损害
户籍管理处罚	公安机关	公民	户籍管理对于人口的迁移流动有很大作用。公安机关在执法过程中的不作为，会损害公民利益
其他管理处罚	公安机关	公民、法人及其他组织	对于其他方面的管理处罚权，存在对于罚款权的滥用

从表1我们可以看到，对于公安行政管理处罚权，无论是边防管理、交通

管理、消防管理处罚权,还是治安管理、户籍管理及其他行政处罚权,设立的最初目的都在通过对违法行为的一种制裁来维护各种秩序的稳定,甚至于实现地区乃至全国的和谐稳定。但是社会关系的复杂化使得执法过程中面临着许多困难。公安行政处罚是以公安的作为为前提条件的,不作为的情况会带来某种利益的受损,引起社会矛盾的激化。从表1中我们可以看到,有的公安处罚权并不是由公安机关来单独行使的,这是由于公安管理的范围太广、太大,管理的真空地带就会出现。但是公安或作为辅助性作为或与其他机关分属不同类型的行政处罚,这种联合、分属式的执法方式使得执法机关之间难免有权力的交叉,造成相互推诿以及扯皮条现象,不利于对公民权利的保护。

表2　根据具体处罚类型的不同对公安行政处罚权与公民权现状分析表

类型	具体种类	现状
人身罚	行政拘留	非法限制或剥夺公民人身自由
	驱逐出境、禁止进境或者出境、限制出境	执法随意
财产罚	罚款	处罚随意,滥用自由裁量权 办关系案、人情案,同案不同罚 程序违法突出 滥用职权
	没收违法所得和非法财物	
行为罚	责令停产停业、暂扣或吊销许可证	执法随意 程序违法
申诫罚	警告	执法不文明

相对于表1,表2从具体的处罚类型出发对公安行政处罚权与公民权之间的现状进行了整合与分析。本表涵盖了所有的处罚类型,包括人身罚、财产罚、行为罚以及申诫罚,各自有各自不同的内容。人身罚包括行政拘留以及针对外国人的驱逐出境、禁止进境或者出境、限制出境,其中出现状况最多的当属行政拘留。行政拘留是对公民人身自由的一种剥夺以及限制,按照法理,公安机关在行使行政拘留权时要严格遵守法定程序,具有处罚的权限等,但在实践中,存在滥用权力非法限制公民人身自由的情况。财产罚主要涉及公安机关对公民的处分,公安机关过多、过大的自由裁量权为违法留下了隐患。行为罚也可以称作资格罚,是对公民、法人、其他组织资格的一种剥夺或者限制,公安机关执法随意以及不按照法定程序不利于对公民权的保护。最后是警告,是最轻的

行政处罚，但公安机关存在行使时执法不文明现象，在一定程度上对公民权有损害。

（二）公安行政处罚权与公民权存在的问题

1. 权力运行依据存在的问题——制度方面存在的问题

在遇到问题时，我们都应该追本求源。公安行政处罚权与公民权存在问题的根源就在现行制度上，即公安行政处罚权权力运行依据存在问题。从行政法基本理论中我们可以看出，公安行政处罚权的行使需依法进行，行政机关要是法定主体，享有法定的权限，运用法定的程序，做出的行政处罚内容也要合法。这些合法的要求使得"法"的重要性凸显出来。行政法作为执行法律的法，"法"是不可以出现问题的。一旦源头污染了，最后的后果很难挽回。关于权力运行依据存在的问题，笔者将从两个方面展开论述：公安行政处罚权与公安刑事权存在着大量的交叉；公安行政处罚权法律体系建设不完善。

（1）公安行政处罚权与公安刑事权存在着大量的交叉，难免发生冲突

以《治安管理处罚法》为例，经过与《刑法》分则进行比对梳理，发现有11种行政违法行为与《刑法》中规定的犯罪行为基本相同甚至完全相同，造成行政立法与刑事立法的根源性冲突，必然会导致法律适用的随意与混乱。[①] 如《刑法》第三百一十二条规定：明知是犯罪所得的赃物而予以窝藏、转移、收购或者代为销售的，处三年以下有期徒刑、拘役或者管制，并处或者单处罚金。《治安管理处罚法》第六十条规定却对此种行为处五日以上十日以下拘留，并处二百元以上五百元以下罚款。同一行为可能引起行政处罚或刑事处罚两种性质完全不同的法律后果，这是现代法治理念所不能认同的情形。罪刑法定原则要求罪与非罪之间的界限必须明确，非此即彼，如果刑法丧失了明确性，可以二选一，那么法律权威的根基就被动摇了。同时，公民对行为后果的不可预见性也破坏了社会诚信体系。对两种法律的适用冲突有时连公安机关、法院、检察院等司法机关都无法统一认识，普通公民就更不可能准确判断自己行为的性质，所以，公安机关即使依法办案，公信力也会受到质疑。因此，立法弊病是公安行政处罚权规制的天敌，这个根本性问题得不到解决，其他改革都只能是隔靴搔痒。[②]

[①] 王敏远，郭华．行政执法与刑事司法衔接问题实证研究［J］．中国社会科学院，2009（2）：30．

[②] 刘效敬．公安行政处罚权行使中存在的问题［J］．法学研究，2012（2）：84．

(2) 公安行政处罚法律体系建设不完善

目前，我国尚未制定出台《警察行政处罚法》，公安机关行政处罚的法律依据主要有《人民警察法》《行政处罚法》《治安管理处罚法》《消防法》《道路交通安全法》《身份证法》等法律法规，还有一些处罚规定散见于各行业、部门的规章制度里。《人民警察法》应该是明确定位警察角色及警察权力的赋予、地位、职权范围的行政法律，但实际上对这些问题的阐述并不清楚，仍然存在阶级定位的意识形态色彩。《行政处罚法》虽然是我国重要的行政法律之一，但是对公安行政处罚而言则流于宽泛，许多公安行政处罚的职能并不能从中找到法律依据，只能依靠下位阶的法规、规章进行弥补，由此造成的弊端十分明显。公安部及国家其他部委自行制定下发的行政规章有时会发生冲突，造成令出多门的现象。令出多门的现象也说明了行政处罚法律体系不规范。同时，法律关于公安行政处罚权的行使规定得过于宽泛，在实践中缺少具有指导性意义的明确细致的法律规定，公安的自由裁量权过大。

2. 权力运行过程中存在的问题——执法中存在的问题

在具体的执法过程中，公安行政处罚都是由具备相应执法资格的公务人员做出的。由于个人素质或者是招录过程中存在问题，公安执法水平参差不齐，有高有低，成为阻碍公安行政处罚正确行使的重要因素。有些素质低的人员在执法过程中不顾形象对相对人进行言语上的攻击，暴力执法，是对公安形象的破坏，引起公民的不满。另一个在处罚执法中的问题就是模式程序，忽视程序的正当作用，对公民程序性权力公然侵犯。下文将做详细的论述。

(1) 公安执法水平参差不齐

公正与效率是司法工作的基本要求和永恒主题，同时也是公安行政处罚权行使的基本要求和精髓所在。但是，由于部分公安警察专业知识、业务水平不高，导致在执法过程中出现个别侵害公民合法权益的情况，如容易被外界因素干扰，不能秉公办案，忽视行政处罚程序的重要性，片面强调办案数量而忽视办案质量，不能把具体案件事实与法律原则融会贯通。

公安执法水平参差不齐是制约公安行政处罚权正确行使的障碍，成为优秀的法律无从实施的枷锁，浪费了立法资源。部分警察执法水平不高，使得公安行政处罚权的行使偏离了保护公民合法权益、维护公共利益的正确航线。相反，在部分公安人员低水准的业务素质支配下，公安行政处罚权的运用，降低了公民对公安的信赖，有损政府公正无私的威严，玷污了司法公正的神圣。在这种情况下，原本应该有利于良好社会秩序的公安行政处罚权阻碍社会有序健康发展，也阻碍我国依法治国的步伐，造成了不良的社会影响。

(2) 漠视行政处罚程序

根据《行政处罚法》和《公安机关办理行政案件程序规定》的规定，行政处罚必依依据法定程序实施，但在具体执行中，部分公安警察"重实体，轻程序"，奉行程序工具主义，认为程序只是实现实体的工具，忽略程序独立的法律价值，同时也缺乏必要的证据意识和诉讼意识，因而遵循程序的意识淡薄。以行政程序的构成要素为参照，公安行政处罚中的程序违法可归纳为以下几种情形①：

步骤欠缺即公安行政处罚未按法律规定的步骤进行，在实践中主要表现为：公安机关实施行政处罚时逾越不能逾越或遗漏了不得遗漏的法定程序，影响相对人自身权益的保护。尽管程序被分割成若干步骤或阶段，但不同的步骤或阶段之间存在着有机的、必然的联系，每个步骤或阶段之间互为因果，遗漏或逾越某一程序步骤或阶段会打破行政程序的连续性，从而影响行为的效力。例如，一些公安机关在做出行政处罚决定前不告知做出行政处罚的事实、理由、依据以及相对人依法享有的陈述和申辩的权利，对于符合听证的情形，不告知相对人有申请听证的权利或者未等相对人做出是否听证的意思表示而做出处罚决定。

顺序颠倒即公安机关违反法律规定的先后顺序进行行政处罚。行政处罚程序是由若干步骤、阶段在时间上的延续所形成的行为过程，因此只有依照法定顺序依次进行，才能确保行政处罚的合法性，否则将会导致行政处罚无效。有些公安机关在办理一些行政安检时"先裁决后取证"，有些符合听证条件的案件"先处罚后告知听证权"等情形都是此种程序违法的典型表现。

形式违法即公安行政处罚决定的做出应当采取某种法定形式而未采取，或者采取了法律禁止的形式，构成程序违法。公安行政处罚是一种要式行政行为，必须按照法律规定制作和送达相关法律文书。在实践中行政处罚形式违法主要是：处罚相对人时不出具任何手续，仅凭一张罚没收据或一张手写白条，甚至没有加盖本单位的公章；有书面决定但决定书或没有相对人违法事实、性质的具体，或缺乏对决定所适用的法律条款的具体援引和行政处罚理由的说明；处罚决定书没有完整地告知相对人行政复议、起诉的权利、途径、期限；未依法将决定书交付或送达相对人等。

时限违法即公安行政处罚行为的做出超过法定的时间限制，从而构成违法。为了保证公安行政处罚的高效率，公安行政处罚的各个环节都有时间上的严格

---

① 陈志才. 公安行政处罚适用中的人权保障问题 [J]. 辽宁公安司法管理干部学院学报，2008 (2)：55.

限制。有些公安机关未在法定期限告知相对人权利，未按法定期限做出处罚决定，或已过追诉时效追究相对人的法律责任等都是时限违法的具体表现。

3. 权力运行效果存在的问题——公民权保障问题

公安行政处罚一经做出即具有确定力、公定力、拘束力以及执行力，对公民的权利义务造成直接的影响，对公民的人身权、财产权都有一定程度的介入。理论上，公安行政处罚对公民做出以后会带来良好的效果，对违法行为人进行了制裁，保护了相对人、相关人甚至第三人的合法权益，并对社会公众有一定的教育意义。但是，公安机关执法随意，执法不文明，滥用行政处罚权力、自由裁量权等行为，对公民人身权、财产权以及所享有的一系列程序性权利会造成损害，这就是权力运行效果所存在的问题，与原始的效果发生了偏离，甚至相违背。

（1）公安行政处罚权与公民人身权的冲突

公安行政处罚权与公民人身自由权的冲突。根据《行政处罚法》的规定，行政拘留是公安机关一项独有的行政处罚权。对公民人身自由的侵犯主要就发生在公安机关行使行政拘留职权的过程中。《宪法》中规定，公民的人身自由不受侵犯，禁止以非法方式剥夺或限制公民的人身自由。对公安行政处罚权的行使有一系列的限制，必须依法行政，公安机关在做出处罚时，需有法律的明确授权，按照法定的权限、程序进行；必须合理行使，公安机关在处罚时要考虑相关因素，不考虑不相关因素，处罚幅度要与处罚目的相适应；必须高效、及时，至少做出行为时仍有保护的必要。但在实践中，公安机关在行使行政拘留权时，若不按照法定程序进行，随意对公民的人身自由进行限制，不给公民陈述、申辩的机会，若同案不同判，同是醉驾，对普通人予以拘留，却对领导予以罚款，考虑不相关因素，办人情案，若对正在进行不法侵害的行为人不采取限制人身的措施，使受害人无故遭受损害，均会在不同程度上侵害公民的人身自由权，激化公权与私权之间的矛盾。

公安行政处罚权与公民人格尊严权的冲突主要体现在公安执法过程中执法人员对公民的侮辱、谩骂。若公安机关采用这些行为，会激发公民心中的愤懑情绪，使其对公安不满，甚至对公安系统失望。而对当事人来说，心理也会有创伤，甚至有精神上的伤害。公安机关人员作为执法者，文明执法，提高自身素质，是缓和警民关系的有利措施。

公安行政处罚权与公民隐私权的冲突。在公安行使行政处罚权的过程中，难免会对私域有所介入，如调查违法事实时进入公民房屋，对公民个人信息的询问等。公权对私权的介入是公安行使行政权所必需，否则执法无法进行，但是介入的程度、广度以及深度还有待研究。笔者认为，公权对私权的干预有一个"度"的问题，对于这个度的限定有三个方面：是否超过执法的必要；是否符合公序良俗；是否干预到公民的正常生活。如"夫妻黄碟案"，公安机关的行为明显属于介入过度，夫妻看黄片本身不属于违法行为，而且不经公民允许进入私人房屋就是对隐私权的侵犯。法律要保护公民的个人信息、私人事务、私人空间；法律同样要保护公安机关警察权的行使。① 这两种权利（力）存在天然的冲突必然性。权利人自由处分自己的权利是私法的精神所在，只要权利人对自己权利的处分不会妨碍公共利益，甚至会有利于社会，那么法律就应该保护这种处分。在权利人意识觉醒的今天，大家普遍尊重私权，渴望私权得到公权的尊重。但警方的执法行为会对个人隐私造成威胁，这种威胁至少有以下几个方面：合法接触私人资料的保密；收集、采集私人资料；改变目的去使用个人信息；因无法合法获取个人信息而对个人采用不利于保护隐私的手段等。最严重的威胁可能是权利人对于警方掌握的个人信息什么时候应该被公开、什么时候会被公开竟无从选择，这就使得权利人对于自己的个人信息丧失了处分权。公民希望更多、更好地保护隐私权，而公安机关却希望不仅可以打击违法犯罪，而且可以通过对公民精神权利的褒贬来抑制违法犯罪，再加上法律对于执法行为侵害隐私权缺乏明确的责任形式，这就使得两者之间的冲突很难调和。

（2）公安行政处罚权与公民财产权的冲突

第一，假借公共利益的需要直接侵犯公民财产权。由于公共利益和法律授权是作为公权力的行政权干预公民合法权益的基础，所以大多数国家无论在公法还是私法中都要规定公共利益这一公权力干预的基础。而公安行政处罚权作为行政权的一种，也有这样的兜底条款。但是到底什么是公共利益，却没有哪个国家的法律有明确的规定。这是由公共利益"利益内容"的不确定和"受益对象"的不确定所决定的。正是公共利益的这种不确定性特征，使得假借公共利益直接侵犯公民财产权成为公安行政处罚权运行中的不正常的"常态"。② 无论历史还是现实，也无论理论还是实践均表明，一切公权力在企图剥夺或者限制公民的私有财产权的时候，无不假借公共利益之名。

第二，怠于行政，不积极履行法定职责，使公民财产权遭受不应有的损害。

---

① 陈永峰. 警察权与隐私权的冲突与协调 [J]. 吉林公安高等专科学校学报，2010（4）：30.

② 黄学贤. 我国公民财产权的行政法保障及其完善 [J]. 甘肃行政学院学报，2008（3）：93.

主要表现有两个方面。一是公安机关不履行保护公民财产权的法定职责，特别是依法应当主动履行职责而不履行，致使公民财产权受到损害。如在《消防法》中有许多公安消防机关对于违法行为的处罚规定，比如对于损坏、挪用或者擅自拆除、停用消防设施、器材或者占用、堵塞、封闭疏散通道、安全出口或者有其他妨碍安全疏散行为的行为，公安消防机关有罚款的权力。当出现这样的违法行为时，其应该担负起自己的职责，履行自身职能。如果坐视不理，怠于处罚，放任自流，公民财产权将处于随时被侵害的可能之下，一旦发生事故必然无可挽回。二是虽形式上作为，而实质上未作为，导致公民财产权受到损害的情形。如有些公安机关对有关行政相对人的违法行为发送一份行政处罚决定书，甚至送达一张责令整改通知书就认为已履行职责，而实际上违法者对此置若罔闻，违法行为依然如故，第三人的合法权益没有得到任何有效保障，那么这种情况下行政处罚所具有的强制力以及教育意义并没有发挥出来。行政处罚的目的本身并不是处罚，而是执行之后对违法者心理上的教育以及行为上的约束。

第三，滥用自由裁量权侵害公民财产权。公安机关及其工作人员在行使处罚职权时拥有很大的自由裁量权，这是行政的重要特征之一。归其原因，法律通常滞后于社会现实，社会千变万化，法律规定得再详细也不可能穷尽所有的社会现象。自由裁量权的存在是为了更好地执行法律，在执行法律的过程中填补漏洞，使其适应瞬息万变的社会生活。公安行政处罚权的行使要求公安机关考虑应当考虑的因素，不要考虑不应当考虑的因素，同样情况要同样对待，不同情况要区别对待。若公安机关滥用或超越自己的权限进行处罚，或做出与实际情况危害程度不符或超越法律所允许的处罚幅度，罚款该罚的不罚，不该罚的乱罚，那么这不仅是对公民财产权的侵犯，更是对法治的公然挑衅。不可否认的是，公安行政处罚的自由裁量权的确需要进行限制，但是对于限制的幅度大小都要经过深思熟虑，否则作为公权力的管理效用并不能得到发挥。

（3）公安行政处罚权与公民程序性权利的冲突

关于公安行政处罚权对公民程序性权利的侵害，由于前文已经详细列明，在此不做过多的叙述。通过前文对有关侵害公民程序性权利行为的整理，我们应更加认识到行政处罚程序的重要性，其对于公民维护自身合法权益有很大的益处。

（三）公安行政处罚权与公民权产生冲突的原因

1. 公安行政处罚权与公民权冲突的内在基因

公安行政处罚权与公民权产生冲突的原因有很多，其中就有公安行政处罚权自身存在的问题，基于行政权的产生、发展而表现出的公安行政权自身的特点为公安行政处罚权与公民权的冲突埋下了隐患。

第一，公安行政处罚权具有主动性，容易被滥用。在实践中，立法权通过制定和颁布法律对权利实行保护，对利益进行调整，这种权力具有根本性、普适性，但对具体案件而言则要间接地通过执法行为才能得以实现。司法权虽然直接接触案件，但是该项权力的中立性、独立性特点却决定了不会主动出击，具有不告不理的被动性特征。与前述两者相反，行政权直接而又主动地作用于公民、法人和其他组织，尤其是公安行政处罚权，其法定职责就包含了要积极主动地对公共事务进行管理、控制，对违法事项进行裁决，而且这一权力的运行范围又极其广泛，不同于一般行政权力仅局限于在某一具体领域内行使职权，而是渗入每个行政领域之内，只要有行政违法行为，都可以依法进行处罚。公安机关对违法行为的处罚可以通过三种渠道实现：一是独立行使处罚权，如公安机关对策划非法游行示威、不听劝阻的人员处十日以上十五日以下拘留；二是与相关行政机关均有处罚权力，如环境保护主管部门和公安机关都可对环境噪声污染行为责令改正，也可以并处罚款，但两个行政机关不能重复处罚；三是与相关行政机关对同一类违法行为分别处罚，通常视违法行为的情节和危害后果程度进行划分，较轻的由一般行政机关处理，较重的交由公安机关处罚，如民政部门可对未经批准就擅自以社会团体名义开展的活动予以取缔，没收非法财产①，依法取缔后进行活动的，公安部门依据《治安管理处罚法》第五十四条之规定，予以罚款或行政拘留，情节严重构成犯罪的，还要追究其刑事责任。可见，公安行政处罚权被法律赋予了积极主动行使权力的特性、广泛的权力范围和多渠道的执法方式。因此，这种权力如果没有受到严格的外部监督与内部控制，就必然会出现被滥用的现象。

第二，公安行政处罚权过于强大，容易造成对公民权的侵犯。依靠国家强制力进行运转的公安行政处罚权是公权力的代言人，它的强势将公民私权利笼罩起来，难有抗衡的实质性意义。具体案件中，行政相对人可以针对执法警察组织或人员的行为进行复议，对法律法规这些"顶层设计"上的不合理很少过问。我国公安行政处罚权的处罚种类比较全面，包括以拘留为主的自由罚，以罚款、没收等为主的财产罚，以吊销有关证照为主的资格罚和以训诫、警告为主的申诫罚。这些处罚的幅度设置过大，自由罚从一日到两年，财产罚从五元

---

① 石化东. 当前我国警察行政处罚权失范原因分析[J]. 中国人民公安大学学报，2014(6)：126-128.

至数十万元,享有很大的自由裁量权。我国公安机关同时拥有决定是否给予处罚及如何处罚的权力,拥有决定是否采取强制措施和采取至何种程度的权力,公安机关把持着追求法律公平公正的"实体"与"程序"两条通道,既是决定者,又是执行者,还是复核者的角色,易出现滥用职权、以权谋私、贪污腐败等问题。

2. 公安行政处罚权与公民权冲突的外部原因

关于公安行政处罚权与公民权产生冲突的原因,谈到内部因素,必然要说外部因素,外部因素也是一个很重要的方面。在这里,笔者做两方面的论述:监督制度的不到位以及执法人员的素质问题。

第一,监督制度不到位。《中华人民共和国行政诉讼法》(以下简称《行政诉讼法》)是保护行政相对人合法权益的重要法律保障,也是监督行政机关依法行政的重要制约机制。但是对公安机关而言,行政诉讼对警察行政权的实际监督作用有着难以克服的局限性,而且这种权力运行顶层设计上的缺憾不是公安机关通过自身努力完善能够解决的:公安机关的部分行政行为在行政诉讼面前缺乏监督制度。我国行政诉讼原先存在着仅审查具体行政行为,附带审查一部分抽象行政行为,这使许多与公民息息相关的行政行为被剥夺了诉讼监督的路径。那些涉及公民财产权和人身权以外的行政行为、抽象行政行为和由公安机关最终裁决的行政行为成了行政诉讼监督鞭长莫及的地区,公安机关也会将具体行政行为转化为抽象行政行为,如针对某一事项制定并发布命令、通知、通告,既实现处罚目的,又规避了行政诉讼监督。令人高兴的是该法已于2014年做出修正,不再区分具体行政行为,扩大了行政诉讼的范围。司法权实际上依附于行政权,司法机关在人、财、物的配备以及工作开展上都依仗同级政府支持与投入,而且公安机关领导通常兼任政府行政领导班子副职,那么监督会有一定程度的弱化。党的十八届三中全会开始司法体制改革,明确提出要法院、检察院独立行使司法权。在完善司法体系建设的同时,也必将会促使警察行政体系同步健康发展。

第二,执法人员不良心理因素直接导致公安行政处罚权失范。[1] 警察是一个特殊的职业群体,长期工作生活在高危险、高度紧张、高对抗的职业环境下,很容易产生心理问题。这种不良心理因素既对警察个体的身心造成伤害,也会对公安执法活动产生负面影响。从心理学角度来讲,一个人的心理压力长期得

---

[1] 索郎次仁. 浅谈公安行政处罚权中存在的主要问题及对策 [J]. 西藏发展论坛, 2005 (4): 49.

不到缓解，就会产生应激反应，不能很好地控制自己的情绪，变得狂躁而具有攻击性。同时我们不能不正视当前公安队伍面临的"三重一难"的现实困难。一是执法任务重。我国公安警察的行政职能多，而在繁杂的工作面前，警力配置却十分匮乏。高强度的工作量会直接危害公安干警的身心健康，在长期超负荷的工作压力下，文明执法应该说是一种苛求，也是对警察自身休息权的一种漠视与侵犯。二是心理失衡重。与发达国家公务人员高薪养廉制度相比，我国公安机关还存在着片面强调从严治警，忽视从优待警的误区。公安警察作为特殊岗位，整体来讲，工资水平并不高，警察付出的劳动严重偏离了价值曲线，与报酬不成正比。这种状况近年来虽有缓解，但仍有因不公平的劳资关系产生的消极懈怠等负面心理因素。三是执法阻力重。公安警察总是冲在化解群众矛盾的第一线，有些民众对处理结果不理解、不满意，就会把气撒到办案民警的身上，不但不配合执法活动，还会谩骂、侮辱、围攻警察，更有甚者还撕烂警察警服、撕毁法律文书、毁坏警用车辆甚至抢夺枪支，在有些情况下还对警察的生命安全构成威胁。

3. 公安行政处罚权与公民权冲突的历史根源

我们都知道，中国是一个人情社会，"官本位"的思想深入人心。这是历史遗留问题，经过千百年来的发展已经很难改变。这些根深蒂固的思想影响到公安行政处罚权的行使，并作为公安行政处罚权与公民权产生冲突的一个诱因。

第一，人情社会的人治思想大于法治理念。中国是一个以儒家思想为根基的人情社会，自古以来，依靠明君治国，行政权与司法权合一就是国家的基本政体，这种历史因素对后世的立法和司法产生着深刻的影响。[①] 行政权一直是社会权力的主宰，法律体系、制度的建设与发展只是为了更好地服务于人治，在思想上不存在人治让渡于法治的可能性。经过近现代革命，中华人民共和国的建立虽然将历史推上了社会主义建设的轨道，但是新中国成立初期选择效仿的苏联高度集权的行政体系也是人治的一种类型。改革开放以来，特别是加入WTO后，我国法治建设积极地与世界接轨，法治建设走上了现代化的轨道。但我国社会的人权思想是嫁接式、嵌入式的，如何嫁接得科学、嵌入得合理，将成为我国建设法治社会的一个根本性问题，任重而道远。

第二，"官本位"的行政文化与以人为本的宗旨相抵触。我国官员自古以来就有"父母官"的称谓，而且是正面、褒义的，百姓在"青天大老爷"面前是

---

① 石化东. 当前我国警察行政处罚权失范原因分析 [J]. 中国人民公安大学学报，2014 (6)：127.

地位谦卑的子民。官民的位置是官在上、民在下，百姓以"顺民"的角色生活。这种行政文化里虽然也有"民为重、君为轻"的观念，但是它只能成为统治阶级的装饰品，并不是治理社会的指导思想。那些关心百姓疾苦的官员，也大多是以"俯视"的角度去为百姓审冤断案，"官本位"仍是行政文化的核心。现在，"官本位"的行政文化虽然被从神坛上拉了下来，但是对公民社会生活的影响根深蒂固，很难消除。"官本位"的支撑点有两点，一是官员认为自己是行政体系运行的核心，大权在握，发号施令，没有把行政工作当成一种普通的职业，而是附加了社会地位、特权、名利、福利等许多特殊内容，对行政权力存在着"有权不用，过期作废"的非分想法；二是社会公民对"官本位"的默认，老百姓在与公安机关打交道的时候，存在着被控制感，不愿积极主动地去主张权利。"权利是斗争的结果"，如果公民不去自觉地努力抗争，"官本位"不会自行退让，真正实现"以人为本"的过程将十分漫长。

4. 公安行政处罚权与公民权冲突的现实因素

在社会极速转型、深化改革的当代，产生了许多现实因素影响着公安行政处罚权与公民权的关系，如社会结构变化使公安行政处罚权迅速扩张，经济结构调整增加了权力寻租的意愿和机会。

第一，社会结构变化使公安行政处罚权迅速扩张。随着经济的不断发展，社会阶层划分日益繁多，由此带来的利益碎片化使社会管理变得更加复杂。为了应对这样一种需求膨胀，公安行政权迅速扩张，积极地对社会生活的方方面面进行规范和管理。公安机关对许多行业的管理都经历了从无到有、从简到繁的过程。在社会管理复杂的情况下，公安行政权的扩张是符合社会发展需求的。但是，扩权需要有度，适当的扩权有利于服务社会、服务公民，反之，泛滥的扩权则使社会管理低效混乱，也更容易对私权利造成侵犯。特别是在警察行政权当中最为活跃与主动的处罚权，如果缺少了法律法规的限制、监督机制的制约，必然会造成适用中的失范现象。

第二，经济结构调整增加权力寻租的意愿和机会。市场经济体制下，经济结构的调整使社会人群也以经济收入为标准划分了阶层，警察职业的薪金水平不高，其职业的公务性又决定了他们没有其他获得额外收入的正当途径，一部分富裕阶层的高收入、高消费与警察的工薪收入呈现巨大的反差，警察职业的优越感逐渐退去，伴随而来的是以权谋私负面心理的滋生。市场经济的逐利性特点既是促进经济发展的助推器，也是贪污腐败等职务犯罪的温床，伴随我国市场经济体制的建立，警察职务犯罪现象亦有发生。同时，社会上的一些企业、黑社会组织、不法分子等形形色色的组织和人都瞄准警察手中的权力，他们为了谋取不法利益,总是利用金钱、美色、交情等手段千方百计拉拢腐蚀警察,寻求保护伞,使警察面临着不小的风险。

四、公安行政处罚权与公民权的基本思考

(一) 公安行政处罚权与公民权关系的法理思考

1. 公安行政处罚权与公民权关系的性质

从权力的来源上讲,公安行政处罚权来自法律的授予。因此,在警察权的合理操作中必须确立法无授权即禁止的原则。公民权来自国家权力依照法律的有效保证,在公民权的实现中,我们应主张法无禁止即自由的原则。在这样的平台中,我们可以清晰发现,公安行政处罚权的行使与扩张必然导致公民权的缩小和限制,而公民权的保障与张扬似乎又势必形成对警察权的约束和制约。正是因为公安的公权力与公民的私权利在理论上存在冲突,才导致警察权力与公民权利在一定条件下成反比例关系,这是二者冲突最为显著的表现。究其根源,则可以从利益层面与价值层面进行探讨。

从利益层面上看,公安行政处罚权与公民私权利的冲突主要在于公共利益与个人利益的冲突。公共利益与个人利益之间的矛盾,可以说是长久以来公权力与私权利冲突的一个缩影,二者的冲突也必然会反映在分属于公权力范畴的公安行政处罚权与私权利范畴的公民权的层面上。具体来讲,公安行使处罚权是为了保护一定的公共利益,但因为每个人的利益诉求不可能相同,要求公安在行使公权力的时候兼顾到每个人的具体利益是不可能的。他们只能权衡所要保护利益的大小,衡量保护哪一方的利益将会产生更好的社会效果。所以,当我们从微观的角度即从每一个具体的情况来看,保护公共利益有时确实会损害一些个人的利益,但从宏观的角度或者从长远的利益来看,这种损害是有价值的或者说是利大于弊的。具体到现实层面,公共利益与个人利益之间的这种利益评价便有可能在个案中产生警察权与公民权的冲突。因此,警察权的权力属性和公民权的权利归属决定了公共利益与个人利益的冲突必然带来警察权与公民权的冲突。

从价值层面上看,公安行政处罚权与公民私权利冲突的实质是秩序和自由的矛盾。公安存在的正当性与合法性是保障公安权力的理论基础,维持一定限度、一定力度的公安权是现代法治国家治理社会的一项重要的共识。国家既然是人们为实现公民权利而对自己自由和权利让渡的结果,那么,公安作为国家这一公权力的代表之一,也可以看作是人们为实现常态自由而宁愿接受某种强制力量对个人的非常态自由进行限制的产物。公安行政处罚权的行使就是为了建立一个有序的社会状态，因此对公民私权利的行使进行一定的干涉，但这种干涉又会导致公民个体的自由权利的行使受到一定程度的约束。自由和秩序的关系是相互对立但又是相互统一的，要协调好两者的关系，必须在最大自由和最高秩序之间找到一个平衡点，而公民权利与公安行政处罚权即公权力的冲突正是这种自由与秩序在价值层面上不断寻求平衡的过程的反映。① 并且，这个过程将是长久的和常态的，会伴随着国家的存在而存在。在这种意义上讲，冲突是永恒的，平衡则是暂时的。只要存在秩序和自由的矛盾，就必然会有警察权与公民权的冲突。

2. 公安行政处罚权与公民权关系实现平衡所遵循的原则

任何事物都要遵循一定的原则，否则将会面临混乱的、无序的状态。行政法有总的原则，行政处罚法也有原则遵循，而本章要说的是，面对公安行政处罚权与公民权的冲突，为了实现他们之间的平衡，也要坚守一定的原则。公安行政处罚权在行使的过程中要坚持自己的初衷，而公民权的行使也不可肆意妄为，只有两方的共同努力才可以实现警民关系的良性发展。基于理论以及现实，要实现公安行政处罚权与公民权的关系的平衡以及冲突的减少，要坚持以下四个原则：②

（1）平等原则。公安与公民在法律地位上的不平等，是导致公安行政处罚权与公民权失衡的诱因。过去公安与公民在法律地位上，公安居于优势地位，公民处于劣势地位，双方失去制衡，导致公安行政处罚权对公民权利的侵害。后来我们逐渐意识到这一情况，便开始不断地限制公安的地位，提高公民的法律地位。然而我们有些走入误区，走向了另一个极端。出现的暴力抗法、袭警事件使行政权威受到前所未有的挑战。以上两种错误倾向究其原因就是没有正确理顺公安与公民地位的关系。现代行政法要求，公安与公民不论在行政法制定过程中，还是在行政执法和司法过程中，双方法律地位应趋于平等。这种平等是一种建立在制衡基础之上的平等，而不是一般严格意义上的平等。不应该只停留在一个抽象的原则上，而应该是一个可以操作的具体规则。首先，在行政法的制定过程上，公安与公民都有平等的参与机会，使双方的意见能够得到平等的表达。其次，在行政执法过程中，公民与公安必须平等地进行对话，公安警察必须对自己的行为做出说明和解释，公民有权进行陈述和申辩。最后，在行政复议和行政诉讼过程中，公安与公民都必须服从复议机关和审判机关，

---

① 王科. 国家权力与公民权利之关系探析 [J]. 法制博览, 2014 (8): 106.
② 孙男男. 警察权与公民权平衡初论 [D]. 长春: 东北师范大学, 2009: 14-15.

平等地进行辩论,对行政法的解释必须平等地适用于公安和公民,双方都要尊重复议决定和判决。只有遵循上述规则,才能在法治的平台上实现二者力量的均衡,也才能最终达致既合理维护公民权利的正当内容,又充分保障公安行政处罚权必要运行的和谐臻境。

(2)中立原则。《治安管理处罚法》等调整公安与公民关系的行政法作为一种公共物品,是公安与公民的公用物品,是双方必须共同遵循的博弈规则,必须中立于公安与公民,不能有所偏好,不能使其成为一方的私人物品。按照中立原则,第一,公安不能自己制定规则自己执行,不能自己给自己授权,凡需要公安遵守和执行的规则,必须由独立于警察机关的另一机关来制定,比如规范公安部行为的规则,不应当由该部门自己制定,必须由全国人大及其常委会或者国务院制定;同样,规范省级公安机关的行为,不得由该机关自己制定,应由省级人民政府或者省级人大及其常委会制定。第二,凡涉及公安与公民自身利益的,不能由该公安机关处理,必须由独立于该机关的另一国家机关或公共机构处理。比如,公安做出的决定,相对方不服的,不应当由该警察所属机关自己复议。又如,涉及警察做出决定依据的法律规范是否合法,不应由该警察所属机关进行解释,必须由另一没有利益关系的国家机关或公共机构解释。

(3)协调原则。人类社会发展到今天,依靠强制力来实现自身利益最大化的时代已经过去,人们从过去的历史实践中认识到,要实现自身的最大化必须尊重他人实现自身利益最大化的要求。为此,必须进行沟通、对话、商谈,在充分了解对方利益要求的基础上做出自己的决策,使各方的利益都得到最大限度的维护和保障。行政契约能够培育和倡导双方的合作精神,"合作主义"也是公安和公众在权力和权利对话中实现平衡与和谐的应有态度。公安要培养公众的合作态度和支持精神,公众则在时刻遵从自身制定的法律(真正的成熟的法律被认为是所有公众自身的意志的表达)。法律赋予公安权威的同时,在基本的意义上认识到公安是公民自由的必需,警察的存在、对公民行为的限制是公民必付的代价,是公民实现自由中不得不做的权利让渡。积极配合正当公安处罚权的行使,才能在与公安的互动合作中主张自己的权利并增进公共安全,从而促进公安行政处罚权与公民权利的平衡。

(4)法治原则。既然行政权的扩张与公民权利主张的不适度都需要在强化法律的基础上解决,那么我们就可以将法治原则作为两者平衡的基础。之所以这样说,是因为法治的真实含义就是对一切政治体制下的权力有所限制。法治对于公安处罚权的制约则表现为这样的逻辑:为了保障个体的自由与权利,政治生活中的公共权力必须受到制约,而为了制约公共权力,就必须实现法治。

公安处罚权作为公权力的一种，当然逃不了这样的逻辑。而法治对于公民权实现的保障应体现这样的思路：法律对于公民个人自由和权利要给予最大化的保护。因为只有这样，在公民的自由和权利一旦受到侵犯时，才能使公民及时得到公正的司法救济和法律保护。法治原则，虽然强调有限政府，保障人权，但其逻辑前提在于无论是限制公共权力运行还是保障人权都是建立在法律规范的框架下，以理性思考下成熟的法律来规范政府权力（包括公安行政处罚权）的运行，保护公民的合法权益。在法治原则下既要用法律来规范权力的运行，同时也要保证权力能够有效地运行，从而实现设立权力的目的。对于公民的权益，也不是无原则地保护，将那些不与公共利益相冲突的有限的公民权益作为其保护的对象。正是基于法治原则这一特性，把公安行政处罚权与公民权都纳入这一轨道以法治的精神来规范二者的运行就有可能实现二者的平衡。

（二）公安行政处罚权与公民权关系实现平衡的建议

公安行政处罚权由国家赋予，以法律形式来表现，相对于其他公安行政行为，它更加直接地影响到被处罚人的权利和义务的处置。行政处罚要通过对违法的相对方予以警告、罚款以及行政拘留等方式科处，以维护公共利益、保障公共安全和保护公民合法权益为终极目标。公安行政处罚权作为一项重要的行政权，其以维护公民合法权益为出发点，是公民合法权益的忠实捍卫者。但是与公安警察有关的诸如以权谋私、索贿受贿、滥处罚款、插手经济纠纷、违法使用警械、包庇放纵罪犯等警察滥用权力的现象时有发生。

对这些事件的反思，不能仅就事论事。因为这并不能解决多大问题，而应该在法治的视野中整体性地审视国家权力——特别是公安行政处罚权与公民权利的均衡。公安行政处罚权范围之大、涉及面之广与老百姓的生产、生活息息相关，密不可分。如何保证公安行政处罚权的正确行使和约束公安行政处罚权滥用，如何防止给老百姓造成伤害，在公安行政处罚权的行使损害老百姓利益时又如何能在救济等方面制定完善的法律，保障社会的安定团结与经济的健康稳步发展？下面笔者从几个方面谈谈公安行政处罚权与公民权关系的平衡。

1. 优化配置公安行政处罚权的权力结构

（1）明确公安行政处罚权边界

具体的公安行政处罚权主要靠法律授权，那么，有关公安行政处罚权的法律规范必须准确、明晰。长期以来，公安机关职能混淆的问题并未得到妥善的解决，由其导致了公安行政处罚权权力边界模糊。我国走市场经济发展道路虽然发展快，但是起步晚，一时间无法彻底脱离长期主导我国经济发展的计划经济体制的牵绊，计划经济体制下的立法工作实行明显的局部负责制，这种有瑕疵的立法体制与立法观念影响着我国现行警察行政处罚相关法律的制定，有关主管部门负责起草的相应法律、法规都自觉不自觉地从本部门利益出发，增加部门的权力。应取缔这种分散的思想，取消自顾自的立法观念，由统一的立法部门对公安行政处罚权的实施进行专门而统一的立法。法律制定一定要明确各公安行政处罚权行使主体的职权范围，明确警察行政处罚权的边界。

（2）厘清公安行政处罚权层次

公安行政处罚权的有效实施需要公安机关上下级间、中央与地方间权力的互相配合与协调，明确清晰的权力界限是各部门尽其责的首要条件。上下级之间本来就因为级别问题而不可避免地出现上级权力对下级行政处罚权行使的不当干预，若不能清晰地界定上下级之间的权力层次界限，这种不当干涉将愈演愈烈，使公安行政处罚权的行使进入部分部门一手遮天的状态，使得部分部门的设置形同虚设。故而，我们需要从立法上开始明晰警察行政处罚权层次，让上下级警察部门有严格的职能界限，在具体行使行政处罚权的过程中不会出现越俎代庖的现象，做到条块分明，职责明确，执法机构之间隶属关系清晰，避免行政执法机关争权夺利、重复执法、互相推诿或怠于执法等现象发生。上级恪守上级本分，把持对行政相对人合法权益及时救济的公正之门，监督下级部门力行本身职责。下级部门要积极完成本职工作，以高度负责的态度向上级部门展现公安行政处罚权是如何出色行使的。为了避免公安行政处罚执法权限的空白或重复，上下级警察机关之间、同级警察机关的不同部门之间都应当划分权限，明确分工，使权责统一，进行科学而有序的执法活动。

（3）精简公安行政处罚机构设置

效率是公安行政处罚执法的价值目标，既表现为公安行政处罚的功能效果，又反映公安行政处罚的成本代价。为了降低公安行政处罚行使的成本，提高公安行政处罚效率，严格按照高效及时原则，我们应该精简公安行政处罚机构设置。适当缩减公安行政处罚机构的设置层级，加大地方公安机关的执法力度，将公安行政处罚权集中赋予一级公安机关，例如将其赋予县市级公安机关，省级公安机关作为地方复议机关，一般不对具体治安案件进行调查处理，主要对地方公安机关执法进行监督指导和协调。领导机关侧重于监督指导和宏观协调。这样一来，可以减少一些不必要的机构设置，减少警察行政处罚机构设置因为冗杂而带来的庞大经费开支。强化基层的行政执法，改变行政管理秩序比较混乱的现象，解决权力重叠、越位等问题。

公安行政处罚权的运行直接涉及公民权益的维护，因此在及时有效的基础上还必须保证公安行政处罚权行使的公正性。其实，效率的提高本身就是对公正维护的最好见证。通过精简公安行政处罚机构设置来提高公安行政处罚权的实施效率，是我国法治化社会发展的需要，也是我国公安行政处罚权行使中效率与公正完美结合的重要途径之一。①

2. 健全人权保障机制

保障人权是公安执法的最高价值和最终目的，公安机关和民警必须以正确的人权观念审视自己，端正执法思想，坚决摒弃那些不合时宜的、模糊的甚至错误的执法观念，重塑执法理念。公安机关是保护公民的力量，公安行政处罚权与人权有着不可分割的联系，一方面对公民和社会有广泛的影响，公安行政处罚权涉及政治、经济、文化及人们日常生活，其涉足范围之广是惊人的。另一方面，公安行政处罚权的行使以维护国家利益、公共利益、公民的合法权益为宗旨，所涉利益并不关涉行为主体本身，也就是并不将利益的标向指向行使行政处罚权的公安本身。

（1）强化公安对尊重人权的法律信仰的培养

人权得以保障的前提之一就是公安行政处罚权的正当行使。而公安行政处罚权是否可以正确正当行使首先取决于公安本身对人权的认识是否正确，是否拥有尊重人权、崇尚切实依法维护人权的观念。作为维护人权的先锋，公安机关理应义不容辞地将保护公民基本人权、维护良好有序的社会治安作为自己崇高的法律信仰。当公安行政处罚权的行使与公民权发生冲突的时候，如何让公民真正享受到法律赋予的权利，避免遭到警察的不法侵害，重点在于让警察在行政处罚权行使中坚决摒弃原来的权力本位思想，树立起权利本位思想，更多地从尊重公民权、公正地维护公民的合法权益角度入手，进而产生合理合法的行政处罚判断，以求更为公正的行政处罚结果，树立起尊重法律、信仰法律的意识，这样才能有效地将良法践行。

（2）加强立法对基本人权的保护

在立法中树立"权利本位"，转变以往只注重公权力的立法观念。在以往的立法中，我们一直偏重于对违法行为的处罚，认为社会秩序井然是王道，相对缺乏对执法行为的制约。而今的法治社会越来越多地关注"以人为本"，将民生、民权放在了一个很高的位置上，为响应社会发展的需要，立法的脚步也应紧跟不舍。将人权保障放在立法过程中首要考虑的问题之一，是立法文明进步的标志与现代社会法律发展的必然。将"以人为本，尊重人权"作为立法的方

---

① 袁柏琦. 警察行政权的定位与规制 [D]. 延吉：延边大学，2010：25-26.

向标，从立法上组建更为先进的人权保障机制势在必行。①

3. 加强对公安自由裁量权的限制

公安行政处罚权与公民权的冲突，在很大程度上与公安行政处罚权的自由裁量权大有关。一切权力都有滥用的可能性，更何况是本身就带有扩张性、膨胀性的行政权。若自由裁量权过大，那么公安机关在进行处罚时不考虑或者疏于考虑案件事实、相关因素，随主观进行行政行为，则这种权力的滥用是对国家法治建设的公然破坏。自由裁量权设立的初衷在于，行政管理的事项形形色色，千变万化，法律永远也不可能穷尽社会现实，需要行政的自由裁量来适应不断变化的社会需求。同时，在理论上、在实践中出现了许多限制自由裁量权的言论，让人们倍加注意的就是行政裁量基准制度。它的出现，在一定程度上对行政机关滥用自由裁量权的行为进行了遏制，但从长远来看，将行政处罚严格地限定标准是否会使得处罚僵化，是值得深思的。接下来，笔者提出几点关于限制公安行政处罚自由裁量权的意见。

（1）从立法上限制公安行政处罚自由裁量权。尽量减少立法中的原则性规定，进一步明确法条中的模糊性用语。例如"数额较大""情节轻微""情节恶劣"等。由于没有一个具体参照标准，在执法办案中"自由裁量"已演变为"任意裁量"。这样的用语是法律可操作性差的源头，更是公安行政处罚自由裁量权被滥用的关键所在。可以通过司法解释对其加以进一步确定，分门别类地予以明晰。要是实在不便于做出硬性规定，至少也应制定出一个操作性较强的参照标准，作为指导性的意见。对于目前《治安管理处罚法》《行政处罚法》等法律中的不确定法律概念，比如《治安管理处罚法》第二十三条第一项规定"扰乱机关、团体、企业、事业单位的秩序，致使工作、生产、营业、医疗、教学、科研不能正常进行，尚未造成严重损失的"其中"尚未造成严重损失"就是一个不确定的法律概念，对于这种概念如何把握，可以通过制定部门规章等形式来规范自由裁量权的行使。也就是说，在立法中除了因迫不得已而使用一些不确定法律概念之外，在具体规范公安行使处罚自由裁量权时应当尽量避免使用模糊性词汇。总而言之，减少不确定法律概念，把自由裁量变为羁束裁量，减少公安行使自由裁量权的范围，在立法技术上是可行的。

尽管我国并没有将判例法作为我国法律的正式渊源之一，但是，判例法在英美法系中举足轻重的作用告诉我们好的方法可以根据具体情况予以引用。建议立法者组织专门的小组，对全国各地的重案、要案等一些经典案例做一整理

---

① 袁柏琦. 警察行政权的定位与规制 [D]. 延吉：延边大学，2010：26-27.

收录成册，备份于各公安机关在具体进行行政处罚时规范自由裁量权的应用，以此来加强对公安行政处罚自由裁量权的限制。

另外，加强程序立法对公安行政处罚自由裁量权的限制也是必不可少的。程序法是除了实体法之外控制自由裁量权的一把利剑。众所周知的事实是，虽然在部分法律、法规中规定了公安行使自由裁量权的程序，如在行政处罚法中规定了处罚的程序机制，我国还没有制定一部统一的行政程序法典。有些学者已经意识到了这一问题，并且进行了卓有成效的研究。他们认为，在单行法律、法规中制定公安行使行政自由裁量权的程序，可能会导致相互之间的矛盾、冲突，而统一的行政程序法则不会产生这一问题。在单行法律、法规中制定行政程序，不但使立法成本变高，而且容易有疏漏，制定统一的行政程序法可以使所有的自由裁量行为都有法可依。在制定行政程序法中，应当将我国现有的一些行政程序制度，比如公开制度、表明身份制度、告知制度、说明理由制度、回避制度、听证制度等做出更加明确、详细的规定。把公安处罚自由裁量权所应当遵循的程序、做出裁量决定应当依据的标准、决策的过程以及裁量的结果予以公开，让公众参与到裁量权行使的过程中来，对于控制自由裁量权有着极其重要的意义。

(2) 从救济上限制公安行政处罚自由裁量权。常见的救济方式主要有行政复议、行政诉讼、行政赔偿三种制度。公安行政处罚自由裁量作为一种重要的行政行为贯穿于我们的日常生活之中，考虑到它与公民利益密切相关我们应该对其事实认定中的裁量、法律解释中的裁量和法律适用中的裁量予以深切关注，对已有的法定救济方式根据形势的需要继续补充、完善，对尚未出现但确实为实践所需要的救济方式，要通过立法或制定规章加以实现，以保证行政救济可以与公安行政处罚自由裁量权的行使相结合，切实达到效率与公正的有机结合。

用司法权来控制公安行政处罚自由裁量权是最重要的，也是最有效的方式。施瓦茨甚至说，"司法复审自由裁量权是法治制度的基本特征"，"我们可以用来衡量行政法制度有效性的可靠标准是允许法官复审自由裁量权的程度"①。第一，要扩大审查范围。原本的《行政诉讼法》规定了法院可以对公安机关的行政行为进行司法审查，抽象行政行为只是附带审查。新修订的行政诉讼法将之前行政诉讼法中所有的"具体"都去掉，不再区分具体行政行为与抽象行政行为，无疑是一种进步。《行政诉讼法》规定了行政相对人可以对行政行为造成人身权和财产权损害的提起诉讼。根据这一条规定，行政相对人因为公安行使自由裁量

---

① 伯纳德·施瓦茨. 美国法律史 [M]. 王军, 等译. 北京：中国政法大学出版社, 1997：201.

权而受到的精神损害则无法得到救济,因此笔者建议把精神损害列入可以提起诉讼的条件,这对于控制自由裁量权有着积极的意义,而且对于执法不文明、执法暴力也有一定的遏制作用。第二,完善审查标准。关于法院司法审查的标准,根据《中华人民共和国行政诉讼法》第七十七条的规定,行政处罚明显不当,或者其他行政行为涉及对款额的确定、认定确有错误的,人民法院可以判决变更。所以,法院只审查很小部分公安行政处罚自由裁量行为的合理性。这是因为,以审查合法性为原则,审查合理性为例外的观点会造成法院对公安行政处罚自由裁量权的控制范围过窄,不利于相对人的权利保护。[1]

4. 提高公安素质,转变执法理念

现代执法理念的贯彻关键在于高素质的公安警察队伍的培养。故而,我们有必要在提高公安队伍素质、培养权利保障意识上狠下功夫。公安行政处罚权的最终实施者,归根到底还是公安警察本身,还是"人",无论相关法律如何健全,相关制度如何完善,如果"人"即警察的业务能力、法律素质、道德品质有问题,公安行政处罚权的滥用就不能有效制止,公民合法权益受到侵害的现象就不可避免,所有规则律文必然归于废纸一张,空话二句。公安机关是执法机关,公安警察应该学法、懂法,既要精通自身工作领域的法律、法规,也要熟悉和了解其他相关法律、法规,依法办事,严格执法,同时还要加强各专业学科和相关科学知识的学习,全面提升自身素质,增强工作能力。对于不能胜任警察工作的人员,要坚决予以清退,逐步提高警察队伍的整体素质。提高公安警察素质可以从以下几个方面入手:

(1) 转变公安执法理念

社会在发展,观念要更新。在构建和谐社会的进程中,公安行政处罚执法必须摒弃过去陈旧的、僵硬的、机械的执法理念,抛掉腐朽的官本位思想,坚持以人为本、公正执法、廉洁奉公、为民服务。[2]

第一,树立以人为本的理念。以人为本是马克思主义社会发展理论的本质要求,是构建和谐社会的思想指南。党的十六大提出了切实尊重和保护人权,十七大报告提出了社会主义法治建设必须坚持以人为本,为公安执法指明方向。尊重和保障人权正成为公安执法活动的首要目标和基本任务,也是公安执法的核心理念内容。公安在进行行政处罚的过程中要树立以人为本的理念,将保障人民权利、促进人的自由平等发展作为工作的灵魂,将尊重和保障人权作为追

---

[1] 李美娟. 论我国行政自由裁量权的控制 [D]. 保定:河北大学,2011:31-34.
[2] 张淑芳. 行政处罚实施中违法行为的纠正途径 [J]. 法律实务,2013 (6):21.

求的目标，将维护公民合法权益作为一切工作的出发点和落脚点。严格按照立警为公、执法为民的根本要求，保护大多数群众的合法权益，改进执法方式，注重执法形象，注重执法的人性化，杜绝执法扰民，在严格执法中体现文明执法，把文明执法寓于严格执法之中，不断提高执法能力和水平。

第二，树立公正执法的理念。公正执法是法律的本质要求，是警察执法的最终目标。警察执法必须坚持公平正义的理念，做到法律面前人人平等，保证相对人合法权益不受侵犯。执法当中，不徇私情，排除各种可能造成不平等或偏见的干扰。要处理好公平和效率的关系，追求办事效率必须以确保执法公正为前提，在确保公正的前提下，以最少的资源耗费取得最好的执法公正效果。要在现有警察资源和环境条件下，大胆探索，改革创新，最大限度地实现公安执法公正，满足社会公众对公安工作的现实需求，维护最广大人民群众的根本利益。要在坚持公安执法公正的基础上尽可能地节约诉讼成本，减少资源耗费，在法定期限内尽快结案，化解社会矛盾，构建和谐社会。

第三，树立廉洁执法理念。公安行政处罚权是公权，公安行政执法谋取的是公益。公安行政处罚权要以公共利益为目的，牢牢树立廉洁奉公、执法为民的理念，拒腐败，永不沾，自觉抵制金钱和私利的诱惑，坚决排除不良因素的干扰，禁止警察在执法当中吃、拿、卡、要等违法违纪行为，杜绝以权谋私、权钱交易、以权代法等现象的发生，不断提高执法水平，树立公安形象，改善警民关系，取得人民群众对公安工作的支持。

第四，树立为民服务的理念。公安行政处罚权作为公权，是管理社会公共事务的权力，但归根结底还是为公民权利服务。公安处罚执法当中，要树立为民服务的理念，不断创新人民警察为民服务机制，拓宽公安服务渠道，满足人民群众正当合理的要求。公安机关的服务窗口要便民便利，提供文明、高效、优质的服务。要开展"为民满意"活动，强化公安队伍的监督管理，增强人民警察的服务水平，树立人民警察亲民、爱民、为民的良好形象。

(2) 加强公安队伍建设

公安行政处罚权滥用的问题，很大程度上是行使权力的执法者的问题，也即公安队伍的问题。加强公安队伍建设，提高公安队伍素质，是防止公安行政处罚权滥用的关键。公安警察队伍建设的根本，就是按照《中共中央关于进一步加强政法干部队伍建设的决定》和《人民警察法》的总体要求，以推进队伍正规化建设为载体，以精细化考核为契机，不断增强公安警察队伍的凝聚力、创造力、战斗力、亲和力，努力打造一支业务精湛、忠于法律和服务人民的职业化队伍。

第一,积极开展警察素质培训活动。公安机关应该积极主动地展开各种有关提高公安素质的培训活动,要加紧多渠道、多层次地培训执法人员,强化警察执法队伍的理论知识水平。给这种活动制定严密的时间表,尽量扩展培训活动的覆盖面,要求将全面提高警察素质作为活动的最高目标。以保持警察队伍的纯洁性,保持警察行使行政处罚权的廉洁高效,设立专门的讲座组织警员学习,从理论上、思想上提高警察队伍整体素质。与此同时也号召警察们积极参加培训,提高自身素质要求,使民警自觉自愿为做好实际工作学好法律知识。其次,要注重强化在职法律培训,及时更新法律知识,熟练掌握案件法律审核流程及出庭应诉方法技巧。最后,配以严格的培训考核验收机制,提高培训学习的实际效率。强调法律资格考试在警察队伍的重要性,从领导层开始,应该逐步要求,领导层都具有通过法律资格考试的资质支撑,以便于从根本上提高警察队伍的整体素质,为警察行政处罚权的合理合法行使创造更为直接有效的实现条件。

第二,强化对公安继续教育培训。在法制健全的当今时代,一个没有深厚法学知识的公安很难正确地运用法律,一个不具有娴熟法律专业知识和警务技能的公安很难高效率地处理案件,一个没有养成科学思维的公安对事物很难做出客观公正的判断。因此,必须对公安进行不断的、专门化的教育培训。这是公安职业群体形成的必要途径,具有特别的意义。从宏观上看,公安警察的职业特征决定了只有经过规范化的培养和训练,才能打造出在理想信念、价值趋向、行为模式、业务技能及道德伦理等方面合格的职业公安队伍。人的知识积累和技能提高,都有一个由单一到复合、由低到高、由书本到实践的渐进过程,公安学校毕业的学生还需要加强继续教育培训,不断更新自己的知识和信息。公安机关要开创"终身教育""全警教育"继续教育格局。加强公安职业技能训练,提升队伍的职业素养和执法水平。

第三,规范公安执业资格。职业化的公安与法官、律师、医生等职业一样,必须取得资质认定,持证上岗。要严格执行岗位执法资格认证制度,规范公安执法主体,以解决当今肆意泛滥的"临时工"现象。不断深化干部人事制度改革,建立健全岗位等级标准和晋升制度,积极探索落实基层民警岗位分类管理制度,为基层民警提供广阔的职业发展空间。要改变公安机关按行政级别来确定公安待遇的现状,创造性地实行公安执法资格等级制度,根据公安执法的表现,逐步提高或降低其资格等级。对于违法违纪、滥用权力的公安警察,采取暂扣甚至吊销其他执法资格的措施处理。[①]

---

① 毕力格. 警察素质提升的路径选择 [J]. 淮海工学院学报, 2012 (1): 57.

5. 强化对公安行政处罚权的监督

一切权力都有被滥用的可能,这句话说明权力腐败必须对权力实施监督。对公安行政处罚权的监督,应当从提高思想认识着手,监督部门协调一致,建立健全监督机制,让公安行政处罚权的法治轨道平稳行使。

第一,提高思想认识,强化监督意识。公安处罚权力是人民群众通过法律赋予的,最终要为民服务。权利与义务、权力与责任相互统一,如果缺乏监督,必然背离行使执法权的宗旨,丧失权力存在的基础。因此,在行政处罚执法过程中,公安机关和人民警察要牢牢地认识到不受监督的权力必然导致腐败,没有不受监督的权力,也没有不受监督的民警。哪里有公安执法,哪里就有监督。权力监督者不能将公安违法违规看作是内部问题,不能采取简单的批评教育将"大事化小,小事化了"。广大人民群众也应该将监督公安执法作为参与政治、行使权利的重要方式,提高参与意识和监督意识,实现国家权力与公民权利的平衡。

第二,整合力量,形成监督合力。首先要理顺内部监督关系,完善纪检监察以人为主、法制部门以事为主、信访部门以信访投诉为主、审计部门以涉法财物为主、督察部门以现场执法为主的监督职责和工作模式,有效解决监督职责不清、工作内容交叉、监督对象疏漏、综合效能不佳的问题。其次建立健全监督部门的工作协调制度。通过召开公安内部执法监督委员会、反腐倡廉联席会议、纪委委员会议等形式,将执法监督的组织协调工作程序化、制度化,并针对执法中出现的倾向性、苗头性问题,协调解决执法监督工作遇到的具体问题。研究需要查处的执法违法案件、过错责任追究问题。再次,要落实公安部提出的基层公安机关纪检、监察、督察、审计合署办公规定,解决基层监督部门人员不多、力量分散问题。

第三,强化公安行政处罚权的司法监督。为了防止公安行政处罚权的滥用,加强对公安行政处罚权的司法控制是一种有效的方式。面对现实当中司法控制不力的困境,应该从以下几个方面逐步完善。一是明确司法审查的具体标准。虽然《行政诉讼法》规定了"滥用职权"作为合理性司法审查的依据,但过于抽象与笼统,对滥用职权缺乏明确的立法解释或司法解释,有必要进一步细化。二是司法审查要审查行政行为的合法性,还是审查是否符合法律目的、对不确定法律概念解释的前后不一致、是否基于正当动机和适当考虑考虑相关因素或不考虑不相关因素、是否受先例和惯例约束等内容。

第四,建立健全监督制约机制。首先,健全规范执法监督制度。以执法监督为重点,消除执法上易出问题的薄弱环节,堵塞制度上的漏洞。建立健全重大执法决策的专家论证、法律审核、现场督察制度,强化层级监督,有效预防和纠正决策上的失误和偏差。再次，推行执法责任追究制度。对经监督查实确实存在执法过错的人民警察，依据《公安机关人民警察执法过错责任追究规定》，对有故意或重大过失的责任人员，有关机关应当依法给予责任人员行政处分。同时根据《中华人民共和国国家赔偿法》（以下简称《国家赔偿法》），追究责任人经济责任，赔偿义务机关赔偿损失后，应当责令有故意或重大过失的工作人员或者受委托的组织或者个人承担部分或者全部赔偿费用。最后，建立公安申诉制度。我国公安机关应借鉴这些成功经验，成立专门机构接受群众对公安的投诉，从严治警，依法治警，杜绝地方保护主义和部门保护主义，取得人民群众的信任和支持，确保公安行政处罚权的正当行使。

第五，充分发挥社会舆论监督作用。当今社会，以互联网、报纸杂志、广播电视等为形式的大众传媒的影响力越来越强大，一些学者将新闻媒体的舆论监督称为除行政、立法、司法以外的"第四种权力"。社会舆论监督是公民个体自由权利在社会公共领域中的延伸物，拥有言论自由的公民采用"抱怨""投诉"来表述对政府机关的意见，不同的意见便形成争议，通过辩论来确定是非，最终由权力部门来裁定争端，从而遏制行政权力滥用，实现民众的政治参与，保障公民的自身利益。正如哈贝马斯指出传媒的作用在于它创造了一种公共领域，即一个发表公共舆论和进行公众辩论的场所。在舆论监督中，公民可以通过新闻媒介及时了解公安机关的工作进程与工作内容，加强与公安机关的沟通，揭露公安执法当中的权力滥用和腐败现象，从而使整个公安机关置于公民的监视之下，对公安权力的滥用起到限制作用。对涉及日常生活的公共安全问题，公民利用新闻舆论表达自己的看法，为公安机关及时发现并妥善处理问题提供建议和参考。最后，舆论是全社会的舆论，它具备有"亿万双耳目在听在看，亿万张喉舌在说在评，亿万支笔在记在写"的独特优势，全体民众共同关注所产生的震慑能力，将给权力机关一种无形的压力，显示无可替代的社会监督功能。总之，社会舆论监督是一种很好的民主监督制度，可通过建立健全的舆论监督体制，来营造良好的监督氛围和民主环境，以此发动公民政治参与，从而限制公安行政处罚权的滥用。①

6. 实现行政执法与刑事司法的衔接

行政执法（公安行政处罚执法）与刑事司法衔接机制，是检察机关积极推动探索的一项重要工作机制，是检察机关会同公安机关和有关行政执法机关探索实行的旨在防止以罚代刑、有罪不究，使公安执法与刑事司法形成合力的工

---

① 杨纪恩. 警察行政权的滥用与控制［D］. 长沙：湖南师范大学，2009：20-23.

作机制。在当前的行政执法实践中,行政执法与刑事司法衔接机制越来越不能适应实践发展的需要,相当多的公安执法机关在执法过程中发现涉嫌犯罪的刑事案件,本应依法、及时地移送给刑事司法机关,但却没有移送给刑事司法机关,而是以罚代刑,一罚了之。这种现象的存在,不仅严重妨害了公安执法与刑事司法衔接机制的健康发展,而且影响了刑事司法程序的顺利进行,既不利于有效打击刑事犯罪,也与我国的法治建设背道而驰。虽然公安执法与刑事司法衔接机制已在全国范围内初步建立,在促进依法行政、规范执法行为、查处经济犯罪案件等方面发挥着显著的推动作用,如信息共享机制初步形成、一些协作配合制度日趋成熟等,但是,公安行政处罚执法与刑事司法衔接机制中还存在问题。为了解决现实中存在的问题,保障行政违法行为涉嫌犯罪时,能够顺利进入刑事司法程序,笔者将从以下几个方面提出建议,以实现行政执法与刑事司法的衔接。①(以下行政执法均为公安行政处罚执法)

(1)行政执法与刑事司法衔接机制的立法完善

立法完善是行政执法与刑事司法衔接机制的根本保证。由于行政执法与刑事司法的衔接跨越了行政和司法两个领域,规范的是行政执法机关与刑事司法机关如何衔接的问题,属于权力运行、制度架构等国家基本制度范畴。对此,笔者提出以下几点建议。

涉嫌犯罪案件移送程序法定化。虽然现有规定规定了行政执法机关移送涉嫌犯罪案件的条件、程序及违反规定应承担的责任,但是在实践中缺乏实际可操作性,如果将涉嫌犯罪案件移送程序法定化,对此就有统一的规定,各个机关在执行时就好操作,使之具有可操作性;在制定《中华人民共和国行政程序法》(以下简称《行政程序法》)时,应明确规定行政执法机关在执法过程中发现涉嫌犯罪的案件后,必须及时向公安机关移送并要向检察机关通报及不依法移送、不依法通报应承担的责任。这样才能进一步明确各机关的责任和义务,才能为行政执法与刑事司法相衔接提供有力的法律保障。

明确赋予行政执法机关依法获取的证据在刑事诉讼中的法律地位。在行政执法与刑事司法衔接机制中,证据如何转化和使用是一个很重要的问题,因为在行政执法机关移送涉嫌犯罪的案件往往会涉及随案移送的证据如何使用,而现有规定没有对此方面做出明确规定,实践中争议也较大,因此有必要对在行政执法过程中形成的证据进入司法程序后的地位及证据证明规则做出明确规定;应从立法和具体操作程序两个层面完善检察机关对行政执法机关移送涉嫌犯罪

---

① 李娟. 行政执法与刑事司法衔接机制研究[D]. 太原:山西大学,2010:27.

案件的监督权,包括在修改刑事诉讼法和人民检察院组织法时,赋予检察机关对行政执法机关行政处罚结果的查询权和行政处罚依据的质询权,以及对行政处罚是否合法的适度调查权。

(2) 行政执法与刑事司法衔接机制的程序完善

行政执法与刑事司法案件移送机制的完善。案件移送机制是行政执法机关在依法查处行政违法案件的过程中,发现违法事实符合法律规定,涉嫌构成犯罪,依法需要追究刑事责任的,应当及时、主动地向同级公安机关移送,并同时向同级检察机关通报备案。此机制可以和行政法学上的行政案卷法律制度联系起来。行政案卷法律制度,是行政主体应根据一定的顺序将做出行政行为的证据材料、相关记录和法律文书等书面材料装订成册、存档备查的法律制度。行政案卷法律制度有助于行政执法主体整理和固定证据,在行政相对人申请行政复议或提起行政诉讼时,可以迅速向行政复议机关或人民法院提供做出行政行为的证据资料。同时,行政案卷法律制度还有助于行政复议机关或人民法院对行政行为进行审查,从而判断其是否合法和正确。行政案卷制度最重要的特征是排他性,也可以说是作为证据资格的唯一性。行政案卷必须是行政主体作出行政作为的唯一依据,排除行政主体在程序结束后收集的证据,或违反程序强行或偷偷入卷的证据。它是司法审查的唯一依据,其他材料无论如何真实也不得成为案卷之一,更不能作为司法机关判断行政行为是否合法的依据。在行政程序结束之后行政案卷一旦形成,就对当事人产生法律上的约束力,没有经过法律程序任何人都不允许以任何理由随意修改案卷内容,除非经过正当的行政案卷补充程序而且经过重新质证的证据。在最高人民检察院、全国整顿和规范市场经济秩序领导小组办公室、公安部、监察部联合下发的《关于在行政执法中及时移送涉嫌犯罪案件的意见》第六条中确立了案卷制度,即"行政执法机关向公安机关移送涉嫌犯罪案件,应当附有下列材料:涉嫌犯罪案件移送书;涉嫌犯罪案件情况的调查报告;涉案物品清单;有关检验报告或者鉴定结论;其他有关涉嫌犯罪的材料"。案件移送机制是行政执法与刑事司法相衔接的首要环节,是行政执法与刑事司法衔接机制的重要程序。因此,此机制的完善非常重要,笔者认为应当从以下三方面来完善:

一是明确案件移送标准。根据《行政执法机关移送涉嫌犯罪案件的规定》第三条的规定,行政执法机关在依法查处案件时,应当将涉嫌犯罪的案件移送给公安机关,但是对于"涉嫌构成犯罪的应当移送"这一标准并不明确,特别是刑法中出现的"情节严重""造成严重损失"等大量的模糊用语,司法机关尚不能准确掌握,行政执法机关掌握不准也就在所难免。因此,首先应该从立法上入手，明确案件移送标准，细化刑事立案标准。其次，应该从宽掌握移送标准。对于标准不明、难以定性的案件，行政执法机关必须移送处理，尤其是违法行为影响范围较大、案情复杂的案件，行政执法机关要及时、主动与公安机关、检察机关讨论，防止行政执法人员借口对移送标准不了解而不移送案件。再次，行政执法机关的案件移送标准应当适当低于刑事诉讼程序中侦查机关的立案标准。行政执法机关移送案件只是意味着该案件进入了刑事司法程序，为刑事诉讼的启动提供了材料来源，只是刑事侦查机关立案的材料来源之一，至于所移送的案件是否达到了刑事案件的立案标准还需要侦查机关来确定。因为行政执法机关本身不具备对刑事案件进行立案审查的职权，所以，要求行政执法机关来证明案件达到立案标准难度很大，从而导致大量应当移送的案件进入不到刑事诉讼程序，阻碍了案件的移送。

二是建立不移送案件的责任追究规则。首先，行政执法机关应当依法移送案件而拒不移送的要追究其责任，并将行政执法机关是否按规定移送案件作为对该机关及主要负责人考核的重要评价指标，对于不依法移送的应追究有关主要负责人的行政责任。其次，应规定移送的期限。在行政执法机关内部，行政执法人员应在规定时间内向上一级移送。行政执法机关负责人要在规定时间内决定是否向司法机关移送。再次，细化随案移送证据材料的相关规定。明确对行政执法机关移送案件的证据移送做出具体规定，对于故意截留证据材料的要追究责任。国务院公布施行的《行政执法机关移送涉嫌犯罪案件的规定》，进一步细化了行政执法机关在移交案件时应同时移送的相关证据材料，对于只移送案件不移送证据材料，只移送次要证据材料不移送主要证据材料的情形，仍应按照不移送案件规定追究相关人员的责任。

三是明确公安机关、检察机关各自的职责。首先，明确公安机关接受移送涉嫌犯罪案件的职责，公安机关认为没有犯罪事实或者犯罪事实显著轻微，不需要追究刑事责任，依法不予立案的，应当说明理由，书面通知移送案件的行政执法机关，退回案卷材料，并通报同级检察机关。其次，明确检察机关依法监督的职责。逐步扩大专项检察监督范围，一方面以公安执法机关移送案件为重点，使检察机关能提前介入行政执法过程，形成对行政执法机关的有力制约，增大行政执法过程的透明度。另一方面，加强对公安机关的监督，应扩大立案监督范围，不仅对公安机关立案之后的活动进行监督，也要对立案前的活动进行监督。①

---

① 李娟．行政执法与刑事司法衔接机制研究［D］．太原：山西大学，2010：27-29．

第四章 公安行政强制权与公民权关系

一、公安行政强制权与公民权的基本理论

要对公安行政强制权与公民权的关系进行深入研究，必须先了解公安行政强制权及公民权的基本理论，研究公安行政强制权及公民权的基本理论，离不开一些基础概念的阐释，本章第一部分从基础概念着手，对公安行政强制权、公民权、公安行政强制权与公民权关系的基本理论进行阐述。

（一）公安行政强制权的基本理论

1. 公安行政强制权的概念

公安行政强制权是行政强制权在公安行政法领域的特定化，行政强制权的概念定位是公安行政强制权研究的逻辑起点，因此，要研究公安行政强制首先应当厘清行政强制权的内涵。根据《中华人民共和国行政强制法》（以下简称为《行政强制法》）第二条的规定："本法所称行政强制，包括行政强制措施和行政强制执行。行政强制措施，是指行政机关在行政管理过程中，为制止违法行为、防止证据损毁、避免危害发生、控制危险扩大等情形，依法对公民的人身自由实施暂时性限制，或者对公民、法人或者其他组织的财物实施暂时性控制的行为；行政强制执行，是指行政机关或者行政机关申请人民法院，对不履行行政决定的公民、法人或者其他组织，依法强制履行义务的行为。"由此可知，行政强制权指的是行政主体为预防、纠正违法和确保行政法上义务得以履行而在行政管理活动中采取强制方法的一项行政权力，包含行政强制措施权和行政强制执行权两方面的内容。

根据《人民警察法》第七条之规定："公安机关的人民警察对违反治安管理或者其他公安行政管理法律、法规的个人或者组织，依法可以实施行政强制措施、行政处罚。"结合行政强制的相关理论及《行政强制法》的规定可知，公安行政强制权是公安机关及其人民警察依法对违反治安管理或其他行政管理法律、法规的行政相对人进行人身、财产方面的限制或控制，对不履行公安行政决定的行政相对人由公安机关自行或申请人民法院依法强制其履行义务的权力。

2. 公安行政强制权的特征

（1）权力主体的特定性。根据《行政强制法》第十七条的规定，行政强制措施由法律、法规规定的行政机关在法定职权范围内实施，公安行政强制权不能委托，依据《行政处罚法》的规定，行使相对集中的行政处罚权的行政机关，可以实施法律、法规规定的与行政处罚权有关的行政强制措施。行政强制措施应当由行政机关具备资格的行政执法人员实施，其他人员不得实施。因此，有权实施公安行政强制的只能是公安机关及其人民警察，当然也包括法律、法规授权的机关及其工作人员——派出所及其人民警察。还必须明确的是，公安机关招录的辅警、联防队员以及其他辅助人员不得实施公安行政强制行为，他们并不是公安行政强制权的适格主体。

（2）公安行政强制权的行政性。我国的公安机关是带有司法属性的行政机关，拥有广泛的刑事司法权和行政执法权。公安机关在办理刑事案件时依据《中华人民共和国刑事诉讼法》（以下简称《刑事诉讼法》）、《公安机关办理刑事案件程序规定》等法律法规采取一定的强制措施，这便是公安刑事强制措施。顾名思义，公安行政强制权是公安机关及其人民警察在办理行政案件的过程中才能行使，不可能在公安机关的其他执法领域中存在，因此，公安行政强制权有着鲜明的行政性。

（3）公安行政强制权的法定性。公安机关及其人民警察必须依法行使其公安行政强制权，法律、法规没有规定和授权的事项，不能采取公安行政强制。此处的法律特指全国人大及其常委会制定的法律、国务院制定的行政法规以及地方人大及其常委会制定的地方性法规。越权无效是依法行政的基本精神，这一点是世界大多数国家认可的，为了避免公安行政强制权肆意侵犯行政相对人的合法权益，没有法律依据的公安行政强制行为必然无效，并且，行政相对人可以采取行政复议、行政诉讼等方式实现其权利的救济。

3. 公安行政强制权与公安刑事强制权的衔接

公安刑事强制权指的是公安机关及其人民警察在办理刑事案件中对犯罪嫌疑人、被告人采取的限制其一定程度人身自由的权力。[1] 我国公安机关是带有司法属性的行政机关，既有行政强制权也有刑事强制权，前者发生在刑事司法

---

[1] 参见于群，马顺成. 公安行政强制的适用与规范[M]. 北京：中国人民公安大学出版社，2012：17.

领域，后者发生在行政执法领域，是公安机关的权力在不同执法领域的体现。二者虽然都有"强制"二字，但也有着较大的差别。首先，权力行使的对象不同，公安刑事强制权的对象只能是已被追究刑事责任或是有重大犯罪嫌疑可能对其追究刑事责任的人，而公安行政强制权的对象是违反行政法律规范的相对人，或具有自我危害性，或是对社会公共利益、公共安全有危害性但其没有主观恶性，或基于紧急情势对其财物施以强制的财物或权益的所有人；其次，权力行使的目的不同，公安刑事强制权的目的在于保障刑事诉讼活动的顺利进行，而公安行政强制权主要是为了制止行政违法行为、防止证据毁损、避免危害发生或控制危险扩大；再次，适用的法律依据不同，公安刑事强制权的行使必须严格按照《刑法》《刑事诉讼法》及相关司法解释的规定进行，而公安行政强制权行使的法律依据多零散地存在于不同的公安行政法律规范中；最后，公安刑事强制权与公安行政强制权的自由裁量空间也不同，行使公安刑事强制权时往往要履行严格的审批程序，而行使公安行政强制权时，有时需要经过审批，多数情况下由公安行政执法人员灵活掌握、自由裁量。

（二）公民权的基本理论

1. 公民权的概念

公民是指具有一国国籍并依据该国家宪法和法律享有权利和承担义务的自然人。公民权是从属于公民的，是对公民作为自然人所具有的自然属性和社会属性的本能要求在法律上的反映，是一国法律对于个体应享有权利和自由的理性确认。

公民权首先是一个法律概念，宪法中所表达的公民权，是一个以公民所享有的政治权利为核心，以拥有的财产权利为保障，以正当法律程序确保个体人格的平等性的基本权利体系，包括民主自由权、人身自由权、财产所有权、知识产权、债权、劳动就业和休息权、自我发展权、安全保护权等。公民权还是一个历史概念，公民权的确立是社会文明进化的结果，所有民主法治国家的历史也都是一部公民权不断得到普及和发展的历史。因此，公民权的根本意义在于表达个体从社会文明进步到民主政治后具有的公民资格、主体地位，肯定的是个体所具有的独立人格、尊严和价值。公民权是个体享有权利和自由的实际状态，其核心内涵就是以人为本，它以自然状态下的权利为基础，以个人自由的相对最大化为目标，以社会秩序为手段，以和谐为最高价值。人类社会文明不断进步，公民权的体系范畴也由原始的、经典的自由权转变为生存权和发展权，其内涵得到了极大的扩展。综上，公民权是指国家宪法和法律确认、赋予并加以保护、支持和鼓励一国公民所享有的政治、经济、文化、社会等各方面的权利。①

2. 公安行政强制视域下的公民权

公民权的核心是公民的基本权利，是指宪法规定的公民在社会政治、经济、文化生活中的全部的基本权利。我国宪法既规定了公民的经济、社会、文化领域内的权利，包括劳动权、休息权、社会保障权、受教育权、文化活动自由权、男女平等权及婚姻、家庭、母亲和儿童受国家保护的权利等，还规定了公民的政治权利和人身权利，包括选举权和被选举权，言论、出版、集会、结社、游行、示威的自由，宗教信仰自由，人身自由权，人格尊严权，住宅不受侵犯的权利，通信自由和通信秘密受到保护权，申诉控告、检举权。公民的基本权利通过宪法得以确认，并通过刑法、民法、行政法等法律法规加以具体化、细致化。本章要探讨的公民权是公安行政强制视域下的公民权，即公安机关及其人民警察在行使行政强制权的过程中应当维护的公民权利，具体如下：

（1）知情权。知情权亦称了解权或知悉权，是公民享有的一项民主权利，也是公民最基本的权利之一。知情权主要是指获取和知悉，它是公民一项最基本的政治权利，也是宪法规定的作为公民享有的最基础的权利。在公安行政强制中，关于公民的知情权的主要内容是指对公安机关行政强制措施和行政强制措施的执行享有知悉的权利，公民面对公安机关的行政强制行为时有知悉自己违法事实、公安机关所要采取的强制方式，面对公安机关的行政强制行为时享有何种权利的权利。

（2）陈述权和申辩权。陈述权和申辩权来自公民的参与权，公民的参与权主要是指公民依照宪法和法律的规定通过各种途径来参加对国家事务的管理，管理国家的文化和经济事业，管理社会事务的权利。公民的参与权体现在公安行政强制的过程中就是陈述权和申辩权，是指公民面对公安机关及其人民警察做出的涉及自身利益的行政强制决定或行政强制行为时有陈述自己的意见、为自己辩护的权利。

（3）听证权。听证权是指行政机关做出涉及公民、法人或者其他组织利益的重大事项或者重大决定之前，应当充分听取当事人陈述、申辩和质证，并根据听证材料做出行政决定的一种权利，公民在行使听证权时可以有效规范行政机关决策程序，便于对公民合法权益的维护。在公安行政强制中，除紧急状态下必须采取立即一定的强制措施方能避免危害的发生或避免事态的扩大，例如封闭火灾现场、约束醉酒状态下的驾驶人等，应当赋予公民在面对公安行政强

---

① 参见赵树民. 比较宪法学新论［M］. 北京：中国社会科学出版社，2000：340.

制权时听证的权利。

(4) 救济权和阻却权。救济权是世界各国设定和行使警察权力时所遵循的一条基本原则,就是指被处罚的公民依法诉诸某种法律渠道,使公安机关违法行使其行政强制权的行为得到纠正,并使自己因受公安违法行使权力侵害所受的损失得到赔偿的权利。公民可以通过行政复议、行政诉讼、国家赔偿、补偿等方式实现自身权利的救济。此外,公民还拥有自力救济权即阻却权,通过自身力量以维护自己的合法权益,但由于该项权利的多样性、复杂性和难于控制性,一般不予提倡。

(三) 公安行政强制权与公民权关系的基本理论

公安行政强制权设置的根本目的在于维护社会公共利益,是公民权实现的重要保证。公民权则是公安行政强制权行使的源泉,也是对国家公权力的制约。但作为涉及范围广、强制力明显的公权力,公安行政强制权与作为私权利的公民权总是存在着冲突的一面,并且经常处于同公民权冲突的最前沿。因此,公安行政强制权与公民权的关系既是内在统一的,又是经常表现为对立的。①

1. 公安行政强制权与公民权的对立

公权力与私权利的归属和价值追求存在着差异,因而难免产生矛盾对立,公安行政强制权与公民权的对立就属于典型的公权力与私权利之间的对立。

(1) 二者对立反映了公共利益与个人利益的矛盾。公共利益是保证并发展个人利益的前提,但不能反映个人利益的全部,并且同个人利益经常发生对立,往往表现为作为公权力的公安行政强制权与公民权的对立。公安行政强制权的行使是为了维护公共利益,不可能兼顾到每个公民的全部利益诉求,并且可能会损害到某些个人利益。例如交通管制会造成一些人的出行不便,对醉酒者的临时约束会妨碍到其人身自由,但从宏观角度和长远利益考虑,这种局部、暂时的损害是维护公共利益的成本,是利大于弊的。由于公权力与私权利的"利益评价"着眼点有所不同,从而衍生出公安行政强制权与公民权冲突的现实可能性。

(2) 二者对立反映了秩序价值与自由价值的矛盾。在公共领域保持一定强度的警察权是维护国家法度和保证正常的公共秩序所需的,但这会限制公众的一些自由。从价值层面上讲,公安行政强制权追求的是公共秩序,公民权追求的是个人自由,它们的冲突反映了公共秩序与个人自由的矛盾。公民转让一

---

① 丛华. 法治视野中的警察权与公民权的平衡关系 [J]. 犯罪研究, 2013 (01): 19-24.

部分权利而认可公安行政强制权的存在，意味着甘愿以放弃有限的个人自由作为代价，而换取享受公共秩序的安宁。因为无限的、放纵的个人自由等同于社会混乱。因此，好的公共秩序是为了公众共同享受有序的、不妨害他人的自由，应当在秩序与自由之间寻求一个平衡点。公安行政强制权与公民权的"对立"正是公共秩序同个人自由寻求平衡的博弈过程，这一过程是动态的、长期的，只要存在公共秩序同个人自由的矛盾，就会存在公安行政强制权与公民权的对立。

（3）二者对立反映了公安机关执法权威与公民消极对抗的矛盾。随着社会主义法制的发展，法治理念深入人心，社会公众对于存在多年的职权中心主义执法观不断进行反思，保持更多的关注和警惕。部分公众对公安机关权力的行使产生不信任的倾向，乃至走向另一个误区：消极对抗公安机关执法权威，暴力阻碍公安行政强制执法行为的现象屡见不鲜；某些媒体的失当报道或评论，在一定程度上起着鼓噪公民权盲目对抗公安权的消极效应，明显有悖于依法治国方针。必须注意的是公安行政强制权的现实必要性与正当性决定了其必须保持足够的权威性，才能担当起维护公共利益和公民权益的职能；一味地限制、削弱更加不利于公民权的保障。

2. 公安行政强制权与公民权的统一

公安行政强制权与公民权分别作为公权力与私权利的重要体现，二者在理论层面和实践过程中都存在着冲突与对立，但我们亦不能否认二者统一的实质，理由如下：

（1）公安行政强制权是源于公民权的让渡。国家公权力是社会有序运行之必需，得到普遍认同的观点是，人们交出部分权利并缔结政治契约，构筑公共权力系统，公安行政强制权亦包含其中。我国的社会主义属性决定国家权力本质上属于人民，人民通过民意代表机构以法定程序将公共权力赋予依法建立的公安机关，由此产生了维护社会稳定所不可或缺的公安行政强制权。可见，公安行政强制权从其本源上是来自公民基本权力的让渡，二者之间并不存在根本矛盾。

（2）公安行政强制权的行使目的在于保障公民权。公安行政强制权旨在维护社会公共利益，而公共利益是公众生存与发展所共同依赖的环境和条件。公共利益受损，公民权必然无从保障，因此，公安行政强制权亦是公民权保障的重要力量。在我国，公安机关及其人民警察是公民权的捍卫者，公安行政强制权因承载着社会公意而体现出正当性，其行使得越有效，公民权保障则越充分。

（3）公安行政强制权的扩张取决于公民权保障的需要。社会法治环境总是受到国内外政治、经济、文化等发展变化的影响而呈现为动态变化。在犯罪甚嚣尘上、治安状况恶化的情形下，公民权益受到现实威胁，必然产生强化公安权力的强烈需求，由此拓展、加强公安行政强制权的配属，强化公安执法权威，以提升国家法治对于公共领域的干预度。例如，美国于"9·11事件"后通过了《爱国者法》，延长了拘留犯罪嫌疑人的时限，扩大了警方搜查、监听的范围等，给予美国执法机构以更多的权力，为确保国家公共安全而不惜牺牲一部分人权保护。由此可知，作为国家公权力的公安行政强制权的扩张是出于保障公民权的需要，是一种无奈的现实选择。

（4）公安行政强制权提倡并接受公民权的监督。公安行政强制权是公安机关掌握国家资源而获取支配他人的一种力量，而扩展性一般是权力运行的常态。著名法学家孟德斯鸠曾说："滥用权力是附在权力上的咒语，一切有权力的人都容易滥用权力，这是亘古不易的经验，有权力的人使用权力一直到遇有界限的地方才休止。"任何权力都必须接受社会监督，公安行政强制权更是如此，因为其强制性特点极易转变为对公民权的侵害。因此，我国的公安机关及其人民警察在行使其行政强制权的同时，提倡并接受社会各界的监督，不断完善公民监督机制，也充分体现了公安行政强制权与公民权统一的实质。①

二、公安行政强制权与公民权的基本规范

公安行政强制权的行使是公安机关及人民警察实现其行政职能的重要手段，公安行政强制权在立法上的完善程度会直接影响具体执法的成效，要充分了解公安行政强制权的立法完善程度，有必要对其基本规范进行梳理。公民权零散地存在于各项法律规范之中，了解相关公民权的基本规范对研究公安行政强制权与公民权的关系也有着重要意义。

---

① 刘杰明. 警察权和公民权关系的理论分析［J］. 广西警官高等专科学校学报，2010（02）：39-42.

（一）公安行政强制权的基本规范

性质	规范	条文	规定事项
法律	《行政强制法》	全文适用 第一条　为了规范行政强制的设定和实施，保障和监督行政机关依法履行职责，维护公共利益和社会秩序，保护公民、法人和其他组织的合法权益，根据宪法，制定本法。 第二条　本法所称行政强制，包括行政强制措施和行政强制执行。 ……	行政强制的种类和设定、行政强制措施实施程序、行政机关强制执行程序等
	《人民警察法》	第九条　为维护社会治安秩序，公安机关的人民警察对有违法犯罪嫌疑的人员，经出示相应证件，可以当场盘问、检查；经盘问、检查，有下列情形之一的，可以将其带至公安机关，经该公安机关批准，对其继续盘问： （一）被指控有犯罪行为的； （二）有现场作案嫌疑的； （三）有作案嫌疑身份不明的； （四）携带的物品可能是赃物的。 ……	当场盘问、检查、继续盘问
		第十三条第二款　公安机关因侦查犯罪的需要，必要时，按照国家有关规定，可以优先使用机关、团体、企业事业组织和个人的交通工具、通信工具、场地和建筑物……	强制征用
		第十四条　公安机关的人民警察对严重危害公共安全或者他人人身安全的精神病人，可以采取保护性约束措施。需要送往指定的单位、场所加以监护的，应当报请县级以上人民政府公安机关批准，并及时通知其监护人。	对精神病人的保护性约束
		第十五条　县级以上人民政府公安机关，为预防和制止严重危害社会治安秩序的行为，可以在一定的区域和时间，限制人员、车辆的通行或者停留，必要时可以实行交通管制。 公安机关的人民警察依照前款规定，可以采取相应的交通管制措施。	交通管制
		第十七条　县级以上人民政府公安机关，经上级公安机关和同级人民政府批准，对严重危害社会治安秩序的突发事件，可以根据情况实行现场管制。 公安机关的人民警察依照前款规定，可以采取必要手段强行驱散，并对拒不服从的人员强行带离现场或者立即予以拘留。	现场管制、强行带离现场、立即拘留

153

续表

性质	规范	条文	规定事项
法律	《治安管理处罚法》	第十一条第一款　办理治安案件所查获的毒品、淫秽物品等违禁品，赌具、赌资，吸食、注射毒品的用具以及直接用于实施违反治安管理行为的本人所有的工具，应当收缴，按照规定处理。	收缴违禁品
		第十五条第二款　醉酒的人在醉酒状态中，对本人有危险或者对他人的人身、财产或者公共安全有威胁的，应当对其采取保护性措施约束至酒醒。	对醉酒者的约束
		第二十四条第二款　因扰乱体育比赛秩序被处以拘留处罚的，可以同时责令其十二个月内不得进入体育场馆观看同类比赛；违反规定进入体育场馆的，强行带离现场。	责令不得进入、强行带离现场
		第三十八条　举办文化、体育等大型群众性活动，违反有关规定，有发生安全事故危险的，责令停止活动，立即疏散……	责令停止活动、立即疏散
		第七十六条　有本法第六十七条、第六十八条、第七十条的行为，屡教不改的，可以按照国家规定采取强制性教育措施。	强制性教育
		第八十二条第二款　公安机关应当将传唤的原因和依据告知被传唤人。对无正当理由不接受传唤或者逃避传唤的人，可以强制传唤。	强制传唤
		第八十九条　公安机关办理治安案件，对与案件有关的需要作为证据的物品，可以扣押；对被侵害人或者善意第三人合法占有的财产，不得扣押，应当予以登记。对与案件无关的物品，不得扣押……	扣押

续表

性质	规范	条文	规定事项
法律	《道路交通安全法》	第四十条　遇有自然灾害、恶劣气象条件或者重大交通事故等严重影响交通安全的情形，采取其他措施难以保证交通安全时，公安机关交通管理部门可以实行交通管制。	交通管制
		第九十一条第二款　醉酒驾驶机动车的，由公安机关交通管理部门约束至酒醒…… 第九十一条第四款　醉酒驾驶营运机动车的，由公安机关交通管理部门约束至酒醒……	约束至酒醒
		第九十三条第一款　对违反道路交通安全法律、法规关于机动车停放、临时停车规定的，可以指出违法行为，并予以口头警告，令其立即驶离。	责令立即驶离
		第九十五条第一款　上道路行驶的机动车未悬挂机动车号牌，未放置检验合格标志、保险标志，或者未随车携带行驶证、驾驶证的，公安机关交通管理部门应当扣留机动车……	扣留机动车
		第九十六条　伪造、变造或者使用伪造、变造的机动车登记证书、号牌、行驶证、驾驶证的，由公安机关交通管理部门予以收缴，扣留该机动车…… 伪造、变造或者使用伪造、变造的检验合格标志、保险标志的，由公安机关交通管理部门予以收缴，扣留该机动车…… 使用其他车辆的机动车登记证书、号牌、行驶证、检验合格标志、保险标志的，由公安机关交通管理部门予以收缴，扣留该机动车……	予以收缴、扣留机动车
		第九十七条　非法安装警报器、标志灯具的，由公安机关交通管理部门强制拆除、予以收缴……	强制拆除、予以收缴
		第一百条第一款　驾驶拼装的机动车或者已达到报废标准的机动车上道路行驶的，公安机关交通管理部门应当予以收缴，强制报废。	强制报废
		第一百零六条　在道路两侧及隔离带上种植树木、其他植物或者设置广告牌、管线等，遮挡路灯、交通信号灯、交通标志，妨碍安全视距的，由公安机关交通管理部门责令行为人排除妨碍；拒不执行的，处200元以上2000元以下罚款，并强制排除妨碍，所需费用由行为人负担。	强制排除妨碍
		第一百零九条　当事人逾期不履行行政处罚决定的，作出行政处罚决定的行政机关可以采取下列措施： （一）到期不缴纳罚款的，每日按罚款数额的3%加处罚款； （二）申请人民法院强制执行。	申请法院强制执行

续表

性质	规范	条文	规定事项
法律	《消防法》	第四十五条第二款　火灾现场总指挥根据扑救火灾的需要，有权决定下列事项： （一）使用各种水源； （二）截断电力、可燃气体和可燃液体的输送，限制用火用电； （三）划定警戒区，实行局部交通管制； （四）利用邻近建筑物和有关设施； ……	强制征用、强制排险、局部交通管制
		第五十一条第一款　公安机关消防机构有权根据需要封闭火灾现场……	封闭火灾现场
		第五十四条　公安机关消防机构在消防监督检查中发现火灾隐患的，应当通知有关单位或者个人立即采取措施消除隐患；不及时消除隐患可能严重威胁公共安全的，公安机关消防机构应当依照规定对危险部位或者场所采取临时查封措施。	临时查封
		第六十条第三款　有本条第一款第三项、第四项、第五项、第六项行为，经责令改正拒不改正的，强制执行，所需费用由违法行为人承担。	强制执行
		第七十条第四款　当事人逾期不执行停产停业、停止使用、停止施工决定的，由作出决定的公安机关消防机构强制执行。	强制执行
	《中华人民共和国禁毒法》	第二十条第三款　未经许可，擅自进入国家确定的麻醉药品药用原植物种植企业的提取加工场所或者国家设立的麻醉药品储存仓库等警戒区域的，由警戒人员责令其立即离开；拒不离开的，强行带离现场。	强行带离现场
		第三十二条第一款　公安机关可以对涉嫌吸毒的人员进行必要的检测，被检测人员应当予以配合；对拒绝接受检测的，经县级以上人民政府公安机关或者其派出机构负责人批准，可以强制检测。	强制检测
		第三十八条第二款　对于吸毒成瘾严重，通过社区戒毒难以戒除毒瘾的人员，公安机关可以直接作出强制隔离戒毒的决定。	强制隔离戒毒

续表

性质	规范	条文	规定事项
法律	《出境入境管理法》	第五十八—六十八条 第五十八条 本章规定的当场盘问、继续盘问、拘留审查、限制活动范围、遣送出境措施，由县级以上地方人民政府公安机关或者出入境边防检查机关实施。 …… 第六十八条 对用于组织、运送、协助他人非法出境入境的交通运输工具，以及需要作为办案证据的物品，公安机关可以扣押。 对查获的违禁物品、涉及国家秘密的文件、资料以及用于实施违反出境入境管理活动的工具等，公安机关应当予以扣押，并依照相关法律、行政法规规定处理。	当场盘问、继续盘问、拘留审查、限制活动范围、遣送出境、扣押
	《集会游行示威法》	第二十七条 举行集会、游行、示威，有下列情形之一的，人民警察应当予以制止： （一）未依照本法规定申请或者申请未获许可的； …… 有前款所列情形之一，不听制止的，人民警察现场负责人有权命令解散；拒不解散的，人民警察现场负责人有权依照国家有关规定决定采取必要手段强行驱散，并对拒不服从的人员强行带离现场或者立即予以拘留。 ……	强行驱散、强行带离现场
		第三十三条 公民在本人居住地以外的城市发动、组织当地公民的集会、游行、示威的，公安机关有权予以拘留或者强行遣回原地。	强行遣回原地
	《中华人民共和国戒严法》	第十七条第一款 根据执行戒严任务的需要，戒严地区的县级以上人民政府可以临时征用国家机关、企业事业组织、社会团体以及公民个人的房屋、场所、设施、运输工具、工程机械等。在非常紧急的情况下，执行戒严任务的人民警察、人民武装警察、人民解放军的现场指挥员可以直接决定临时征用，地方人民政府应当给予协助。实施征用应当开具征用单据。	强制征用

续表

性质	规范	条文	规定事项
法律	《枪支管理法》	第二十六条第二款　配置民用枪支的单位和个人不再符合持枪条件时，必须及时将枪支连同持枪证件上缴核发持枪证件的公安机关；未及时上缴的，由公安机关收缴。	收缴枪支
		第二十八条　国家对枪支实行查验制度。持有枪支的单位和个人，应当在公安机关指定的时间、地点接受查验。公安机关在查验时，必须严格审查持枪单位和个人是否符合本法规定的条件，检查枪支状况及使用情况；对违法使用枪支、不符合持枪条件或者枪支应当报废的，必须收缴枪支和持枪证件。拒不接受查验的，枪支和持枪证件由公安机关收缴。	查验、收缴
行政法规	《道路交通安全法实施条例》	第八十九条第一款　公安机关交通管理部门或者交通警察接到交通事故报警，应当及时赶赴现场，对未造成人身伤亡，事实清楚，并且机动车可以移动的，应当在记录事故情况后责令当事人撤离现场，恢复交通。对拒不撤离现场的，予以强制撤离。	强制撤离
	《互联网上网服务营业场所管理条例》	第二十七条　违反本条例的规定，擅自从事互联网上网服务经营活动的，由文化行政部门或者由文化行政部门会同公安机关依法予以取缔，查封其从事违法经营活动的场所，扣押从事违法经营活动的专用工具、设备。……	查封、扣押

158

续表

性质	规范	条文	规定事项
行政法规	《戒毒条例》	第十三条　对吸毒成瘾人员，县级或者设区的市级人民政府公安机关可以责令其接受社区戒毒。 ……	责令社区戒毒
		第二十五条　有《中华人民共和国禁毒法》第三十八条所列下列情形之一的吸毒成瘾人员，由县级或者设区的市级人民政府公安机关作出强制隔离戒毒的决定： （一）拒绝接受社区戒毒的； （二）在社区戒毒期间吸食、注射毒品的； ……	强制隔离戒毒
		第五十三条　因吸食、注射阿片类毒品被决定强制隔离戒毒的人员解除强制隔离戒毒时，强制隔离戒毒决定机关应当责令其接受一年以上三年以下的社区康复。 对其他解除强制隔离戒毒的人员，强制隔离戒毒决定机关应当提出自愿接受三年以下社区康复的建议。	责令社区康复
	《烟花爆竹安全管理条例》	第四十三条　对没收的非法烟花爆竹以及生产、经营企业弃置的废旧烟花爆竹，应当就地封存，并由公安部门组织销毁、处置。	查封
	《易制毒化学品管理条例》	第三十二条　县级以上人民政府公安机关、负责药品监督管理的部门、安全生产监督管理部门、商务主管部门、卫生主管部门、价格主管部门、铁路主管部门、交通主管部门、市场监督管理部门、生态环境主管部门和海关，应当依照本条例和有关法律、行政法规的规定，在各自的职责范围内，加强对易制毒化学品生产、经营、购买、运输、价格以及进口、出口的监督检查；对非法生产、经营、购买、运输易制毒化学品，或者走私易制毒化学品的行为，依法予以查处。 前款规定的行政主管部门在进行易制毒化学品监督检查时，可以依法查看现场、查阅和复制有关资料、记录有关情况、扣押相关的证据材料和违法物品；必要时，可以临时查封有关场所。 被检查的单位或者个人应当如实提供有关情况和材料、物品，不得拒绝或者隐匿。	扣押、临时查封

续表

性质	规范	条文	规定事项
部门规章	《公安机关办理行政案件程序规定》	第五十三条 对查获或者到案的违法嫌疑人应当进行安全检查，发现违禁品或者管制器具、武器、易燃易爆等危险品以及与案件有关的需要作为证据的物品的，应当立即扣押；对违法嫌疑人随身携带的与案件无关的物品，应当按照有关规定予以登记、保管、退还。安全检查不需要开具检查证。
……	安全检查、扣押
		第五十四条 办理行政案件时，可以依法采取下列行政强制措施：
（一）对物品、设施、场所采取扣押、扣留、临时查封、查封、先行登记保存、抽样取证等强制措施；
（二）对违法嫌疑人采取保护性约束措施、继续盘问、强制传唤、强制检测、拘留审查、限制活动范围等强制措施。
……	可采取的行政强制措施
		第五十五条 实施行政强制措施应当遵守下列规定：
（一）实施前须依法向公安机关负责人报告并经批准；
（二）通知当事人到场，当场告知当事人采取行政强制措施的理由、依据以及当事人依法享有的权利、救济途径。当事人不到场的，邀请见证人到场，并在现场笔录中注明；
……	实施行政强制措施的要求
		第五十六条 情况紧急，当场实施行政强制措施的，办案人民警察应当在二十四小时内依法向其所属的公安机关负责人报告，并补办批准手续。当场实施限制公民人身自由的行政强制措施的，办案人民警察应当在返回单位后立即报告，并补办批准手续。公安机关负责人认为不应当采取行政强制措施的，应当立即解除。	紧急状态下的行政强制
		第五十七条 为维护社会秩序，人民警察对有违法嫌疑的人员，经表明执法身份后，可以当场盘问、检查。对当场盘问、检查后，不能排除其违法嫌疑，依法可以适用继续盘问的，可以将其带至公安机关，经公安派出所负责人批准，对其继续盘问。对违反出境入境管理的嫌疑人依法适用继续盘问的，应当经县级以上公安机关或者出入境边防检查机关负责人批准。
……	盘问、检查、继续盘问

续表

性质	规范	条文	规定事项
部门规章	《公安机关办理行政案件程序规定》	第五十八条 违法嫌疑人在醉酒状态中，对本人有危险或者对他人的人身、财产或者公共安全有威胁的，可以对其采取保护性措施约束至酒醒，也可以通知其家属、亲友或者所属单位将其领回看管，必要时，应当送医院醒酒。对行为举止失控的醉酒人，可以使用约束带或者警绳等进行约束，但是不得使用手铐、脚镣等警械。 约束过程中，应当指定专人严加看护。确认醉酒人酒醒后，应当立即解除约束，并进行询问。约束时间不计算在询问查证时间内。	醉酒者的保护性约束措施
		第六十二条 属于公安机关职责范围但不属于本单位管辖的案件，具有下列情形之一的，受理案件或者发现案件的公安机关及其人民警察应当依法先行采取必要的强制措施或其他处置措施，再移送有管辖权的单位处理： （一）违法嫌疑人正在实施危害行为的； （二）正在实施违法行为或者违法后即时被发现的现行犯被扭送至公安机关的； ……	紧急强制措施
		第六十七条第三款 对无正当理由不接受传唤或者逃避传唤的违反治安管理、消防安全管理、出境入境管理的嫌疑人以及法律规定可以强制传唤的其他违法嫌疑人，经公安派出所、县级以上公安机关办案部门或者出入境边防检查机关负责人批准，可以强制传唤。强制传唤时，可以依法使用手铐、警绳等约束性警械。	强制传唤
		第八十二条 对与违法行为有关的场所、物品、人身可以进行检查。检查时，人民警察不得少于二人，并应当出示工作证件和县级以上公安机关开具的检查证。对确有必要立即进行检查的，人民警察经出示工作证件，可以当场检查；但检查公民住所的，必须有证据表明或者有群众报警公民住所内正在发生危害公共安全或者公民人身安全的案（事）件，或者违法存放危险物质，不立即检查可能会对公共安全或者公民人身、财产安全造成重大危害。……	与违法行为有关的场所、物品、人身的检查

续表

性质	规范	条文	规定事项
部门规章	《公安机关办理行政案件程序规定》	第八十四条　对违法嫌疑人进行检查时，应当尊重被检查人的人格尊严，不得以有损人格尊严的方式进行检查。 检查妇女的身体，应当由女性工作人员进行。 依法对卖淫、嫖娼人员进行性病检查，应当由医生进行。	对违法嫌疑人人身的检查
		第一百九十四条第一款　对在办理行政案件中查获的下列物品应当依法收缴： （一）毒品、淫秽物品等违禁品； （二）赌具和赌资； （三）吸食、注射毒品的用具； ……	收缴
		第一百九十五条　收缴由县级以上公安机关决定。但是，违禁品，管制器具，吸食、注射毒品的用具以及非法财物价值在五百元以下且当事人对财物价值无异议的，公安派出所可以收缴。 追缴由县级以上公安机关决定。但是，追缴的财物应当退还被侵害人的，公安派出所可以追缴。	收缴及追缴
		第一百九十八条　公安机关依法作出行政处理决定后，被处理人应当在行政处理决定的期限内予以履行。逾期不履行的，作出行政处理决定的公安机关可以依法强制执行或者申请人民法院强制执行。	强制执行、申请人民法院强制执行
		第二百零二条　经催告，被处理人无正当理由逾期仍不履行行政处理决定，法律规定由公安机关强制执行的，公安机关可以依法作出强制执行决定。 在催告期间，对有证据证明有转移或者隐匿财物迹象的，公安机关可以作出立即强制执行决定。 ……	强制执行决定、立即强制执行决定
		第二百零三条　依法作出要求被处理人履行排除妨碍、恢复原状等义务的行政处理决定，被处理人逾期不履行，经催告仍不履行，其后果已经或者将危害交通安全、消防安全的，公安机关可以代履行，或者委托没有利害关系的第三人代履行。 ……	代履行

续表

性质	规范	条文	规定事项
部门规章	《公安机关办理行政案件程序规定》	第二百零四条 需要立即清理道路的障碍物，当事人不能清除的，或者有其他紧急情况需要立即履行的，公安机关可以决定立即实施代履行。当事人不在场的，公安机关应当在事后立即通知当事人，并依法作出处理。	立即实施代履行
		第二百四十二条 外国人具有下列情形之一，经当场盘问或者继续盘问后不能排除嫌疑，需要作进一步调查的，经县级以上公安机关或者出入境边防检查机关负责人批准，可以拘留审查：……	涉外行政案件的拘留审查
		第二百四十六条 外国人具有下列情形之一的，不适用拘留审查，经县级以上公安机关或者出入境边防检查机关负责人批准，可以限制其活动范围：……	限制活动范围
		第二百五十条 外国人具有下列情形之一的，经县级以上公安机关或者出入境边防检查机关负责人批准，可以遣送出境：……	遣送出境
		第二百五十二条 对外国人处以罚款或者行政拘留并处限期出境的，应当于罚款或者行政拘留执行完毕后执行限期出境或者驱逐出境。……	限期出境
		第二百五十一条 外国人违反治安管理或者出境入境管理，情节严重，尚不构成犯罪的，承办的公安机关可以层报公安部处以驱逐出境。公安部作出的驱逐出境决定为最终决定，由承办机关宣布并执行。……	驱逐出境

续表

性质	规范	条文	规定事项
部门规章	《消防监督检查规定》	第二十二条 公安机关消防机构在消防监督检查中发现火灾隐患，应当通知有关单位或者个人立即采取措施消除；对具有下列情形之一，不及时消除可能严重威胁公共安全的，应当对危险部位或者场所予以临时查封：……	临时查封
		第二十六条 对当事人有《中华人民共和国消防法》第六十条第一款第三项、第四项、第五项、第六项规定的消防安全违法行为，经责令改正拒不改正的，公安机关消防机构应当按照《中华人民共和国行政强制法》第五十一条、第五十二条的规定组织强制清除或者拆除相关障碍物、妨碍物，所需费用由违法行为人承担。	强制清除、拆除
		第二十七条第二款 经催告，当事人逾期仍不履行义务且无正当理由的，公安机关消防机构负责人应当组织集体研究强制执行方案，确定执行的方式和时间。强制执行决定书应当自决定之日起三个工作日内制作、送达当事人。	强制执行
	《道路交通安全违法行为处理程序规定》	第二十四条 交通警察在执法过程中，因制止违法行为、避免危害发生、防止证据灭失的需要或者机动车驾驶人累积记分满12分的，可以依法采取下列行政强制措施： （一）扣留车辆； （二）扣留机动车驾驶证； （三）拖移机动车； （四）收缴非法装置； （五）检验体内酒精、国家管制的精神药品、麻醉药品含量。	扣留车辆、扣留机动车驾驶证、拖移机动车、收缴非法装置、检验
		第二十七条 有下列情形之一的，因无其他机动车驾驶人代替驾驶、违法行为尚未消除、需要调查或者证据保全等原因不能立即放行的，可以扣留车辆： （一）未悬挂机动车号牌，未放置检验合格标志、保险标志，或者未携带行驶证、机动车驾驶证的；……	扣留车辆

续表

性质	规范	条文	规定事项
部门规章	《道路交通安全违法行为处理程序规定》	第三十一条 有下列情形之一的，可以扣留机动车驾驶证： （一）饮酒、醉酒后驾驶机动车的； （二）机动车驾驶人将机动车交由未取得机动车驾驶证或者机动车驾驶证被吊销、暂扣的人驾驶的； ……	扣留机动车驾驶证
		第三十三条 违反机动车停放、临时停车规定，驾驶人不在现场或者虽在现场但拒绝立即驶离，妨碍其他车辆、行人通行的，公安机关交通管理部门及其交通警察可以将机动车拖移至不妨碍交通的地点或者指定的地点。	拖移机动车
		第三十七条 有下列情形之一的，可以收缴非法装置： （一）非法安装警报器、标志灯具的； （二）自行车、三轮车安装动力装置的； （三）加装其他与注册登记项目不符且影响车辆安全的装置的。	收缴非法装置
		第三十五条 车辆驾驶人有下列情形之一的，对其检验体内酒精、国家管制的精神药品、麻醉药品含量： （一）对酒精呼吸测试的酒精含量有异议的； （二）经呼吸测试超过醉酒临界值的； ……	检验
	《城市人民警察巡逻规定》	第五条 人民警察在巡逻执勤中依法行使以下权力： （一）盘查有违法犯罪嫌疑人的人员，检查涉嫌车辆、物品； （二）查验居民身份证； …… （六）在追捕、救护、抢险等紧急情况下，经出示证件，可以优先使用机关、团体和企业、事业单位以及公民个人的交通、通讯工具。用后应当及时归还，并支付适当费用，造成损坏的应当赔偿； ……	盘查、查验、强制征用

165

续表

性质	规范	条文	规定事项
其他规范性文件	《交通警察道路执勤执法工作规范》	第四十九条 违法行为需要适用一般程序处罚的，交通警察应当依照规定制作违法行为处理通知书或者依法采取行政强制措施，告知机动车驾驶人接受处理的时限、地点。 …… 第五十一条 交通警察依法扣留车辆时，不得扣留车辆所载货物，并应当提醒机动车驾驶人妥善处置车辆所载货物。 当事人无法自行处理或者能够自行处理但拒绝自行处理的，交通警察应当在行政强制措施凭证上注明，登记货物明细并妥善保管。 货物明细应当由交通警察、机动车驾驶人签名，有见证人的，还应当由见证人签名。机动车驾驶人拒绝签名的，交通警察应当在货物登记明细上注明。	依法扣留车辆

（二）公民权的基本规范

性质	规范	条文	所涉公民权利
宪法	《宪法》	第三十七条 中华人民共和国公民的人身自由不受侵犯。 任何公民，非经人民检察院批准或者决定或者人民法院决定，并由公安机关执行，不受逮捕。 禁止非法拘禁和以其他方法非法剥夺或者限制公民的人身自由，禁止非法搜查公民的身体。	人身自由权
		第三十九条 中华人民共和国公民的住宅不受侵犯。禁止非法搜查或者非法侵入公民的住宅。	住宅不受侵犯的权利
法律	《行政强制法》	第八条 公民、法人或者其他组织对行政机关实施行政强制，享有陈述权、申辩权；有权依法申请行政复议或者提起行政诉讼；因行政机关违法实施行政强制受到损害的，有权依法要求赔偿。 公民、法人或者其他组织因人民法院在强制执行中有违法行为或者扩大强制执行范围受到损害的，有权依法要求赔偿。	陈述权、申辩权、赔偿请求权
		第三十五条 行政机关作出强制执行决定前，应当事先催告当事人履行义务。催告应当以书面形式作出，并载明下列事项：（一）履行义务的期限；（二）履行义务的方式；（三）涉及金钱给付的，应当有明确的金额和给付方式；（四）当事人依法享有的陈述权和申辩权。	陈述权、申辩权

续表

性质	规范	条文	所涉公民权利
法律	《行政强制法》	第三十六条 当事人收到催告书后有权进行陈述和申辩。行政机关应当充分听取当事人的意见，对当事人提出的事实、理由和证据，应当进行记录、复核。当事人提出的事实、理由或者证据成立的，行政机关应当采纳。	陈述权、申辩权
		第六十八条第一款 违反本法规定，给公民、法人或者其他组织造成损失的，依法给予赔偿。	赔偿请求权
	《行政复议法》	第二条 公民、法人或者其他组织认为具体行政行为侵犯其合法权益，向行政机关提出行政复议申请，行政机关受理行政复议申请、作出行政复议决定，适用本法。	申请复议的权利
	《行政诉讼法》	第十二条 人民法院受理公民、法人或其他组织提起的下列诉讼： （一）对行政拘留、暂扣或者吊销许可证和执照、责令停产停业、没收违法所得、没收非法财物、罚款、警告等行政处罚不服的； （二）对限制人身自由或者对财产的查封、扣押、冻结等行政强制措施和行政强制执行不服的； ……	提起诉讼的权利
	《国家赔偿法》	第三条 行政机关及其工作人员在行使行政职权时有下列侵犯人身权情形之一的，受害人有取得赔偿的权利： （一）违法拘留或者违法采取限制公民人身自由的行政强制措施的； （二）非法拘禁或者以其他方法非法剥夺公民人身自由的； （三）以殴打、虐待等行为或者唆使、放纵他人以殴打、虐待等行为造成公民身体伤害或者死亡的； （四）违法使用武器、警械造成公民身体伤害或者死亡的； （五）造成公民身体伤害或者死亡的其他违法行为。 第四条 行政机关及其工作人员在行使行政职权时有下列侵犯财产权情形之一的，受害人有取得赔偿的权利： （一）违法实施罚款、吊销许可证和执照、责令停产停业、没收财物等行政处罚的； （二）违法对财产采取查封、扣押、冻结等行政强制措施的； （三）违法征收、征用财产的； （四）造成财产损害的其他违法行为。	赔偿请求权

续表

性质	规范	条文	所涉公民权利
部门规章	《公安机关办理行政案件程序规定》	第五十五条　实施行政强制措施应当遵守下列规定： （一）实施前须依法向公安机关负责人报告并经批准； （二）通知当事人到场，当场告知当事人采取行政强制措施的理由、依据以及当事人依法享有的权利、救济途径。当事人不到场的，邀请见证人到场，并在现场笔录中注明； （三）听取当事人的陈述和申辩； （四）制作现场笔录，由当事人和办案人民警察签名或者盖章，当事人拒绝的，在笔录中注明。当事人不在场的，由见证人和办案人民警察在笔录上签名或者盖章； （五）实施限制公民人身自由的行政强制措施的，应当场告知当事人家属实施强制措施的公安机关、理由、地点和期限；无法当场告知的，应当在实施强制措施后立即通过电话、短信、传真等方式通知；身份不明、拒不提供家属联系方式或者因自然灾害等不可抗力导致无法通知的，可以不予通知。告知、通知家属情况或者无法通知家属的原因应当在询问笔录中注明。 （六）法律、法规规定的其他程序。 勘验、检查时实施行政强制措施的，制作勘验、检查笔录的，不再制作现场笔录。	知情权、陈述权、申辩权
		第六十七条第四款　公安机关应当将传唤的原因和依据告知被传唤人，并通知其家属。公安机关通知被传唤人家属适用本规定第五十五条第一款第五项的规定。	知情权
		第七十八条　询问违法嫌疑人时，应当听取违法嫌疑人的陈述和申辩。对违法嫌疑人的陈述和申辩，应当核查。	陈述权、申辩权

三、公安行政强制权与公民权的基本状况

（一）公安行政强制权立法状况梳理

通过上一部分对我国公安行政强制权的现行法律规范进行整理，可以看出我国当前对公安行政权的法律规范十分零散，公安机关行使其行政强制权也有许多表现形式，有盘问、强制隔离、约束、强制传唤、检查、检测等，涉及公民权利的方方面面，笔者将以表格的形式对公安行政强制权的立法状况进行整

理分析，具体如下：

所涉公民权利	公安行政强制行为	法律依据
公民人身权	当场盘问、继续盘问	《人民警察法》 《出境入境管理法》 《公安机关办理行政案件程序规定》
	责令社区戒毒、责令强制隔离、责令社区康复	《禁毒法》 《戒毒条例》
	约束	《治安管理处罚法》 《道路交通安全法》 《公安机关办理行政案件程序规定》
	遣送出境、限制出境、驱逐出境	《出境入境管理法》 《公安机关办理行政案件程序规定》
	命令解散、强行驱散、强行遣送、强行带离现场	《人民警察法》 《集会游行示威法》 《治安管理处罚法》
	强制传唤	《治安管理处罚法》
	检测、检验	《禁毒法》 《道路交通安全违法行为处理程序规定》
	检查	《人民警察法》 《公安机关办理行政案件程序规定》 《城市人民警察巡逻规定》
公民财产权	查封、临时查封	《消防法》 《烟花爆竹安全管理条例》 《易制毒化学品管理条例》 《消防监督检查规定》
	扣押	《治安管理处罚法》 《互联网上网服务营业场所管理条例》 《易制毒化学品管理条例》 《公安机关办理行政案件程序规定》

续表

所涉公民权利	公安行政强制行为	法律依据
公民财产权	检查、查验	《枪支管理法》 《公安机关办理行政案件程序规定》 《城市人民警察巡逻规定》
	收缴、追缴	《治安管理处罚法》 《道路交通安全法》 《枪支管理法》 《公安机关办理行政案件程序规定》 《道路交通安全违法行为处理程序规定》
	扣留机动车、机动车驾驶证	《道路交通安全法》 《道路交通安全违法行为处理程序规定》
	强制征用	《人民警察法》 《消防法》 《戒严法》 《城市人民警察巡逻规定》
	强制排除妨碍、消除隐患	《消防法》
其他	交通管制	《人民警察法》 《道路交通安全法》

（二）公安行政强制权运行中存在的问题

在我国，公安行政强制权的行使并不规范，存在诸多侵犯公民权的现象。笔者结合我国公安行政强制权运行中的理论及实践，从立法、执法、公民权利救济三个方面来探讨公安行政强制权运行过程中存在的问题。

1. 立法方面

（1）公安行政强制立法零散。公安行政强制立法零散，表现在有关公安行政强制的规定散布在大量的单行法律、法规、规章等法律规范性文件之中。我国目前虽已出台《行政强制法》，但并未就公安行政强制执法做出专门规定，对公安行政强制权的规范散见于多部法律、法规，属多头立法，这给执法活动带来了混乱，导致警察行政强制的泛滥与无序，甚至在适用上相互冲突，除了《行政强制法》《人民警察法》《治安管理处罚法》《道路交通安全法》《禁毒法》

《消防法》《集会游行示威法》《戒严法》《枪支管理法》《入境出境管理法》等法律作为公安行政强制的依据之外,《公安机关办理行政案件程序规定》《道路交通安全法实施条例》《道路交通安全违法行为处理程序规定》等法规和规章也对公安行政强制做出了具体规定,可谓数量庞大,规定分散。诚然,上述分散式的规范模式确实可迎合公安行政强制执法实践多领域、多样性的客观需要,但也不可避免地会出现相互交叉规定、内容矛盾冲突等问题。① 例如公安道路交通执法中,"对上道路行驶的机动车未悬挂机动车号牌,未放置检验合格标志、保险标志,或者未随车携带行驶证、驾驶证的"违法行为的处理,根据《道路交通安全法》第95条的规定,公安交通管理部门应当扣留机动车。而按照《道路交通安全违法行为处理程序规定》第25条的规定公安交通管理部门可以扣留车辆。《交通警察道路执勤执法工作规范》第51条又规定交通警察应当依法扣留车辆。由此可以分析得出:对上道路行驶的机动车未悬挂机动车号牌的交通违法行为,公安交通管理部门根据《道路交通安全法》和《交通警察道路执勤执法工作规范》的规定,"应当"实施扣留机动车的行政强制措施,如果不实施扣留机动车的行政强制措施就是不作为;而《道路交通安全违法行为处理程序规定》中规定,"可以"实施扣留车辆的行政强制措施,也就是说也可以不实施扣留车辆的行政强制措施。法条之间规定不一,给公安执法人员随意行使其行政强制权提供了条件,凸显了现行公安行政强制立法不健全、不完善的现状。

(2) 程序性制度不完善。现代法治社会,行政强制必须严格遵循正当程序。正当程序,即正当法律程序。程序在现代法治体系中并不是传统上所认识的只是实现某种实体目的的手段或者工具,程序本身具有独立的价值。程序是法律实施的保障,行政强制程序不但能保障行政强制目的的实现,提高办事效率,也是对行政相对人合法权益的保障。"行政强制权是服务于行政目标的,其本身是有恣意存在的,而程序是法治与恣意而治的分水岭,程序强调限制恣意和防止权力滥用,可以防止立法或者行政机关觊觎专擅,侵害民权的坚实堡垒。"②

行政强制权的实施程序缺乏法律规定,极有可能导致权力的滥用,特别是对拥有极大国家强制力的公安机关来说,公安行政强制权一旦失去约束,往往会给相对人的人身及财产造成严重的后果,严格遵循正当程序对于公安机关权

---

① 金怡. 公安行政强制措施法律适用探析 [J]. 云南警官学院学报,2012 (5):77.
② 谢芬. 论我国行政强制程序谦抑 [J]. 中南林业科技大学学报(社会科学版),2013 (04):79-84.

力的行使尤为重要,因此,必须对公安行政强制程序及实施具体步骤执行后有关事项做出明确规定。我国公安行政强制权行使的表现形式种类繁多,虽然有《行政强制法》对行政强制行为具体规定,但是并没有明确规定行政机关可以通过什么手段和方法去行使其行政强制权,权力实施的程度也都掌握在行政机关手中,行政相对人往往处于被动接受的地位,造成公安行政执法中侵权现象的发生。《公安机关办理行政案件程序规定》以部门规章形式对公安行政强制措施的程序做出规定,但因为法律位阶较低,对有些规定不一致的规范适用效力不够。到目前为止,我国现行法律规范对公安行政强制权的程序性规定多存在于部门规章中,如《道路交通违法行为处理程序规定》《交通违章处理程序规定》,并没有一部完整的行政程序法,对行政强制中的听证、陈述、申辩等方面也没有明确的规定,再加上有的公安执法人员在执法过程中缺乏程序意识,存在不按规定的程序办事、不告知相对人应有的陈述申辩等权利、不遵守法定期限等现象,阻碍了公安行政强制权的功能在实践中的运用。总而言之,公安行政强制权力行使的程序性制度仍有较大的不足之处,还有许多方面需要完善。

2. 执法方面

(1) 权力行使的自由裁量空间过大。公安机关作为国家执法机关,肩负着维护社会秩序,保护国家、集体和个人人身、财产安全的责任,在实践中常常需要处理突发性意外事件,因此,立法中常常赋予公安机关及人民警察较大的自由裁量权。但是,我国公安行政强制立法在赋予公安机关自由裁量权的同时,对自由裁量权行使的界限、范围和监督等的规定相对笼统,不够明确具体,致使在实践中警察机关滥用自由裁量权的现象时有发生。首先表现为公安执法人员超越法定权限行使其行政强制权。公安执法人员应在法定权限内行使公安行政强制权,但实践中有些行政机关由于自身强制力不够,总想借助公安机关的权力来压制相对人。因此,公安机关出于种种原因,经常参加非警务活动,对超出业务范围的相对人采取行政强制措施。如派出所应乡镇政府之邀,参与整治乱摆摊设点等非警务活动。公安机关事实上成为基层人民政府对相对人采取强制措施的依靠。其次表现为任意加强公安行政强制措施强度,如随意延长强制措施的期限、扩大对财产实施强制的范围。有的执法人员办"人情案""关系案",在执法中不遵守法律的规定,根据自己的主观需要随意裁量,对有的执法对象"网开一面",而对有的执法对象则从重处罚,造成区别执法、差别执法。

(2) 公安执法人员整体素质不高。现代法治社会的基本特征之一是重视对人的基本权利保障,社会主义法治建立在人民当家做主的基础上,理应更加重视对公民基本权利的保护。公安执法人员作为人民民主专政政权的捍卫者和人民群众利益的保障者,其工作宗旨毫无疑问在于维护群众合法权益,为群众服务。然而,受几千年来"官本位"的封建残余思想的影响,部分公安执法工作人员对自己的角色定位不准确,依法行政观念淡薄,习惯用行政手段或者强制命令的办法解决问题,倾向于服从领导的权威和意志,而不是服从法律精神、法治权威;部分民警法律素质不高,执法过程中重执法效率而轻执法效果,在这种思维的影响下,一些公安机关关注和追求查处了多少案件,打击了多少人,消除了多少治安隐患,片面追求工作人员的工作效率,对于公安执法人员是否享有执法权力、权力行使是否适当、执法程序是否符合法律法规的要求、执法后果是否合理、是否存在违法现象、是否侵害了相对人的合法权益等执法效果的问题却不予考虑。正是由于一些公安执法人员在认识上存在上述偏差,片面强调打击的力度,忽视或者无视在破案以及其他执法活动的过程中对公民权利的保障;还有部分公安行政执法人员思想道德素质低下,漠视对公民权益的保护,将自己手中掌握的权力高高凌驾在公民的合法权益之上;实践中还有部分公安行政执法人员玩忽职守、不履行法定义务导致公民权益严重受损的实践,引发了恶劣的社会影响。

3. 权利救济方面

(1) 公安执法人员违法责任追究机制不健全。责任追究机制的不健全也是公安行政强制权行使过程中的一个缺陷,我国关于行政事项的立法总是习惯于站在方便执法者的角度规定相对人的义务和执法者的权力,而对执法者法律责任的规定却近乎空缺,或是对责任与权力规定很是笼统,由于违法责任追究规定的短缺或笼统,使得公安执法人员对违法行为的不良后果难以准确预料,导致了对其行政强制权的约束不力,进而引发对公民权利的侵犯。我国目前虽然已经基本建立了公安行政复议、诉讼和赔偿等法律救济制度以及相关的责任追究制度,但是,公安行政救济制度落实情况却不尽如人意。一方面,公安执法机关对失误或故意犯错的公安执法人员宽容、保护,习惯于"大事化小、小事化了"或者不予追究或者通过调动工作岗位等方式代替责任追究。一些领导为了避免国家赔偿责任或是为了逃避其领导责任,也会竭力掩盖、包庇下属执法人员的错误。另一方面,即使追究责任,也往往是由公安机关承担,而事后的追偿制度难以落实,真正的责任人得不到应有的惩罚。此外,由于我国行政诉讼受案范围以及合法性审查原则的限制,公民对一些违法侵权的强制行为的救济途径少。总之,由于我国现有的责任追究机制不健全,公安执法人员违法承担的风险成本太小,难以对公安执法人员形成有效的威慑和规制。

(2) 法律救济制度不完善。古罗马法谚云,"有权利即有救济",政府为了维护社会与国家的正常秩序，必须要运用一定强制性手段来保障其行政目的的实现，公安行政强制执法行为就是典型的国家强制性手段，但是，任何权力都有被滥用的可能，为了防止公安行政强制权的滥用、保障相对人的合法权益，法律救济制度显得尤为重要。此外，鉴于公安行政强制权自身强制性、暴力性的特征及其价值取向，使得其极容易给行政相对人造成损害或其他不必要的损失，因此必须要赋予行政相对人完善的救济途径。2008年修订后的《国家赔偿法》的亮点之一就是删除了"违法"作为的行政行为作为国家赔偿的前提，改为只要行政机关的具体行政行为侵犯相对人的合法权益，造成损失的便可提起国家赔偿。至此，在行政复议、行政诉讼、行政赔偿的救济范围中都不仅包括违法或不当的强制措施，而且包括合法的强制措施。但是，目前我国尚未建立完整的行政赔偿制度：以精神损害赔偿为例，虽然修改后的《国家赔偿法》存在精神损害赔偿，但是没有明确规定赔偿标准或赔偿原则等具体问题。在当前立法中，我国的赔偿范围仅限于《国家赔偿法》中的规定，相对狭窄。除了行政复议、行政诉讼、国家赔偿外，公安信访工作也是救济途径之一，但是申诉和控告很多都是原公安机关自行处理的，易发生自我庇护。"法治不洁、不公，往往直接导致群体性事件发生。"[1] 据此，针对公安行政强制权救济制度的完善也是当前亟待解决的问题。

四、公安行政强制权与公民权关系的基本思考

（一）处理公安行政强制权与公民权关系的基本原则

公安行政强制权涉及当事人的重大权益，要有效控制公安行政强制权的设定和实施，应坚持以下法律原则。

1. 合法原则

合法原则既是行政法的基本原则，也应该是公安机关行使其行政强制权的基本原则。其要求公安执法人员行使其行政强制权必须遵守法律、法规规定的行政强制行为的权限、手段、方式和违法后果。这一原则包括三个方面的内容。其一是公安行政强制行为的做出必须有法律依据。只要法律不明文限制，公民就可以自由行使任何行为，对公民来说，无法律便可行为，而对公安机关则不同，它的行为必须有法律的依据，在没有法律规定时，公安机关无权像公民那样自由活动，因此对公安机关来说，无法律便无行政强制行为。其二是公安行政强制程序必须符合法律。合法原则不仅要求公安行政强制行为的存在必须有

---

[1] 陈晋胜. 群体性事件研究报告[M]. 北京：群众出版社，2004，79.

法律依据，并进而要求公安行政强制行为的实施必须根据法律，有法律依据便可以做出行政强制行为，但不等于做出的公安行政强制行为可以不受条件、程序和方式的限制，这就要求公安行政强制行为必须合法。其三是不能以行政处罚、行政处分代替公安行政强制措施。合法原则具有防止公安行政强制权的擅断和滥用，保障公民人权的机能。如果公安行政强制权的形式不受法律的约束，就极易被人恶意利用而异化为侵犯人权、破坏法治的工具。因此，为了兴公安行政强制权之利而除其之弊，就必须用法律约束和规范公安行政强制权以保护相对人的合法权益。

2. 比例原则

比例原则亦称为"过度禁止原则"，源自德国警察法上的一项重要原则。该原则作为法治国家原则中一个重要的内涵原则，是调和公私制益间冲突并达至符合实质正义理念的一种理性思考法则。[1] 公安机关在采取公安行政强制权时坚持比例原则具有重大意义。第一，比例原则能够保障公共权益与公民私人权益的平衡。在传统观点中，当公共权益与公民私人权益之间发生冲突时，公共权益一般占据了绝对的有限地位，即多数情况下，为保护公共权益而牺牲了公民私人权益，比例原则的运用则使得传统上公共权益绝对优先理论需要重新检讨，不能再出现牺牲公民基本权利来满足公共权益的需求，从而在公共权益与公民私人权益间建立平衡。第二，比例原则能够保障公安行政强制行为自由裁量的正确使用。公安行政强制的自由裁量是在法律准许的范围内，由公安民警对公安行政强制措施的行使进行选择决定的行为，自由选择权过于宽泛则会增加公民负担，造成侵犯公民权利。比例原则对公安行政强制的自由裁量权，要求有正当目的和最小损失，这为合理运用公安行政强制权提供了衡量的标准。第三，比例原则可以推动公安行政强制权的科学适当行使。选择适当的公安行政强制措施方式达到行政管理目的，就是对比例原则的借鉴，比例原则意味着要从适当角度出发严格遵循法定条件，不能不分状况用最为严厉的公安行政强制手段来维护公共秩序，尽可能采用温和的手段来避免造成重大损害。

3. 行政效率原则

行政效率原则要求行政主体在遵循法定程序的前提下，尽可能提高行政工作效率。行政效率原则可使公安行政强制权的行使最大限度减少对相对人的不利，更好地达到行政强制的预期目的。基于公安行政执法行为的目的之所在，

---

[1] 陈运生. 论比例原则在基本权利保障中的适用 [J]. 广州大学学报（社会科学版），2011（05）：19-24.

当行政强制行为引发公正与效率的冲突时，应当选择效率为行政强制行为的价值取向。但我们要避免在适用行政效率性原则时，损害相对人的程序权利。行政效率原则对公安行政强制权的形式提出了几方面的要求。第一，公安行政强制立法要制定科学管理程序，又要在执法程序中严谨高效。贯彻精简统一的精神，避免机构重叠和臃肿，行政立法上贯彻廉洁奉公，重视人员工作实绩，提高工作效率。科学的行政立法是公安行政强制措施执法效率的保障。在行政组织法上明确规定机构职能，避免人浮于事，避免在工作中相互扯皮、推诿。第二，加强行政决策、成本的效益。行政机关如企业一样，需要面对投入、产出比率，公安行政强制行为也需要尽可能以较少成本得到较多产出，提高行政效率。这要求公安机关在公安行政强制行为决定做出时，事先进行详细的周密的可行性研究，在多种可行方案中，选择行政效率最高的最佳决定。第三，遵守行政程序法规范。我国正在逐步完善程序制度，行政程序法是今后完善各种行政行为遵循的重点规范，在完善相关公安行政强制措施程序中，应全面考虑到行政效率，在程序的各个环节、步骤，通过严格遵守程序和时限规定，以提高公安行政执法的效率。①

4. 救济原则

无救济则无权利，有权利必有救济，这是救济原则的核心。公安行政强制权的行使必然会用到各种强制性的方法和手段，行使不当会侵害公民的人身、财产权利，因此必须要有完善的法律救济制度来保障公民的权利。健全而有效的救济制度，一方面使相对人权利获得制度支持；另一方面，权利救济制度也发挥着抵抗权与监督权的作用，对公安行政强制权进行着有效的抑制和监督。公安行政强制权的执行后果直接涉及相对人的人身、财产等权益，是以国家强制力为后盾的强制行为，其强制力是其他国家机关无法比拟的。在公安行政强制权的运行中，容易给公民、法人或其他组织造成损害，因此应当通过法律途径赋予相对人避免相关侵害，并且可以通过诉讼、复议等方式得到赔偿的救济途径。救济原则不但是完善法制的标志，也是保证行政机关及相关执法人员公正执法的法律支撑。公安行政强制权的规范化必然要伴随着救济制度的发展和完善，而加强对权利的救济是公安机关依法行使其行政强制权的根本保障。目前，公安行政强制权行使的救济渠道、方法等立法规定尚有待完善，救济原则在立法中的明确性，才能使公安行政强制措施规范化、系统化，更好保护相对人合法权益。同时，加快救济途径、方法等方面的立法，从主体、程序、法律责任、

---

① 参见黄立强. 论行政法的效率原则 [J]. 法制与社会，2013（35）：27-28.

法律救济等方面给予全面规范，使公安机关做到有法可依，确保公安行政强制权的规范化、法治化运行。

（二）平衡公安行政强制权与公民权的必要性

平衡公安行政强制权与公民权对我国法治社会的实现起着关键作用，其必要性是毋庸置疑的，具体体现在如下几方面。

1. 有利于防止公权力的滥用

公安行政强制权作为一种公共权力，其运用过程中除了需要遵循合法原则、比例原则、行政效率原则等基本原则外，还须在我国现行法律规范的框架内运行。立法滞后于社会实践，为了确保法律的稳定性及权威性，法律规定往往不会过于具体，因而具有一定的模糊性，在这一前提下，为了避免由于法律模糊造成执法者自由裁量权过度，从而导致权力的滥用，对公权力进行适当的限制已成为必然。我国立法对公安行政强制权的限制已有相对明确的规定，最主要的便是《公安机关办理行政案件程序规定》，通过规范公安机关办理行政案件的程序性事项来约束公安行政强制权，避免公安行政强制权的滥用，《公安机关办理行政案件程序规定》经过修订，更加完善具体，对公安机关公正执法，保障公民、法人的合法权益发挥着重要的作用。公安机关若能在其行政执法的各个环节都严格遵照法律法规，坚持行政执法中的实体公正和程序公正，能够有效防止公权力的滥用，也是对公民私权利充分尊重的体现。

2. 有利于保护公民权利

公安行政强制权作为公权力的一部分，不可避免地会对公民私权利造成干预和影响，甚至侵犯公民权利，必须要明确的一点是，公安机关在维护社会秩序与安全时不能以牺牲部分公民的合法权益为代价。如果私权空间发生了违法犯罪行为，公权力在介入时，必须遵循严格的程序。公安机关以保护人民群众利益为使命。试想如果在执法者行使国家权力时，并没有积极履行自己职责，反而滥用权力，损害人民利益，人民群众不仅受到违法者的侵害，反而受到执法者的伤害，人民受到双重夹击，生存处境面临困难，这极易造成社会关系紧张。现实中一些群体事件的发生往往是群众受到不法之徒的侵害，但公安执法人员介入造成了新矛盾的激化。公共领域是公权力控制支配的空间，公权力在介入私权利前应采取严格的法律程序，若能确保公安行政强制权运行的规范化，在现实生活中避免警察权力侵犯公民的合法权益，发挥公安行政强制权保障公民权利的积极作用，那么很大程度上能够化解社会矛盾，而且会对社会治安起到推动作用。

3. 有利于构建和谐的警民关系

公安行政强制权的行使关系到公安队伍的整体形象以及政府的权威，一定程度上还关乎社会稳定。在公安行政强制执法中发生的种种侵犯人权现象，如不通过合理途径给予解决，必然会引发人民群众对公安机关的信任危机。执法者对法律信仰是建设法治社会的前提，但执法过程中有些公安执法人员出现的权力滥用现象，违背了法治社会对执法者的基本要求，损害了公安机关执法者的形象。例如，公安执法人员对不属于卖淫嫖娼行为的同居行为也当作违法行为处理，或违法扣押善意第三人的合法财务等行为，会使得人民公安行政强制权行使的信任度降低。现实中某些公安执法人员在执法过程中侵犯漠视公民合法权益，导致警民关系紧张，在社会上造成恶劣影响，恶化公安行政执法环境等现象，必须采取一定的措施来解决。规范控制公安行政强制权，通过每一次合法合理的行政强制执法活动，在人民群众中重新树立公安机关良好的执法形象，加强对公安行政强制权的控制，切实解决公安行政强制执法活动中存在的问题，能够使人民群众真正体会到民警执法的公平性、公正性，对执法工作、执法机构更加信任，更加配合执法工作，进而促进警民关系的和谐发展。

（三）平衡公安行政强制权与公民权的具体措施

笔者认为，要规范和控制公安行政强制权，平衡公安行政强制权与公民权的关系，应从立法、执法、公民权利救济等方面着手，为此，笔者就平衡公安行政强制权与公民权的具体措施提出如下几点看法。

1. 建立健全公安行政强制立法

在《行政强制法》颁布施行之后，针对公安行政强制法律规范仍然存在着相对零散的问题，健全和完善公安行政强制立法无疑成为当前促进公安行政强制权法治化运行的首要举措。加强公安行政强制的立法工作可以从如下两个方面来推进。第一步，也是当务之急，应及时清理涉及公安行政强制的大量法律规范性文件，应遵循法律保留原则、法律优位原则、适当原则等现代行政法治基本原则，对公安行政强制的设定和实施进行严格规范，凡是与《行政强制法》的要求相违背或有欠缺的规定，都应及时地进行废止或者修改。这是从源头上治理"乱设"公安行政强制的基本对策，也是防止"滥用"公安行政强制权的根本举措。此外，针对公安行政强制措施名称多而乱的问题，可通过确定统一的命名标准，使公安行政强制措施的名称在使用上统一和规范。及时清理公安行政强制的法律规范性文件，可以有效避免执法实践中在适用法律上出现的诸多法律规范冲突问题，有助于公安机关人民警察在行政执法过程中合法、规范、高效地行使行政强制权。第二步，尽快出台专门规范公安行政强制的单行法律。

首先，制定专门规范公安行政强制的单行法律，有利于切实解决由于公安行政强制法律规范数量庞大、规定相对分散所导致的诸多法律规范之间的矛盾冲突问题，可有效地消除公安执法人员在法律适用上的困惑。其次，《行政强制法》虽然是规范公安行政强制权的重要法律依据，但它对公安行政强制的可适用性有限。《行政强制法》作为一部规范政府部门等各类行政机关行为的共同适用的法律，它调整的行政主体只能是一般意义上的行政机关，而不可能是特定的行政机关即公安机关。《行政强制法》之于公安行政强制法，只能是一般法与特别法、母法与子法的关系。随着公共行政的精细化发展，公安行政强制领域的专业性、庞杂性日益增强，《行政强制法》根本不可能解决该领域的全部问题，因而有必要制定专门的单行法律对公安行政强制权进行更具体、更细致的规制与调整。[①]

2. 完善公安行政强制权运行的程序制度

当前我国并没有一部完整的行政程序法，更没有一部针对公安机关的行政程序法律，因而目前我国公安机关行使其行政强制权的主要依据是《公安机关办理程序案件程序规定》以及其他行政法规、规章等，对公安行政强制权行使的程序性制度还有很大的不足，单有行政强制程序基本程序规定还是不够的，还需要对公安机关的具体行政强制行为加以制度约束。笔者认为，应主要从以下几方面着手。一、告知制度。告知既是行政机关的程序义务，又是相对人的程序权利，是指行政机关应随时告知参与人的程序性权利及有关规定，以确保参与人及时修正错误，正确参与行政程序。[②] 公安执法人员在实施行政强制措施时履行告知义务，是保证相对人实现权利的途径，若是因为没能及时告知而影响相对人权利实现的，应主动消除影响，赔偿损失。除告知相对人应履行怎样的义务、履行义务的方式外，还应告知相对人寻求救济的途径，保障相对人的陈述权与申辩权。二、说明理由制度。说明理由制度要求行政主体在做出行政决定时要说明决定的理由，并对相对人提出的抗辩情况做出说明。公安机关不能以行政强制措施的强制性否定执行中的说明理由制度，公安机关需要在行政强制措施的各个阶段都贯彻说明理由制度，即使是即时强制，也应尽量说明理由，以减少相对人因为行政强制产生不满和反抗情绪。在公安行政强制执法行为中，公安执法人员代表国家，具有公权力身份，会给相对人带来压迫感，

[①] 袁周斌. 公安行政强制的法治化：现状、困境与出路 [J]. 湖北警官学院学报，2014 (04)：77–81

[②] 应松年. 比较行政程序法 [M]. 北京：中国法制出版社，1999：324.

因此，在公安行政强制执法活动中，公安执法人员说明理由的耐心、细心将会减轻相对人的抵触情绪，更利于其执法活动的开展。尤其在拒绝相对人请求时，更要说明拒绝的理由。三、警务公开制度。公安机关在行使其行政强制权时，除涉及国家秘密、个人隐私等法律明文规定的，应对社会、相对人公布其工作资讯，这是公民知情权在行政过程的本质要求，也是公民参与行政过程中的信息保证。在公安行政强制执行中，应提前向相对人公开执行时间、地点、标的及金额、执行人员，在具体执行中应告知当事人及代理人执行情况，并告知其诉权。

3. 规范控制公安行政强制权的自由裁量空间

《行政强制法》第五条规定："行政强制的设定和实施，应当适当。采用非强制手段可以达到行政管理目的的，不得设定和实施行政强制。"这一规定涉及公安行政强制权在行政执法中的自由裁量问题。要解决实践中存在的公安行政强制权自由裁量空间大的问题，首先，从立法层面强化自由裁量权的控制才能从源头上防止自由裁量权被滥用，行政法规、规章等在对公安行政强制权的形式做相关规定时，应当在法定的自由裁量权范围内，将公安行政强制执法行为在内容上具体化，在实施上细致化，而不能对法律已经规定的行政强制措施的指向、适用条件以及实施方式做出随意变更或扩大补充。在具体立法中，应设定明确、适当的权力。授权不应超过应有的幅度，同时应根据公安机关行政强制执法行为的特性和实际，明确强制权力的真正归属，如某项权力每个机关都可以使用，其实质则是造成了自由裁量的无限空间。其次，通过完善的内部制约监督体系来实现对公安行政强制自由裁量空间的控制，依据公安机关现有管理体制和权力运行机制，逐步建立制约和监督相结合的"制度笼子"。要在公安机关内部就所有自由裁量权的行使建立"决策、执行、监督"相互制约的权力运行机制，对于自由裁量权决策的做出要有相应规定，集体和部门行为要依据民主决策机制，公安行政执法中的决策要建立相应备案和责任倒查机制，避免其乱用自由裁量权。再次，权力只要是公开透明就有利于监督，就能够防止其滥用，要制约和监督公安机关的自由裁量权，还应当坚持公开原则，推动建立警务公开和反馈制度的落实，通过社会和公众的外部监督，提高自由裁量权行使的规范性。依法公开自由裁量权的权限、流程、主体，也是行政公开的基本原则，公安机关作为国家与政府重要的行政机关，理应遵循行政公开的原则，此外，还可以通过司法审查来实现对公安行政强制执法活动中自由裁量的控制，从是否符合法律目的、是否正确理解法律原意、是否基于正当目的等方面来确定公安行政自由裁量是适当、合理而非滥用，以此来规范和控制公安行政强权的自由裁量空间。①

4. 加强公安行政执法队伍建设

要实现公安行政强制权与公民权的平衡,公安机关及其人民警察的执法水平必须相应提高,这就要求加强公安行政执法规范化建设。随着我国社会主义民主法治建设的不断深入,人民群众的法律意识、权利意识日益增强,舆论监督、社会监督力度进一步加大,对公安机关的执法活动提出了新的更高的要求。各级公安机关只有积极适应执法环境的深刻变化,着力提高广大公安行政执法人员的执法素养和执法水平,公安行政强制权的法制化建设才能扎实推进。其一是要树立新的执法理念,坚持执法为民。执法为民就是要求公安执法人员摆正自己的位置,端正执法思想,切实做到严格、公正、文明执法,切实做到为人民服务,抛弃"重权力、轻权利""重人治、轻法治""重惩治、轻德治""重管民、轻律己""重打击、轻保护"等落后的、不合时宜的、模糊的甚至是错误的执法观念,树立正确的执法理念。其二是要破除特权思想,树立法治观念。要坚持自觉守法,因为守法是公民的基本行为规范。普通公民要守法,作为执法者的公安执法人员更要守法,任何时候、任何执法人员均不得凌驾于法律之上,不得游离于法律之外。在由人治向法治转型的今天,公安行政执法队伍要自觉地破除特权思想,树立法治观念,牢固树立正确的权力观念。尤其是在涉及并影响到公民的基本权利和人身自由,涉及人民群众的政治生活、经济生活、文化生活等方方面面的公安行政强制权的运行上。其三是要强化执法规范管理,提高执法规范化水平。公安行政执法要规范,就要遵循规矩。没有规范,没有章法,执法失误和过错就难免发生。一方面,要规范执法主体。首先要解决公安执法人员的执法资格认证,然后对公安执法岗位的人员要加以区别,同时要做好没有执法资格人员的清理工作,确保执法主体的合法性。另一方面,要规范执法行为,在明确执法权限、明确操作规程、明确执法责任上下功夫,严格执行各项执法制度,严禁超越法律、法规授权的规定行使职权,促进公安队伍整体执法水平的提高。

5. 建立健全公安执法人员违法责任追究机制

在我国,公安机关及其人民警察在行政执法中,由于主观故意或过失使自身行为违反了法律、法规和规章的决定,导致认定事实错误、适用法律不当或违反法定程序,从而使警察违法行政或显失公正,并造成了严重后果时,应当

---

① 严茂丰,范晓东. 论对公安行政自由裁量权的控制[J]. 公安研究,2004(04):85-90.

承担责任。一般而言，对于公安行政执法人员具有下列行为应当承担执法过错责任：第一，不履行法定职责的失职行为；第二，无法定依据或者超过法定种类、幅度实施行政处罚行为；第三，违反法定程序规定实施行政处罚行为；第四，违反法律、法规、规章规定实施行政强制措施行为；第五，对罚没款物违法予以处理的行为；第六，利用职务之便，索取或者收受他人财物，情节轻微的行为；第七，依照法律、法规和规章规定承担行政执法过错责任的其他行为。

公安执法人员违法责任追究机制的内在根据和基本前提是责任行政。从理论上看，随着人类社会的发展，生产力的进步使社会日益强大起来，国家与社会的关系将发生重大改变，在国家与社会的力量对比中，重心将会逐渐向社会倾斜。特别是在社会主义条件下，建立了人民当家做主的国家制度，广大劳动人民既是社会的主体，又是国家权力的主体。因此，社会主义国家政府的行政模式应该发生重大的变化，它必然要形成"责任行政"的范式。责任行政体现在公安行政强制权的运行中，其基本目标是实现公安行政强制权运行中的有责任状态，体现的是有行政就有责任的理念，要求公安执法人员拥有权力的同时也要承担相应的责任，但公安执法人员的权责统一首先要实现在立法过程中，即责任法定，而责任法定的落实取决于立法对执法责任行为、责任承担形式、追究主体和追究程序的明确规定，因此，还需以法律、法规的形式建立健全公安执法人员违法责任追究机制。"从实践中总结、在理论上升华，方能找出建立健全公安执法人员违法责任追究机制"①。

6. 完善公安行政强制的法律救济制度

公安行政强制权就像一把"双刃剑"，它对维护国家安全、社会公共秩序、公民的生命健康权、人身自由权、财产权等无疑起着十分重要的作用。但如果强大的公安警察行政权力失去法治的驾驭将会成为一匹脱缰的野马肆意践踏公民的民主、自由和权利。我国也先后制定了《行政诉讼法》《国家赔偿法》《行政复议法》等法律，创设了司法救济、国家赔偿、行政救济和信访救济等救济形式。但是我国推行行政法治的时间较晚，加之我国缺乏法治的传统，因此，各种救济途径虽然有，却不够完备，从实际运行的效果看也不尽如人意。因而应在规范警察行政强制措施这样一种易侵犯相对人权益的行政行为的法律制度中，尽快建立起一套完备的救济体系并落实到实践中。笔者认为，应从这些方面进行完善。一、申诉和控告。申诉和控告是公安机关自我纠错的一种方式，我国对公安行政违法失职的控告申诉通常是由公安机关的信访部门来处理，因

---

① 孙彦利. 论警察权运行中的公民权利保障 [D]. 哈尔滨：黑龙江大学，2007.

此应进一步保障信访制度的独立性,要在公安机关内建设相对超脱、独立的信访机构,进一步增加对申诉控告工作的制度保障。真正做到公正、公平、公开、高效、便民,以严格控制公安行政强制权的非法行使,防止矛盾的激化。二、行政复议和行政诉讼。根据《行政复议法》和《行政诉讼法》的相关规定,公民对公安机关采取的限制人身自由或查封、扣押、冻结财产的强制措施不服的,可以提起行政复议或诉讼。通过司法审查对公安行政强制权的行使进行评判,强化司法程序对公安行政强制权的监督作用,有效地利用司法资源,进一步保障公民合法权利,还应进一步明确哪些公安行政强制措施可以申请行政复议和行政诉讼,并完善《行政复议法》和《行政诉讼法》的有关内容。三、国家赔偿。公安行政强制执法行为造成公民权益损失的,可以要求国家赔偿。如果实施行政强制措施的公安机关拒绝承认其行为违法,当事人可以通过复议或诉讼确认该措施违法,之后再要求国家赔偿,或者在提出确认违法的复议或诉讼的同时,要求国家赔偿。国家赔偿这一救济途径最需要完善的地方便是制度的落实,要加强公安行政强权运行的理论研究,特别是要确立科学、合理的赔偿标准、方式和计算方式等,从而限制和规范行政权力的行使,保护公民、法人和其他组织的合法权益。四、国家补偿。对于合法实施的公安行政强制行为造成相对人损失,如果属于社会义务范围,那么相对人有忍受的义务。但是,如果超出了正常的合理的社会义务范围,变成是一种特别的牺牲或特别损失,那么国家就应该给予适当的补偿。

  公安行政强制权是一把双刃剑,把握得好,它便能实现公安执法机关的行政管理目标和整个社会的安定团结,但是,如果权力滥用过度,就会让此项措施变成一把无情的利剑,给相对人的合法权益造成莫大的危害和打击。所以,要合理地使用好这把双刃剑,我们就必须尊重和保障公民的权利,实现公权力与私权利的平衡,这是依法治国的必然趋势,也是整个社会不断发展和进步的源泉和保证。本章以公安行政强制权和公民权的基本理论导向,通过对规范我国公安行政强制权的现行法律、法规进行归纳总结,结合公安行政强制权行使的现实问题,从立法层面、执法层面、权利救济层面深入分析我国公安行政强制权运行中存在的问题,并提出相应的对策,以期对维护社会公共安全、保障行政相对人合法权益有所裨益。

第五章　公安刑事侦查权与公民权关系

一、公安刑事侦查权与公民权的基本理论

刑事侦查中的警察权力主要表现为刑事侦查权。刑事侦查权是指国家侦查机关以及侦查人员为实现侦查目的,依法定程序,运用特定侦查手段开展侦查活动的权力。为了保护公民的人身、财产权利以及其他正当权利不受非法侵犯,保障国家侦查权的统一行使,有效地同犯罪行为做斗争,我国刑事诉讼法和有关法律对行使侦查权的机关及其职权做了明确规定。《刑事诉讼法》第三条规定,公安机关负责"对刑事案件的侦查、拘留、执行逮捕、预审";人民检察院负责"对直接受理的案件的侦查"。由此可见,我国的刑事侦查权主要是由公安机关来行使。

（一）公安刑事侦查权

公安刑事侦查权包括很多方面的内容,但是任何一个名词都与概念、性质、特征三方面的基本理论紧密相连,因此,笔者选择此三部分也是让读者从根本上了解该权力。

1. 概念

公安刑事侦查权,是指公安机关在办理刑事案件过程中,为查明案件事实、查获犯罪人而依法进行的专门调查工作和采取相关强制措施的权力。① 侦查主要包括两方面的内容:一是针对刑事案件采取的专门调查工作,也就是《刑事诉讼法》规定的具体的侦查措施和行为,如讯问犯罪嫌疑人、被告人,询问证人,勘验、检查等;二是针对犯罪嫌疑人、被告人采取的有关强制措施,也就是《刑事诉讼法》明确规定的五项强制措施。②

2. 性质

公安刑事侦查权是国家行政职权的一种,其法律性质是行政的,刑事侦查

---

① 邹岗. 刑事侦查中警察权力行使与民法适用[J]. 湖北警官学院学报,2014（6）：17.
② 宋婷婷. 侦查权新论——以刑事诉讼法再修改为视角[D]. 合肥：安徽大学,2013.

中采取的强制措施也是行政职权行为，是行政行为的一种特殊形式。

其一，侦查的目的。众所周知，司法权往往表现为以居中解决纠纷为目的。而侦查权就不同了，侦查权的目的更倾向于对犯罪证据的调查和收集以及对犯罪嫌疑人的查获。

其二，侦查的规范形式。通过对法律条文的研读，可以看出法律关于侦查程序的规定一般属于限权法，只是为侦查人员的具体侦查措施设定一个范围。之所以这样规定其实是有一定道理的，是因为侦查权本身具有积极主动的特征，侦查机关若要完成侦查任务，单单依据法律明文规定的程序进行则是远远不够的。由此可以看出，法律赋予了侦查机关很大的自由裁量空间，相关的法律规定只是设定了一条禁越之轨。然而，法律对于"司法"的程序的规定却是确定的，基本上不存在自由裁量的余地，这与司法的严肃性和严格性密不可分。

其三，侦查权的运行方式。侦查权的运行特点主要表现在国家权力的主动性和单方性，侦查机关往往自己单方主动展开调查，调查结束后再自己对调查结论进行研讨。这显然与司法权的运行方式有很大的区别，司法权的运行方式往往表现在遵循自己提出的诉求，进而等待裁判者决断，这其中就存在制约，存在一个中立的裁判者，不是自己一方能够单方面决定的。

其四，相对人的地位。侦查权指向的对象为犯罪嫌疑人，除了那些被采取强制措施的人以外，他们均属于自由的公民，此时还不具有诉讼主体的资格。由此我们可以了解到在侦查程序中犯罪嫌疑人实际上是处于一个行政行为相对人的地位。鉴于侦查权属于国家权力，是以实现一定的国家职能为目的，我们不难发现在侦查过程中侦查机关和犯罪嫌疑人的关系表现为上下位的管理关系，侦查机关的优势地位是不言而喻的。而在司法权中，对立双方的关系是平等的，不存在上下位的管理关系。

其五，侦查的标的。侦查的职能仅仅是收集证据以及查找犯罪嫌疑人，并不能解决事端。侦查权所指向的是一种行政调查手段，而诉讼的标的就不同了，其标的为当事人的刑事责任问题。

其六，侦查权运用的手段。侦查权为了更好地实现查明犯罪事实真相的目的，同时也基于保护犯罪嫌疑人权益的考虑，在运用手段上具有隐蔽高效的特征。而司法在进行的过程中则具有公开透明性，这是由司法本身的性质和职能所决定的。

通过以上分析可以看出，侦查权具有行政权所具有的主动性、职能性等特征，与司法权具有被动性、中立性、公正公开性完全不同，侦查权与司法权有着本质的区别,应归属于行政权。[1]

3. 特征

特征是指事物可供识别的特殊的征象或标志,具有唯一性和排他性。

一是侦查权是国家公权力,有中国宪法和专门法的明确授权;

二是侦查权的目的是查明案件真相,侦查的本义就是以公权力诘问真事实,拣选犯罪嫌疑人,为刑罚权的正确运用打好事实基础;

三是侦查是依法进行的行为,必须在法律所规定的范围内行使,不得超越法律的规定和授权;

四是侦查权行使的主体是侦查机关,本书指公安机关。

(二) 公民权

本章是在公安刑事侦查权视域下描述公民权。

1. 人身权

又称非财产权利,是指不直接具有财产的内容,与主体人身不可分离的权利,是一种绝对权。人身权可分为人格权和身份权,其具有以下法律特征。(1) 人身权是民事主体固有的民事权利,即从公民出生时起,甚至其死亡,自始至终享有人身权。(2) 人身仅是没有直接财产内容的民事权利。人身权的客体,是在人格关系和身份关系上所体现的与公民不可分离的利益。(3) 人身权是公民的必备权利。人身权不能离开主体而存在,同样,主体更不能离开人身权而存在。

本章探讨的人身权是在刑事侦查过程中主要涉及的公民的平等权、自由权、生命健康权、住宅不受侵犯权以及人格尊严权等。

2. 财产权

公民的财产权是指公民所享有的具有经济利益的权利。公民的合法财产受法律保护,禁止任何组织或个人侵占、哄抢、破坏或者非法查封、扣押、冻结、没收。财产权的特点有:(1) 财产权的主体限于现实地享有或可以取得财产的人;(2) 财产权除极少的例外情形以外都是具有财产价值的,这种经济价值又是可以金钱计算的;(3) 财产权原则上都是可以处分的,不具有专属性。

本章探讨的财产权是在刑事侦查过程中主要涉及的公民的财产性权利,例如有些案件中当事人需交纳保证金,有些需要查封、扣押、冻结当事人财物的等,都涉及公民的财产权。

3. 诉讼权

诉讼权是指公民为解决争议进行诉讼活动,要求国家司法机关予以保护和

---

[1] 王芳. 侦查监督制度研究 [D]. 济南:山东大学,2012.

救济的权利。包括三方面：一是公民享有以诉讼方式解决自己与他人、社会组织及国家之间的利益冲突，维护自身合法利益的权利；二是公民在诉讼活动中享有与程序相关的各种权利；三是公民享有其诉讼行为受司法机关平等对待的权利。根据我国刑事诉讼法的规定及有关立法精神，对犯罪嫌疑人在侦查中享有的诉讼权利做了以下归纳：(1) 为自己辩护的权利；(2) 有聘请律师为其提供法律咨询的权利；(3) 有拒绝回答与本案无关问题的权利；(4) 有要求侦查人员回避的权利；(5) 有辨认物证，知道用作证据的鉴定结论和申请补充鉴定或者申请重新鉴定的权利；(6) 对侦查人员在讯问过程中侵犯他的诉讼权利或者进行人身侮辱的行为，有提出控告的权利；(7) 被羁押的犯罪嫌疑人有申请取保候审的权利；(8) 有核对讯问笔录权。

（三）公安刑事侦查权与公民权的基本关系

在法治国家中，公安刑事侦查权与公民权是一对相互矛盾的对立统一体，两者既互相依存，又彼此消长。公安刑事侦查权是国家行政权的重要组成部分，既可能在民主与法治的结构中良性运行，也可能超越民主和法治的结构而胡作非为。在国家的公权力中，侦查权处于与公民权冲突的前沿，一定限度内的侦查权是为保障公民权必需的，而超出这种限度的侦查权，则有侵夺公民权之虞，会构成对公民权最深刻、最隐蔽、最强大的威胁。侦查权与公民权就在这种互动关系中寻求最佳平衡点。

1. 公安刑事侦查权与公民权相统一

从侦查权的来源上看，侦查权主要来自公民对权利的转让。启蒙运动时期的法国哲学家们普遍认为，在人类还没有成立国家和社会之前，曾经存在着一种人们完全平等自由的"自然状态"。在自然状态中人们享受着各种自然权利，但这种享有是很不稳定的，有不断受别人侵犯的威胁，人们为了使自己的生命、自由、财产得到必要的保障，于是交出部分权利并缔结契约，交出的这一份份权利总合起来就形成了国家权力。由此可以认为侦查权从根本上来自公民权利的转让。在现代民主制度下，民主意味着权力属于人民，而人民作为一个集合体在国家生活中是不可能直接行使权力的，人民只能通过选举代表参与公共管理，并通过特定的民主程序将自己的某些权力委托给依法成立的国家机关。由公民权利转让而形成的公共权力被委托给公安机关及警察人员行使的那一部分便是警察权。

从侦查权行使的目的上看，公安机关的人民警察代表国家行使刑事侦查权，其目的之一就是要保护每一个公民生命财产的安全以及其他合法权益。当公民的生命财产以及其他合法权益受到威胁和侵犯时，公安通过行使权力对实施侵犯行为的个人或集团予以坚决地制止和打击，从而维护公民的权益。同时为了更好地保护公民的合法权益，公安机关还要做好危害公共安全和个人权益行为的预防工作。可以说，预防和减少违法犯罪，是我国公安机关当前工作的重心，预防工作做好了，公民的权益就更有保障。因而，公民权要能真正得以享受和实现，就需要公安权力的有效行使，公安权力的行使越有效，公民权的保障就越充分。

2. 公安刑事侦查权与公民权相冲突

侦查行为是国家行使公权力的重要方式，恰当使用能保卫社会安全和保障公民权利。但是，如果使用不当，它们又极易导致国家权力的滥用。特别是刑事强制措施的不当使用，会严重威胁公民的生命、健康、自由等权利。在社会发展的任一横切面上，国家权力与公民权利的总量之和是一个恒定的量。国家权力的膨胀，必然意味着公民权利的萎缩；公民权利的增长，必须意味着公权力的萎缩。因此，侦查权力与公民权利在一定条件下成反比例关系，即侦查权的扩大意味着公民权的缩小。

二、公安刑事侦查权与公民权的基本规范

目前，我国法律层面上针对刑事侦查权的相关规定很少，有关公安刑事侦查权视域下的公民权保护的规定也很少。笔者现找出有关条文予以梳理。①

	基本规范	类型	具体条文
公安刑事侦查权的基本规范	刑法	法律	第 232—276 条
	刑事诉讼法	法律	第 113、114、116—118、121、122、126—134、139—142、144、145、148—158 条
	人民警察法	法律	第 6、8、9、12、13、16、17、22 条
	中华人民共和国人民武装警察法	法律	第 10、11、12、18 条
	中华人民共和国反恐怖主义法	法律	第 49—54 条
	禁毒法	法律	第 23、26、32、33、41、42 条
	公安机关组织管理条例	行政法规	第 1—40 条

---

① 具体条文参见中华人民共和国公安部门户网站，http://www.mps.gov.cn/n2254314/n2254409/n4904353/index.html。

续表

公安刑事侦查权的基本规范	公安机关办理刑事案件程序规定	部门规章	第187—190、192—195、197、198、203—211、213—219、222—227、230—236、239—246、249—286条
	公安机关督查条例	部门规章	第1—17条
	公安机关适用继续盘问规定	部门规章	第1—40条
	公安机关警务督察队工作规定	部门规章	第1—16条
	食品药品行政执法与刑事司法衔接工作办法	部门规章	第18—25、27、28条
	公安机关人民警察纪律条令	部门规章	第1—29条
	公路巡逻民警队警务工作规范	部门规章	第29、30、31条
公安刑事侦查权视域下的公民权的基本规范	宪法	宪法	第37、38、39、40条
	中华人民共和国民法通则	法律	第75、98、101条
	刑事诉讼法	法律	第115、119、120、123、136、137、143、146、159、161条
	人民警察法	法律	第21、46条
	禁毒法	法律	第40条
	公安机关办理刑事案件程序规定	部门规章	第191、196、199、201、202、212、220、221、228、229、237、238、247条
	公安机关适用继续盘问规定	部门规章	第9、10、12—25、34、40条

三、公安刑事侦查权与公民权的基本状况

（一）公安刑事侦查权与公民权的基本现状

1. 罪与非罪

我国公安机关是具有武装性质的刑事司法力量和国家治安行政力量，它具有双重职能，即刑事司法职能和治安行政管理职能。① 我国公安机关的警察权是刑事侦查权和治安管理权相混合的结构。两权混用容易成为滥用权力、粗放执法的条件，导致侵犯人权现象发生在这样的权力支配下。警察执法中将行政管理对象作为刑事执法对象，运用刑事侦查权进行治安行政管理，由于刑事侦查权的特殊强制力，治安行政管理的对象权益往往容易受到侵犯。那么，这样的权力结构就显示出一个问题：案件事实发生后，什么情况下公安机关使用治安管理权，什么情况下使用刑事侦查权？

公安机关的治安管理权与刑事侦查权在法律依据、性质、程序等方面具有明显区别。其一，所依照的法律不同。治安管理权的行使主要依照《治安管理处罚法》，而侦查权的行使依照的是《刑事诉讼法》，所依照的法律的性质具有本质区别。其二，行政处罚与刑事强制措施在本质上具有差异。以行政拘留和刑事拘留为例，行政拘留是治安管理权中的一种行政处罚权，对行政相对人的违法行为以行政处罚为最终结果；而刑事拘留是侦查权行使的重要方式之一，拘留对象是现行犯和重大嫌疑分子，对拘留的犯罪嫌疑人进行讯问后发现不应当拘留的应当立即释放，因此刑事拘留是一种控制犯罪嫌疑人人身自由的临时性刑事强制措施，既不属于处罚，也并非为刑事案件的最终结果。其三，治安管理权所应对的治安案件与侦查权所应对的刑事案件具有实施程序方面的本质不同。治安案件以受案为起点、以行政处罚为终结点，表现为公安机关行使治安管理权以及治安管理处罚权对治安案件的独立管辖与处理；而刑事案件以侦查机关的立案为起点，对确有犯罪事实的，以人民法院的最终审判为终结点并执行刑罚处罚，需经由侦查、审查起诉、审判等多个刑事诉讼环节才能够执行刑罚。

2. 此罪与彼罪

（1）侵犯人身类刑事案件

a. 杀人等侵害生命类的案件。生存权是公民的首要人权，生命、身体健康

---

① 刘冰.刑事侦查权与治安管理权分离刍议［J］.政法学刊，2003（2）：66.

也因此被认定为个人法益中最重要的部分。杀人罪是一种古老的自然犯罪，其典型特征是非法剥夺他人的首要、绝对权利——生命权，侵害他人生命权益。因此无论古今中外，立法者都将其作为最严重的犯罪规定在刑法典之中，并配以最严厉的法定刑。从法律条文上看，我国现行刑法关于侵害生命的杀人罪的立法分为三类：第一类是故意杀人罪和过失杀人罪；第二类是转化型的杀人罪；第三类是散见于整个分则条文作为结果加重情节而规定的包含"致人死亡"的条文。

对于侵犯生命类的案件，公安机关在侦查时更应该严格按照程序流程，不得追求破案率而违反规定办案。第一，现场勘验时，按公安部有关命案现场勘查的有关规定，杀死一人的案件县级刑事技术室主任应到现场指挥勘验，杀死两人以上或分尸的案件，市级刑科所所长应到场指挥勘验。第二，现场勘查笔录的制作要规范，格式统一，内容完整，笔录、现场绘图和现场照片反映内容要一致。第三，调取证据时，调查取证要办理相关的法律手续，实施传唤、搜查、检查、辨认、鉴定等侦查行为时，要事先制作报告书，依法报领导审批。第四，讯问和询问中，在进行第一次讯（询）问的开始阶段，必须告知被讯（询）问人享有的权利和应承担的义务。讯问、询问的程序要合法。例如，第一次讯问要有传唤通知书、拘传证、拘留证等法律手续；通知被害人或证人到公安机关提供证言时要制作《询问通知书》；在讯（询）问未成年犯罪嫌疑人（证人）时，需要通知家长、监护人或学校教师到场。最后要使用的证据必须保证证据来源清楚，证据间的联系印证紧密并且影响定罪量刑的证据经查实。

b. 拘禁等侵害人身自由类案件。根据我国1997年刑法第238条的规定，非法拘禁罪是指故意以扣押、关押、绑架或者其他方法非法剥夺他人人身自由的行为，从该罪状表述来看，其客观行为除了非法拘禁之外，还包括以其他方法非法剥夺他人人身自由的行为。因此，可以认为，凡是能够使他人的身体被强制性地约束在一定的空间范围之内从而使其不可能支配自己的身体脱离该空间范围的都是侵害他人的人身自由。人身自由权是公民的一项最基本的权利，是公民行使其他权利的基础和载体，我们要有足够的重视，加强保护力度。

公安机关在侦查此类案件时要注意利用视频影像资料。视频侦查是目前侦查的一项重要手段，视频影像的清晰度与覆盖率正在逐渐提高，在非法拘禁他人等侵害公民人身自由的作案过程中，必然会有监控地区记录行程，因此要提高其在案件侦破中的利用率。

c. 强奸等私密型犯罪案件。强奸罪是一种私密型犯罪，犯罪场合下往往只有两人，而犯罪的证据和情节都是关涉个人的隐私和名誉，因此，客观上给司法实践中刑事侦查、调查取证等带来很大的困难。强奸是最原始的自然犯罪，从古至今，其一直是严重侵犯个人身心健康以及扰乱社会治安，并居高不下的恶性犯罪之一。强奸俗称性暴力，是使用各种方法手段迫使受害人非自愿与其性交。

人身检查是搜集犯罪证据，查明案件真相的重要侦查手段，但是如果适用不当，可能会侵犯公民的身体权、人身自由权、隐私权等，因此必须对其进行适当限制和监督，以便实现惩罚犯罪和保障人权的双重目的。公安机关在侦查此类案件时要特别注意保护受害人，检查妇女身体时应当由女性工作人员或者医师进行，并且保护公民的私人信息。

(2) 侵犯财产类刑事案件

a. 抢劫等暴力侵犯公民财产权的案件。暴力侵财案件作为侵财类案件中的重要案件类型十分普遍。并且犯罪嫌疑人为了逃避公安机关的打击，在飞车抢夺案件中，在作案时以头盔等物遮面，使被害人及周围目击者难以看清其真容。有时还会派专人对公安机关进行监视，通过手机、对讲机等通讯工具将公安机关的情况及时反馈给同伙。此外，对于一些犯罪团伙来说，每次作案后，他们都会进行交流学习，总结作案过程中的经验和教训，不断提高自己的作案水平和反侦查能力。

此类案件的侦查中，首先，由于其突发性，案发现场的勘查价值不大，难以发现有效的痕迹、物证。其次，被害人对案件发生过程的认识度不高。例如，被害人通常是在毫无防备的情况下遇袭，时间较快，来不及反应，加之被抢后心情慌张，很难对犯罪嫌疑人与作案车辆有一个准确的认识，受害后往往不能向警方提供有价值的信息。因此，公安机关所掌握的证据有限，很难有效地对犯罪嫌疑人进行定罪。

b. 盗窃诈骗等非暴力侵犯公民财产权的案件。盗窃案件一般是指行为人以非法占有为目的，采取秘密窃取的手段将他人财物占为己有的案件。近年来，由于各种因素的影响，盗窃案件已成为刑事案件中的多发案件，是打击的重点之一。在建设和谐社会的新时期，分析、研究并掌握其特点，不仅对及时侦破案件有着非常重要的指导意义，而且是建设和谐社会、保证人民群众安居乐业的迫切需要。

盗窃案件的侦查要认真收集犯罪证据，及时调查询问，分析判断案件性质，运用相关手段，尽快侦破案件。首先，认真勘查现场，收集犯罪证据。其次，及时调查询问，查明被盗经过。再次，分析判断案件性质，确定侦查范围。最后，运用追缉堵截、控制销赃、蹲坑守候等相关手段，尽快侦破案件。

c. 职务侵占等利用自身职务便利侵犯公民财产权的案件。职务侵占、挪用资金犯罪等日益凸显，已成为当今最常见的经济犯罪案件类型之一。由于犯罪手段的多样性，侦办难度不断增大。此类案件具有犯罪主体复杂，认定困难，犯罪行为多利用职务的便利，具有较强的隐蔽性，作案手段多样化，具有较强的智能性，犯罪行为具有连续性和习惯性特点，报案滞后，侵占、挪用事实大多隐藏在有关的财务会计资料中等特点。①

公安机关在侦查此类案件时需做好这五个方面。第一，认真初查，准确定性，及时立案。核实犯罪嫌疑人的身份，核实受害单位被侵占、挪用的财物价值，核实犯罪嫌疑人实施犯罪的有关证据材料。第二，从犯罪嫌疑人的职务和技能入手，因人因事而异，有针对性地选择突破口。如果犯罪嫌疑人是本单位的行政管理人员或技术人员（如厂长、经理、财务会计人员等），侦查时，要注意分析犯罪嫌疑人的职务特点及技术特长，收集有关证明资料及相关账册，分析其作案手法及可能采取的反侦查措施。如果犯罪嫌疑人是本单位的采购、供销或收款人员，侦查时，一般应选择查证与物资购、销、调、存等环节的财务会计资料为突破口。第三，从检查有关单位的财务会计资料入手，把握可疑资金的来龙去脉。查账，是职务侵占犯罪案件侦查中运用最多的技术方法，也是解决此类案件中取证难的一个有效途径。第四，在掌握基本证据的前提下，要加强对犯罪嫌疑人及赃款赃物的控制。第五，在调查取证的同时，加大讯问力度。由于职务侵占犯罪是一种贪利性极强的经济犯罪，不同犯罪嫌疑人心理素质、文化修养、社会阅历等不同，其认罪态度自然也不一样。

（3）自诉类案件

《中华人民共和国刑事诉讼法》第二百一十条给出了自诉案件的范围：a. 告诉才处理的案件；b. 被害人有证据证明的轻微刑事案件；c. 被害人有证据证明对被告人侵犯自己人身、财产权利的行为应当依法追究刑事责任，而公安机关或者人民检察院不予追究被告人刑事责任的案件。

同时，第二百一十一条规定，人民法院对于自诉案件进行审查后，按照下列情形处理：（一）犯罪事实清楚，有足够证据的案件，应当开庭审判；（二）缺乏罪证的自诉案件，如果自诉人提不出补充证据，应当说服自诉人撤回自诉，或者裁定驳回。法庭审理过程中，审判人员对证据有疑问，需要调查核实的，适用本法第一百五十八条的规定（即法庭审理过程中，合议庭对证据有疑问，可以宣布休庭，对证据进行调查核实）。从以上规定可以看出，刑事诉讼法赋予

---

① 安景旭. 浅析职务侵占、挪用资金犯罪案件的侦查 [J]. 法制与经济，2014 (3)：98.

自诉案件管辖权的是人民法院，且人民法院受理自诉案件后，只能有两种结果：一是事实清楚，证据充分的案件，开庭审理；二是对最终证据不足的案件说服自诉人撤回自诉，或者裁定驳回。值得注意的是，现行《刑事诉讼法》在自诉案件中未赋予公安机关侦查权。

而针对第一类自诉案件，刑法分则对亲告（告诉才处理）罪的规定如下：a. 侮辱罪、诽谤罪属于亲告罪，但是严重危害社会秩序和国家利益的除外；"通过信息网络实施第一款规定的行为，被害人向人民法院告诉，但提供证据确有困难的，人民法院可以要求公安机关提供协助"。b. 暴力干涉婚姻自由罪属于亲告罪，但致使被害人死亡的除外。c. 虐待罪属于亲告罪，但致使被害人重伤、死亡的除外；"第一款罪，告诉的才处理，但被害人没有能力告诉，或者因受到强制、威吓无法告诉的除外"。d. 侵占罪属于亲告罪。第二类自诉案件：《公安机关办理刑事案件程序规定》第十四条第二款规定：对人民法院直接受理的被害人有证据证明的刑事案件，因证据不足驳回自诉，可以由公安机关受理并移交的，公安机关应当受理。这表明：公安机关对第二类自诉案件在一定条件下可以进行受理侦查，即在被害人直接向公安机关控告或者因证据不足由人民法院移送给公安机关的。由此可以看出，公安部规定赋予了公安机关在一定条件下对第二类自诉案件的受理、侦查权。

（二）公安刑事侦查权与公民权的基本问题

公安刑事侦查权在实践行使中存在许多问题，主要表现在以下几个方面。

1. 权力运行的依据——制度方面的问题

（1）我国法定的侦查行为存在遗漏、不全面。一是侦查实务中，经常适用的侦查行为，却没有纳入刑事诉讼的，如测谎、强制采样等；二是其他法律予以规定的，但没有上升到刑事诉讼法层面上，游离于刑事诉讼程序规定之外，如盘查、留置等。

（2）法律规定较为原则、模糊，操作性差。由于刑事诉讼法关于侦查行为的规定不够详细，过于原则，最高人民检察院的《人民检察院刑事诉讼规则》、公安部的《公安机关办理刑事案件程序规定》予以补充与完善，另外，最高人民法院、最高人民检察院、公安部、国家安全部、司法部、全国人大常委会法制工作委员会还制定《关于〈中华人民共和国刑事诉讼法〉实施中若干问题的规定》中进一步就取保候审、监视居住、拘巧、逮捕等强制侦查行为做出规定。这既说明侦查行为本身的复杂性，也说明刑事诉讼法的规定过于原则，有些规定不具备可操作性。原本就应当基本法规定的问题，却由有关机关的解释性文件来进行细化与补充，一方面，从法制完备的角度讲，表明刑事诉讼法还存在不足；另一方面，也直接影响侦查行为法定功能的发挥。同时，我国《刑事诉讼法》对于侦查行为规定的条款较少，较为模糊，缺乏可操作性。

2. 权力运行的过程——执法中的问题

（1）公安刑事侦查权的越位。所谓越位，即行使了超越自己职权范围的职权，侵入了其他公权力或公民私权的领地。按照《刑事诉讼法》的规定，我国刑事诉讼中的公诉案件分为立案、侦查、提起公诉、审判和执行五个阶段，按照刑事诉讼阶段的基本理论，"经过合理划分所确定的诉讼阶段是刑事追诉机关和司法裁判机关进行刑事诉讼所必须经过的程序环节。前一阶段的成功进行往往标志着诉讼的阶段性目标得到实现，从而为后一阶段的开始创造了前提条件。无论是刑事追诉机关还是裁判机关，都不能随意地跳跃某一诉讼阶段或者在尚未完成某一诉讼阶段特定目标的情况下就直接进入下一个诉讼阶段"①。这就意味着在立案决定做出之前不得动用任何侦查行为，因为侦查阶段尚未启动。但公安机关内部规定允许了立案前动用不具有强制性的侦查行为，实际上是一种对违反刑事诉讼法基本规定的做法的默认。由于未启动立案程序，立案功能所设计的屏蔽功能并没有发挥空间，公民权利面临侵犯。

（2）公安刑事侦查权的错位。刑事拘留从立法中所设定的紧急情形下的到案手段演化为常规羁押手段，其主要功能为收集证据，为逮捕服务。基于比例性原则的考量以及无罪推定原则的根本逻辑，对未被法院确定有罪而仅仅是涉嫌犯罪的公民应当尽可能适用较轻缓的强制措施甚至不适用强制措施，现代法治国家远远超过半数以上的被追诉人都被保释就是基于如此考虑。但是在实践中，部分犯罪嫌疑人被初次适用的强制措施都是刑事拘留，由于拘留转捕率是公安机关内部重要的考核指标，所以犯罪嫌疑人被拘留后除证据不足或患有严重疾病等特殊情况，都被提请逮捕，由此导致的局面是犯罪嫌疑人审前被羁押属于非常普遍的状态。按照我国《刑事诉讼法》规定，拘留应当在现行犯或重大嫌疑分子在遇有法定的紧急情形下适用，意即拘留是一种紧急情况下控制犯罪嫌疑人人身以确认其身份、制止犯罪、防止逃跑或者毁灭证据的临时性措施。但在实践中，拘留的适用对象为有犯罪事实或有证据证明有犯罪重大嫌疑的人，基本不关注是否具有紧急性，拘留已经演变成为获取口供、侦破案件的常规性措施。"刑拘和逮捕前后相继，共同构成侦查程序中的分段羁押式制度。"② 犯罪嫌疑人被拘留后会导致最多达至30天的羁押时间，后续的、通常的诉讼程序

---

① 陈瑞华. 刑事诉讼的前沿问题 [M]. 北京：中国人民大学出版社，2005：96.
② 左卫民，等. 中国刑事诉讼运行机制实证研究 [M]. 北京：法律出版社，2007：87.

是由人民检察院审查决定是否逮捕,如被批捕将有更长的羁押时间。由于立法表述为"被拘留的犯罪嫌疑人应当在三日之内提请逮捕",拘留的主要任务就变成以达到立法所规定的逮捕条件为目标而收集证据。

(3)公安刑事侦查权的缺位。所谓警察刑事侦查权的缺位,是指本来应由警察刑事侦查权发挥功能的场合,警察却没有充分尽职尽责,甚至出现权力真空。[①] 警察兼具刑事与行政双重职能,因而同时享有刑事职权和行政职权,在刑事职权不便于适用时,警察就可能动用行政职权,此种现象并非少见。如《刑事诉讼法》规定的警察在侦查时的到案手段为刑事传唤和拘传,但实践中已经形成一套独特的到案体系:刑事传唤和拘传被规避,起到替代作用的是治安传唤和强制传唤。惯常的做法是,警察通过治安传唤或继续盘问、抓捕的方式使犯罪嫌疑人到案,然后办理刑事传唤或拘传手续,使案件在形式上符合程序要求。由于治安传唤的期限一般为 8 小时,继续盘问最长可达 48 小时,再加上刑事传唤或拘传的 12 小时,警察就可以获得较为充足的讯问时间,由于这种讯问在办案场所进行,不具备看守所隔离讯问条件,可能有刑讯逼供行为在这一时间段集中发生。而且如此适用到案方式明显违背了拘传和刑事传唤适用的前提——拘传和刑事传唤适用的对象为未到案的犯罪嫌疑人,犯罪嫌疑人已经通过治安传唤等行政手段到案,已经不具备刑事到案手段适用的余地。在适用行政手段使犯罪嫌疑人到案而进行讯问的背后隐含着对权利的巨大侵犯——因为治安传唤适用的对象非犯罪嫌疑人,自然是询问而非讯问,犯罪嫌疑人所享有的权利,如权利义务被告知,根本无从得到保障。

3. 权力运行的效能——公民权保障问题

(1)被害人在立案后完全依赖于公安机关为其主持正义,公安机关的侦查活动与被害人的利益息息相关。如果公安机关懒政、怠政,甚至徇私枉法、滥用职权,被害人因犯罪所造成的损害将难以获得救济,被害人的人权将受到不可挽回的侵犯。在这种情况下,被害人当然有权及时、便利、清楚、全面地获悉相关侦查结果,而在现实中,某些公安机关往往在听取了被害人的陈述、调取了证据后就不再主动联系被害人,被害人之后只能陷入焦急、被动的等待之中,其诉权被置于一种模棱两可的尴尬境地。被害人应当有权获得侦查活动的信息,并基于自己的意志提出对侦查行为的建议,在侦查阶段获得更加积极的地位。同时,当被害人主动询问侦查结果时,公安机关可将信息告知被害人。

(2)证人在侦查阶段容易受到威胁引诱和暴力取证的困扰。我国《刑事诉

---

① 李影.中国警察刑事职权配置问题研究[D].长春:吉林大学,2011.

讼法》第六十条规定，凡是知道案件情况的人都有作证义务，但这条规定是否可以做无限扩大侦查机关的取证权限的解读，答案显然是否定的。《刑事诉讼法》第五十四条规定了排除非法取证所获证人证言条款，第一百二十二条至第一百二十五条规定了询问证人的程序，但这些规定在实践中被某些公安机关办案人员"灵活解读"，使得上述条文的约束意义减弱。而且，由于拒证权和污点证人制度的缺失，对于和案件有牵连关系的证人，公安机关有时会突破羁束限制"上手段"。这类证据在事后也往往难以被认定为非法证据，很难排除，有时会作为瑕疵证据，补正了事甚至直接作为定罪依据。正是以上种种现实原因，使得证人的人权在侦查活动中容易受到非法取证行为的侵犯，成为刑事诉讼程序中的薄弱环节。取证程序应为羁束性的程序，应受到严格的限制，这种制约不但要通过非法证据排除规则保障，更要通过更加细化、具体的事前制度保障，两者相互配合，才能对杜绝暴力取证行为起到有效的预防作用。

（3）作为帮助保护犯罪嫌疑人人权的辩护权仍然不够强化。经历次修法、释法，逐步确立了辩护人在侦查阶段的地位，明确了律师在侦查阶段的工作权利。这些权利内容大大丰富了侦查阶段犯罪嫌疑人的人权保障的内涵，是刑事诉讼制度上的巨大飞跃。但是，在实践活动中，辩护人在侦查阶段还是难以充分发挥"辩护"的作用，除了"会见难""通信难""阅卷难"等问题外，根本原因在于讯问嫌疑人的过程是密闭的，辩护人没有在场权，犯罪嫌疑人的人权还是难以得到及时的保护。如果难以在短期立法实践中确立律师在讯问嫌疑人时的在场权，则应该通过其他的公示方法，消除羁押场所和讯问场所与公众视野之间的物理隔离，使得辩护人能更加自由、直接、便利地行使辩护权，从而帮助保障犯罪嫌疑人的人权。

（4）侦查权力行使缺乏监督，不利于保障嫌疑人及其他有关公民的合法权益。孟德斯鸠曾经说过："一切有权力的人都容易滥用权力，这是一条万古不易的经验，有权力的人们使用权力直到遇到界限的地方才休止。"[①] 由此可见，权力本身即具有扩张性和破坏性的特点，不受制约的权力必定会遭到滥用，从而造成严重的危害。国家权利和公民权利对抗最为激烈的阶段便存在于侦查阶段，那么在此阶段中完善和加强犯罪嫌疑人的人权保障问题就显得颇为重要。现代法治国家一方面要求侦查机关完全有效行使侦查权，充分搜集证据，查获犯罪嫌疑人，以达到有效惩治犯罪、维护社会秩序的目的；另一方面又凭借有效的法律监督手段，监督和制约侦查权的行使，以维护被追诉人的基本权益。

---

① 孟德斯鸠. 论法的精神（上）[M]. 张雁深，译. 北京：商务印书馆，1982：154.

我国当前《刑诉法》中对公安侦查权的监督与制约主要体现在检察机关和公安机关的监督和被监督之间的关系上。但我国的侦查监督具有被动型、事后型和外在型的特点。侦查监督程序的启动主要通过对公安机关移送的案卷材料的审查及当事人的申诉，那么侦查监督启动的被动性是显而易见的。虽然法律规定人民检察院可以派员参与重大案件的讨论和其他侦查活动，但是仅仅是对重大案件，人民检察院才有权派员到场监督，而对于大多数案件的监督只是通过当事人的申诉或阅卷，案卷由公安机关记录呈报。另外，检察机关通过立案监督、审查批捕、审查起诉的方式对侦查行为进行监督，只是一种事后的监督方式，即使发现违法侦查行为，违法侦查的后果已经造成。有些违法行为甚至是无法纠正的，比如违反告知义务；有些行为即使可以纠正，但纠正的意义已不大，比如限制律师参与权；有些行为虽然可以纠正，也有纠正的必要，但会造成侦查资源的重复浪费，比如，违反证据的获得方式，采用刑讯逼供非法获得犯罪嫌疑人的口供。更为严重的是，这种"事后审查制不能有效地防止警察说谎（伪证），甚至会鼓励警察作伪证"。根据现行《刑事诉讼法》的规定，公安机关作为侦查的主体，不仅可以自行决定侦查程序的开启，而且有权自行决定侦查行为的实施（除逮捕外），甚至还有权自行决定侦查程序的终结。侦查程序从开始到完结的整个诉讼流程中，检察机关都没有实质性介入过。此外，检察机关的侦查监督方式很大程度上只是采用一种书面的监督方式，仅通过审阅案卷材料很难发现违法侦查行为。这就造成了公安机关在侦查过程中处于一种"绝对优势"和"绝对权力"的地位，对于公民的人身权利、财产权利以及通信自由、人格尊严等宪法性权利的保障造成了隐患和空白。

(三) 公安刑事侦查权与公民权的问题原因

1. 内部原因

(1) 主体建设不足。侦查权不规范的一个重要原因，是公安的主体建设有所欠缺，如高素质执法人员少、培训体系不健全、办案力量严重不足、经费紧缺及装备匮乏等。因为警力严重不足，紧张的警力使绝大多数警察常年超负荷工作，侦查人员每人手中同时要经办多宗案件，往往只能先处置紧急情况，暂时放缓其他案件，这就使得看起来很长的羁押期限远远不够用，调查取证工作也无法深入进行，不得不采取先抓人再收集证据的做法。经费紧张更是长期困扰公安机关的难题，国外警方普遍应用的高科技侦破手段在我国大部分地方都因经费原因而无法采用。另外，一些警察素质不高也是导致侦查权不规范的原因，有些警察在接警中甚至连最基本的程序规定、法律概念都不懂，在办案中缺乏专业素养，侦查取证工作粗糙。

(2) 工作缺乏有力抓手。当前完善刑事侦查工作的主要难题还是缺乏抓手，推动无力。加上我们在考核指标的设置上还没有显现出规范执法的导向作用，个人从事执法活动的情况没有和考核、晋升、收入等警察切身利益挂钩，各级公安机关对警察的执法活动缺乏必要的激励机制和制约手段。由于缺乏导向作用，一些警察存在为了完成工作任务，置法律规定于不顾，不走程序、随意执法，甚至连必要的证据也不去收集等问题。由于缺乏激励机制，一些单位和警察对执法工作缺乏热情。有一些单位对团队荣誉漠不关心。由于缺乏制约手段，一些警察把执法办案作为捞取非法利益的平台，专门寻找法律和制度的漏洞，办人情案、关系案；有的警察为了追求个人利益不择手段，罔顾甚至践踏法律，走上了违法犯罪的道路。

(3) 责任不落实、监督不到位。强化侦查权管理的核心是加强监督、明确并落实责任。只有监督有力才能找准问题、明确责任；只有明确了责任、追究了责任，才能防止问题的重复出现。但是在前期的规范化建设中，公安机关在加强监督、落实责任方面做得还不到位。相应的侦查环节都有相应法律、法规和内部规定，在这些环节上应该怎么办、不应该怎么办，从制度层面上讲已经完备。但是，由于执法工作的监督不到位、责任追究力度不够，一方面缺乏对执法活动全程及时有效的监督、检查，另一方面已经发现问题的办案警察，也很少真正按照规定进行责任追究。

2. 外部原因

(1) 突出社会问题给侦查工作带来极大困难。一是流动人口犯罪问题日益严峻，一般大城市可以达到犯罪的一半以上，流动人口一般处于社会的最底层，隐藏着很多不安定因素，属于高危人群，给社会治安带来了巨大压力。二是犯罪保持高发态势。近年来，我国刑事案件发案数一直居高不下，犯罪立案数不断增加，犯罪的手段不断更新，智能化、组织化、暴力化的程度不断提高，大大增加了侦查工作的难度。

(2) 法律赋予公安机关的手段、措施欠缺功效。目前存在的问题主要有三个。一是在立案方面，刑事诉讼对立案前的审查能够采取什么样的具体措施没有明确规定。而对于多数案件来说，如不采取相关措施进行审查，难以判断是否应当立案。二是在强制措施方面，刑事诉讼法规定的逮捕条件比较原则，实践中一些地方出于各种因素考虑，又将逮捕条件等同于起诉条件甚至定罪条件来掌握，使很多本应在逮捕之后做的侦查工作不得不在拘留期限内完成，侦查工作仓促。取保候审和监视居住执行方式单一，对保证人履行监督义务约束不够。三是在调查取证方面，侦查机关提取物证和其他证据的能力受到很大制约，不得不依赖于口供等言词证据。四是现场处置权不明。很多国家规定，在执法现场嫌疑人或者相对人如果不听从警察指令，警察可以依法采取任何可用的强制措施直至使用武器，而不用担心承担法律责任。我国因为法律规定不明确，警察往往会因为顾虑承担责任，不敢采取必要的强制手段，不能有效控制现场和嫌疑人。

四、公安刑事侦查权与公民权的基本思考

（一）公安刑事侦查权与公民权关系的法理思考

1. 保障公民权是公安刑事侦查权的存在目的

一般说来，现代社会公安权力的存在目的有两个方面，即保障公民权利和维护社会秩序，前者是公安机关的第一任务，也是公安刑事侦查权存在的正当性理由。无论是从"天赋人权""权利让渡"的观点来看，还是从现代国家民主政治体制的实际运作来看，公民权利产生在前，国家权力产生在后，国家权力的最终目的是保护、服务、实现和发展公民权利。英国法学家洛克指出："不管社会引起人们怎样的误解，法律的目的不是废除或限制自由，而是保护和扩大自由。这是因为在一切能够接受法律支配的人类状态中，哪里没有法律，哪里就没有自由。这是因为自由意味着不受他人的束缚和强暴，而哪里没有法律，哪里就不可能有这种自由。"[①] 法律的目的是保护和扩大自由，公安机关的权力是国家运用公权力即立法权，通过法律的形式规定公安机关或警察来行使公权力，而法律又是人民意志、利益、愿望的体现，公安机关和警察作为秩序的维护者、法律的执行者必须严格依法行使相关权力。因此，作为公安权力一部分的刑事侦查权在根本价值取向上也与法律是一致的，都是为了保护公民权。也就是说，公安刑事侦查权之目的在于保护公民权利，使之不受侵害，实现公民权利，使之受益，即使是在特定情形下限制了公民权，其最终目的仍然是保障公民权利。如果刑事侦查权不以保护公民权为终极目的，或者说轻视公民权而将其置于一旁，那么其就失去了其存在的意义，违背了公民让渡权利的初衷。所以，刑事侦查权以保护公民权为第一目的，这是刑事侦查权存在的正当而必要的理由。

2. 公民权利保护与实现需要公安刑事侦查权的介入

公民权利是公民普遍享有并具有平等属性的权利，权利主体在行使公民权利时，可能会由于利益冲突而发生矛盾，也可能因为一方权利主体滥用权利而

---

① 洛克.政府论：下篇[M].瞿菊农，叶启芳，译.北京：商务印书馆，1983：55.

侵害了另一方的合法权益,此时,公安机关和警察就应该进行干预,实现正义、公平。公安刑事侦查权是保证公民权利免受侵害的需要。在社会生活中,公民是以个体以及由个体集合而成的群体而存在的。个体与个体之间、群体与群体之间、个体与群体之间各自都有相对独立的利益和意志,他们谋求各自的利益、自由和需要,而各主体间的利益、自由和需要就难免会发生冲突,乃至相互侵犯。要保证公民权利不被侵犯,从根本上就必须依靠法律。在现实生活中,一旦公民权受到侵害,就必须对侵权者和侵权行为予以制止和制裁,而这种制裁的主体绝不是公民个体,而是公权的主体。从一定意义上讲,社会改革是对利益的调整,原有的既得利益主体可能会失去应有的利益,而另外一些人可能会因为改革获得新的利益。失去利益的主体如果因为社会保障机制不健全而得不到及时的补救就会产生新的矛盾,矛盾若得不到迅速、有效、公正地解决,就可能会使利益主体铤而走险,当前一些重特大刑事案件发案率居高不下的原因之一就在于此。所以,此时公安刑事侦查权就必须介入,从预防、制止、打击、惩罚犯罪等方面来保障公民权利。

(二)公安刑事侦查权与公民权的基本对策

1. 建立公安机关"侦查权清单"制度

"权力不仅要关进笼子里,更要暴露在阳光之下。"权力清单的价值在于权力公开与权力监督,"侦查权清单"的意义不在于普法,更不是释法,侦查活动是有明确法律授权的,这点毋庸置疑,"侦查权清单"应以预防因信息不对称而造成的权力异化,实现公民对侦查权运行的有效监督,实现对具体侦查行为可控告、可申诉,对具体办案人员可问责为目的,从而达到人权保护的效果。[①]

(1)"侦查权清单"的制定、修改与监督、执行。公安机关的"侦查权清单"不是一项新的立法活动,而是行政机关自我约束、科学用权、强化监督的一种机制。因此,应由公安部牵头,会同最高人民检察院(法律监督机关)结合法律法规内容与公安侦查工作的普遍规律和客观实际,为全国各级公安机关开展侦查工作制定基本的工作规范,以部门规章为形式,采用制定、修改部门规章的程序,制定、修改"侦查权清单",另外由检察机关与公民相配合,共同监督和执行"侦查权清单"的运行。

(2)"侦查权清单"应以"人员"而非"机关"为确权主体和监督对象。法律法规通常以机关作为确权主体和监督对象,这种做法在实践中容易造成行

---

① 陈鹤飞. 社会主义法治体系下的刑事诉讼人权保障路径——论公安机关"侦查权清单"制度的构建[J]. 人民法治, 2016 (3): 65.

政机关内部争权诿责和责任主体不明确的后果。"有权必有责，权责应一致"，权力清单确权的同时也应明责，公安机关"侦查权清单"应以不同层级的办案民警的岗位为线索，梳理出相应的权责，以形成清晰的权责体系，便于监督和落实责任。责任制度必须清晰具体，与《中华人民共和国公务员法》及相关条例的处罚原则与内容相衔接，形成可供具体执行的问责体系，避免出现"有责无罚""重则轻罚"的失衡现象。

（3）"侦查权清单"应强化公民的控告、申诉权。我国《刑事诉讼法》第十四条和第三十六条规定了诉讼参与人和辩护人在侦查期间有权对非法侦查行为提出控告、申诉，但这项规定在司法实践中并没有发挥应有的保护人权的效果。控告、申诉权的有效行使可以及时制止侦查活动中的人权侵害、避免冤假错案，但如果在司法实践中的侦查阶段，对诉讼参与人及辩护人提出的控告、申诉不予理睬，那么，上述规定将成为纸面上的规定，被虚化甚至束之高阁。针对侦查期间侵犯诉讼和诉讼权利的行为，结合我国的刑事诉讼结构、基本国情和相关立法，仍应以检察院为接受控告申诉的专门机关，检察院驻所检察部门和控告申诉部门为法定接受部门，公民的控告权、申诉权应与"侦查权清单"的监督、执行权相融合，前者提供事中和事后救济，后者提供事前救济，以形成全面、完整的侦查阶段人权保障救济制度。公民的控告、申诉的途径和程序应在清单中载明，作为权利救济制度的显著内容。与此同时，"侦查权清单"应规定公安机关的相应人员和部门应承担类似于医疗机构在医疗侵权中的举证责任，加强对诉讼当事人的人权保障的可操作性。

2. 转变执法理念，提高刑事执法能力

公安警察在刑事执法过程中，应当转变执法理念，破除那些不合时宜的旧观念，树立现代执法理念，为提高刑事执法能力打牢思想基础。执法理念是执法活动的先导，警察具有怎样的执法理念直接决定了他会采取什么样的执法行动。只有树立起正确的执法理念，才能产生保护公民合法权利的执法活动，公安机关的刑事侦查权才能得以很好地行使。

（1）增强办案警察的程序意识，实现程序正义。在刑事侦查权中，如果没有程序法，实体法就失去了存在的依托。侦查人员只有确立程序法与实体法并重的观念，才能充分发挥程序法的功能。公安机关应加强侦查人员程序正义观念的养成，使办案警察真正认识到程序的正义性及程序正义对于整个法治建设的重要意义，进而认识到程序法的独立价值及实体法与程序法之间相互依赖、相辅相成的关系，从而避免在执法实践中出现片面追求实体正义而忽视程序正义的做法，减少重实体轻程序现象的发生。

(2) 要牢固树立尊重和保障人权的理念。尊重和保障人权是法治国家的显著标志，也是我们党和国家始终坚持的重要原则。新刑诉法将"尊重和保障人权"写入刑事诉讼法第二条中，因此这一原则理应贯穿于公安机关行使刑事侦查权的全过程。惩罚犯罪和保障人权是具有密切联系、同等重要的两个方面。实践中，某些公安机关执法人员比较重视惩罚犯罪，忽视保障人权。同时，对保障人权的理解也存在一定的偏差，认为保障人权就是保护一般公民的合法权利，即通过惩罚犯罪来防止一般公民的利益受到犯罪的侵犯，以及保障无罪的人不受刑事追究，而对保护犯罪嫌疑人诉讼权利的认识则比较模糊。犯罪嫌疑人与公安机关在刑事诉讼中的地位是不平等的，犯罪嫌疑人处于被怀疑有罪的劣势地位，加之人身自由受到限制，相对于代表国家行使追诉权利的侦查机关而言，对抗能力较弱。为了实现法律的平等，新的刑事诉讼法规定了一系列保障人权的原则、制度和程序，公安机关应当对尊重和保障人权的内涵和意义有全面、清晰的认识，重视保护犯罪嫌疑人的人权，使其诉讼权利得到充分保障和行使。

(3) 加强公安警察执法能力建设。公安机关要加大专业化培训的力度，不断提高主体能力建设的水平。重点做好以下工作：一是以修改后的《刑事诉讼法》为契机，不断开展专题培训，帮助民警牢固树立执法的程序意识、证据意识、时限意识和自觉接受监督的意识，保证刑事办案质量和工作水平；二是加强专业化培训，要加强对刑事执法各警种的专业化培训力度，从警察出庭作证、侦查工作证据合法性证明、保障律师执业权利等方面入手，开展专业培训，督促办案部门转变侦查模式，提高执法办案水平；三是做好相关执法制度建设和保障等配套实施工作，建立健全有关讯问犯罪嫌疑人录音录像、律师会见、刑事和解、规范刑事强制措施和技术侦查措施等制度，确保规范执法、保障公民合法权益。

3. 完善相关立法，加强对侦查权合法行使的保障

(1) 在立法上，将所有的侦查行为，纳入刑事诉讼法，进行程序规制。根据侦查法定主义要求，对可能涉及公民个人的人身、自由、财产、隐私、住宅等基本权益的侦查行为，都做明确的法律规定，包括其实施的程序、方式、方法、范围、时间、事由等要件做详细的规制，尽量将所有的侦查行为纳入刑事诉讼法的规定。我国的侦查行为应包括询问、讯问、勘验、检查、搜查、查封、扣押、鉴定、通缉、查询、冻结、辨认、盘查、留置、强制取样、监听、秘密侦查、技术侦查。这些侦查行为应按照刑事诉讼规律，根据刑事侦查目的的需要，进行排序规定，使我国的侦查行为体系趋于科学、完整，既能反映侦查实

务的实际情况,也能满足侦查实务的需要。

(2)通过立法明确自诉案件可以由公安机关进行侦查,并强化其操作性。鉴于一些自诉案件,由于客观原因,被害人收集不到足够证据而无法有效地保护自己的合法权益,需要由享有侦查权的公安机关采取一定的侦查措施,帮助被害人收集证据。应通过刑事诉讼立法明确规定自诉案件在特定条件下公安机关可以行使侦查权,并且对这一"特定条件"做出具体的规定。这样既便于办案单位统一工作标准,又可以防止公安机关对应进行侦查的自诉案件因不受理、推诿而侵害被害人的诉讼权利。

但同时应当明确其性质。公安机关的此类侦查行为应定性为:自诉案件中的自诉人在不能提供足够证据进行诉讼时,法律为保护其合法权益而设置的一项救济措施。[1] 从立法上明确这一性质有利于分清公安机关在刑事自诉案件诉讼程序中的地位和作用,即公安机关在自诉案件中起的应是一种辅助作用,是在一定条件下帮助自诉人收集证据。而这些证据最终将由人民法院决定是否认可和采纳。

(3)健全和完善证据的收集和使用的法律法规。证据的采纳与否对公民是否犯罪有直接的决定作用,这也就对公民的权利有着直接的影响。不论是大陆法系国家还是英美法系国家大都有专门的"证据法",而我国只在《刑事诉讼法》的章节中提到了证据的种类、证据的证明效力等,这说明我国的证据立法还极不完善。而我国侦查机关在侦查刑事案件的过程中,就是通过收集与案件相关的证据来侦破案件,抓获犯罪嫌疑人,保证刑事诉讼程序的顺利进行。因此,证据在侦查过程中处于一个基础性的关键地位。证据立法的疏漏对侦查机关侦查权的行使以及公民权利的保护也将产生消极影响。因此,我们急需尽快出台相应的"证据法",规范证据的种类、效力,完善证据的证明标准,更加强化对物证的收集和运用。

4. 加大对警察刑事侦查权的监督

(1)落实公安机关内部各项规章制度,严格办案责任。公安机关应进一步规范上下级之间领导、指导、监督的权限和范围,一是推行执法办案责任制,细化执法责任,实行分级问责;二是细化执法执勤细节规范,出台常见警情、疑难警情、群体性事件处置的工作指引,完善盘问、检查等一线工作的操作规程;三是建立法制委员会制度,对本机关办理的重大复杂、疑难敏感案件和重

---

[1] 迟松剑. 关于刑事自诉案件中公安机关侦查权的几点思考[J]. 北京人民警察学院学报,2000(4):28.

要办案决定实行监督把关,确保案件质量;四是建立基层领导执法效能评估机制,每季度开展基层所队的制度建设、执法质量、队伍状况、法律素质等指标评估,及时指导整改突出问题;五是健全法制员制度,加快专职法制员队伍建设,提高法制员队伍的保障水平,明确法制员为执法过错第二责任主体,发挥法制员队伍对执法办案单位的示范带动作用;六是完善下行案件集体讨论制度,对拟不予立案、撤销案件、采取刑拘措施后转取保候审、监视居住或释放的案件以及解除取保候审、监视居住的案件,由办案单位、预审大队、法制科等部门进行集体讨论,相互监督把关,确保案件质量;七是推行办案警察搭档制,由基层所队办案部门的两名民警结对为办案拍档,主办民警在执法中起主导作用,对"拍档"案件负直接责任,协办民警服从指挥、协助办理案件,提高执法水平。

(2)通过检察机关的专门监督职能,实现对侦查活动的监督制约。一是在监督内容上要扩大权限,要在侦查过程中进行实时监督,特别是公安机关可以采取的限制公民人身自由和剥夺财产权利的一些侦查措施,如拘留、逮捕、监视居住、取保候审、搜查、扣押、冻结资产等,公安机关须提请检察机关批准后才可实施,如遇紧急情况先行执行的,事后也须补办提请手续并进行情况说明。

二是在监督方式和手段上要扩大权限,改变原来事后监督、书面监督的形式,采取更加积极主动的监督方式,检察机关可以在公安机关侦查的各阶段随时进行监督,改进在看守所讯问的制度,由检察机关派驻人员到看守所,成立专门的检察室,刑事案件的侦查讯问都必须进行全程的录音、录像,而录音、录像后的电子数据由检察机关负责制作保存。

三是在监督保障上要扩大权限。检察机关负责立案侦查,侦查人员在侦查过程中出现的违法犯罪行为,事后另外立案,事后立案虽然可以起到打击职务犯罪、规范侦查活动的作用,但是违法侦查所造成的损失和侵害的人权已经无法挽回。所以笔者认为应该将检察机关的职务犯罪的侦查职能和对公安机关的侦查监管职能进行整合,一旦发现公安机关在侦查中有违法、故意回避监督等影响侦查合法性和公正性的行为,检察机关有权做出不同程度的处置。轻微违法或不接受正常监督的,在警告无效的情况下,检察机关有权要求更换侦查人员;出现违法侦查但没有达到犯罪的除更换侦查人员外还有权提出相应的处分建议；达到一定危害程度，已经触犯刑律的，在监督处置后可一并进行立案侦查。①

（3）加强法院的庭审职能，通过非法证据的排除实现对侦查活动的监督制约。所谓非法证据，是指在刑事诉讼中，具有法定侦查职权的工作人员违反法律规定的权限或以违法的方式取得的实物证据和言词证据。对于非法证据的排除与否及其排除范围，各国的规定并不相同：英国对于非法搜查、扣押的物证只要与待证事实有关，原则上不予排除；美国在原则上对非法证据都予以排除；德国对于通过侵犯人的尊严和人格自由所得的证据予以排除，但对于重大犯罪，则不予排除；我国《刑事诉讼法》规定，"严禁以非法的方法收集证据。凡经查证确实属于采用刑讯逼供或者以威胁、引诱、欺骗等非法手段获取的犯罪嫌疑人、被告人口供、证人证言和被害人陈述，不得作为定案的根据"。故人民法院在庭审过程中应当通过对证据的质证认证来判断证据的合法性，对于非法的言词证据依法予以排除适用，从而实现对侦查活动的监督制约，促使侦查机关依法履行侦查职能。

（4）加强接受人大、政协以及新闻舆论监督的制度建设。一是加强警务评议和廉政监督员制度，发挥广大群众和警务廉政监督员具有的广泛性、敏感性和及时性的特点，以"把人民群众的呼声作为改进工作的第一信号，把解决人民群众的困难和要求作为工作第一职责，把人民群众满意作为第一标准"的精神，切实把警务工作、民警执法行为、各项执法活动置于群众的监督之下。评议工作要抓住执法过程中易出问题的薄弱环节，避免评而不查、查而不处的现象。二是借鉴国外经验，建立独立于执法机关之外的、专业的、权威的监督部门。"人员可由律师、知名学者、专业技术人员等组成。可由人大专门立法设立机构，并就其人员构成、职责权限、地位等做出明确的法律规定。"这样就避免了公安机关内部自己监督自己所造成的监督力度不够和可能受到的人为干扰，实现了外部监督的权威性和规范性。三是形成定期向党政部门、人大代表汇报执法工作的制度。主动邀请人大代表、政协委员检查、指导工作，参与现场监督，争取他们的理解和支持。

---

① 李浙东. 新刑诉法视野下我国公安侦查权的优化配置［D］. 宁波：宁波大学硕士论文，2015.

第六章 公安经济侦查权与公民权的关系

当前，随着我国社会主义市场经济的快速发展，经济犯罪呈逐年上升趋势，且犯罪手段不断翻新，犯罪性质越发恶劣。公安经侦部门作为打击经济犯罪的主力军、前头兵，面临的形势和任务将更加艰巨和复杂，经济犯罪侦查工作在实践中面临的困难也日益增大，各地公安机关的经侦协作遇到许多难点问题急需解决，执法依据不全、执法过程不严、执法效果不佳都严重影响了经济犯罪案件的侦破，更影响公安经济侦查权与公民权的关系。

公安经侦部门要做到充分发挥本身的职能作用，积极应对经济快速全球化进程下，经济犯罪逐步向高科技、智能化方向发展以及跨区域流动作案日益增多的趋势，同时，加大对经济犯罪的打击力度，找准经济犯罪高发的原因，从立法、执法以及公民权的保障上入手，从源头上遏制经济犯罪活动的高发态势，将经济犯罪活动消除于萌芽状态，维护社会经济秩序的稳定，实现公安经济侦查权与公民权关系的协调。

一、公安经济侦查权与公民权的基本理论

随着社会主义市场经济的高速发展，大量的经济犯罪案件不断涌现。公安经侦部门需要行使其经济侦查权，打击犯罪，维护稳定的市场经济秩序。然而，从不同的角度而言，二者具有不同的关系，需要公安经侦部门树立执法为民的理念，全民提升法律意识，维护二者关系的平衡。

（一）公安经济侦查权的基本理论

公安经济侦查权的行使在于维护经济秩序和经济安全，以其强制性为后盾行使权力，履行职能。

1. 公安经济侦查权的基本含义

明确公安机关经济侦查权的基本含义，必须首先明确公安经济侦查权的内涵与外延。从公安经济侦查权的定义明确其行使目的是预防和制止犯罪，稳定经济秩序。通过公安经济侦查权和检察院监察司的职权进行对比,明确公安经济侦查权的行使范围,并通过经侦部门的纵向比较,明确其设置情况。

(1)公安经济侦查权的内涵。所谓公安经济侦查权,是指法律赋予公安经济侦查部门及其工作人员运用侦查措施、手段和刑事科学技术,发现、控制和揭露、证实刑事犯罪的权力。公安经济侦查权行使的核心在于运用各种法定的侦查措施和手段,收集、固定证据,以查明犯罪事实,确定犯罪嫌疑人。由于犯罪存在预备、中止、终止等各种形态,侦查既包括对已经实施完毕的犯罪行为的揭露和证实,也包括对还未实施完毕的犯罪行为的调查和发现,将犯罪制止在预备阶段或使犯罪中止,从而避免损失的扩大。①

可见,经济侦查权具有预防和制止犯罪的功能。经济侦查权对实现经侦人员同犯罪做斗争目的具有十分重要的意义,是对犯罪嫌疑人提起公诉和进行审判的前提和基础,直接关系到社会稳定。

(2)公安经济侦查权的外延。在我国,经济侦查部门为公安局的一个内设部门,主管各类经济犯罪案件,纵向设置为四级,分别为经侦局(公安部)、经侦总队(省级)、经侦支队(市级)以及经侦大队(县级),具体情况如下:

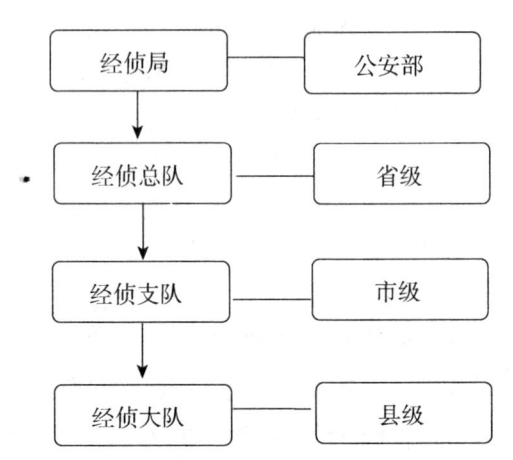

图2 经济侦查权行使部门、机关及各部门关系图

2. 公安经济侦查权的性质

公安经济侦查权的目的在于维护公民所需要的社会经济秩序和经济安全,其内容以及权力的运用和实施,必须反映人民群众的利益和要求,是民主和法

---

① 任雪征. 警察权与公民权关系论纲[D]. 济南:山东大学,2007:7.

治的重要保障力量。① 因此，公安经济侦查权的性质主要体现在以下三个方面。

（1）国家性。恩格斯说："我们已经看到，国家的本质特征，是和人民大众分离的公共权力。雅典在当时只有一支国民军和一支直接由人民提供的舰队，它们被用来抵御外敌和压制当时已占人口绝大多数的奴隶。对于公民，这种公共权力起初只不过当作警察来使用，警察是和国家一样古老的，所以18世纪质朴的法国人不讲文明民族而讲警察民族。这样雅典人在创立他们国家的同时，也创立了警察……"② 可见国家诞生的同时也诞生了警察，其经济侦查权的国家性是其与生俱来的固有属性。公安经济侦查权的这一固有属性，使公安机关和其他一切群众性治保力量区别开来，只有公安代表着国家意志，行使的是国家权力。公安经济侦查权的国家性要求其必须由公安机关及其内部工作人员行使，其他任何机关及人员不能行使公安经济侦查权，并且要求必须依照国家法律即国家意志来行使其权力，而不能偏离法律的轨道、背离国家的意志。公安经济侦查权必须是国家的一支专门力量，是不能社会化的，也只有如此，才能将公安经济侦查权纳入法治的轨道。

（2）法定性。公安经济侦查权的内容是由国家法律、法规加以明确规定的，其与国家法律是融为一体的，不存在无法律规定的公安经济侦查权。同时，它又与公安经济侦查部门的法定职能、经济侦查人员的法定职能紧密相连，经济侦查权只能由法定的公安经济侦查部门和经济侦查人员来行使。公安经济侦查部门和经济侦查人员在行使公安经济侦查权时，也必须严格依法，只能按照法律所提供的行为模式、标准、条件或方法行使，不能超出法律许可的范围。经济侦查人员无权擅自变更、转让或者放弃权力，而依法行使权力的行为一经做出，非经法定程序该行为不得被改变或撤销。这充分体现了公安经济侦查权具有高度的法定性。

（3）行政性。从经济侦查权的设定目的来看，主要是执行国家一系列有关经济侦查的法律法规，预防、制止、打击违法犯罪活动，体现国家权力机关的意志，表现出执行性特点；从公安经济侦查权的设立基础来看，主要在于维护社会经济秩序，使市场经济保持一种安定有序的状态，从而维护公共利益，表现出管理性特点；从经济侦查权的组织管理来看，公安机关是各级政府的一个组成部门，属于行政机关，公安机关内外部组织管理，都表现出一体性特点。

---

① 任雪征. 警察权与公民权关系论纲［D］. 济南：山东大学，2007：3.
② 马克思，恩格斯. 马克思恩格斯选集：第四卷［M］. 北京：人民出版社，1963：114.

因此，公安经济侦查权是一种完全的行政权。①

3. 公安经济侦查权的特征

经济侦查权是一种特殊的国家权力，是公安经济侦查部门及其工作人员履行职责的前提和保障，因而具有以下显著特征。

第一，特殊的强制性。任何国家权力都会有一定的强制性，但公安经济侦查权力则具有特殊的强制性，当侦查人员执行任务遇到各种阻碍时，可以凭借自身实力，包括警力、物质技术装备和设施以及武器、警械等，克服障碍。这主要表现在对严重危害社会经济秩序的突发事件上。特别是在许多情况下，经济侦查人员可以根据法律授权，随时做出强制性的决定，且无须经过批准，即产生法律效力。

第二，主体的特定性。行使经济侦查权的主体，只能是经济侦查部门及其工作人员，其他任何组织和个人都不得行使。即使是接受经济侦查权力主体的委托而行使部分经济侦查权的组织，也只能以委托者的名义，在委托权限内实施委托行为，其行为的法律后果由委托的经济侦查部门或其工作人员来承担，被委托的组织本身不具有经济侦查权的主体资格。

第三，表现的层次性。公安经济侦查权的内容非常广泛，而且因案件不同、职务级别的不同而呈现出差异性，每一类型经济犯罪案件的侦查人员只能行使其职责范围内的权力，一定职务的经济案件侦查人员也只能行使其所属职务的权力，不能超越自己的权限。这样，就使得公安经济侦查权力的行使表现出不同的层次性。

第四，效应的双重性。对于公安经济侦查权的行使，其效应可以为正效应，也可以为负效应。我国经济侦查权的社会主义性质，从根本上限制权力负效应的存在。但是，由于权力制约机制还不太健全，个别侦查人员滥用权力，以权谋私、权权交易、权钱交易、权色交易、执法违法等情况仍然存在，经济侦查权产生负效应的情况也时有发生。

第五，影响的广泛性。由于行使经济侦查权的执法活动涉及社会整体的经济活动，经济侦查人员与社会上各行各业、各色各样的人发生方方面面的联系，在预防、制止、侦查经济犯罪案件，维护社会经济秩序的广阔领域内，经济侦查权的影响力辐射到社会的各个层次，并且影响着人们的日常生活，因而行使这些权力对整个社会带来的影响也是广泛的。

以上五个方面的特征表明，公安经济侦查权是一种十分重要而又非常特殊

---

① 任雪征. 公安经济侦查权与公民权关系论纲 [D]. 济南：山东大学，2007：4.

的国家权力。

4. 公安经济侦查权的内容

经济侦查权的内容,是指经济侦查权所包含的各种具体权能,亦即法律赋予经济侦查部门及工作人员的各项职权。经济侦查权是一种法定权力,其内容是由国家法律所确定的,并在法定范围内依法行使,是国家以法律形式赋予经济侦查部门的资格和权力。经济侦查权的内容与其性质、特征紧密相关,即经济侦查权的内容是由经济侦查权的性质决定的,前者不但反映后者,也是为后者服务的。

(1) 普通权能。运用各种法定的侦查措施和手段,收集、固定证据,以查明犯罪事实,确定犯罪嫌疑人。由于犯罪存在预备、中止、终止等各种形态,侦查既包括对已经实施完毕的犯罪行为的揭露和证实,也包括对还未实施完毕的犯罪行为的调查和发现,将犯罪制止在预备阶段或使犯罪中止,从而避免损失的扩大。

(2) 特殊权能。

一是使用武器、警械权。武器是指枪支、弹药等致命性警用武器;警械是指警棍、手铐、警绳、警笛、催泪弹、高压水枪、脚镣等非致命性警用器械。使用武器、警械权是警察机关对付犯罪的需要,是警察强制权得以实现的有力保障。[1]

二是优先权。指警察因履行职责的需要所享有的某些优先权力。如优先乘坐公共交通工具,遇交通阻碍时,优先通行;可以优先使用机关、团体、企业事业组织和个人的交通工具、通信工具、场地和建筑物。警察拥有优先权,是保证警察在紧急情况下更好地履行职责的需要,是必不可少的一项特殊权力。

三是紧急情况处置权。是指在出现严重危害社会治安秩序的突发事件和重大灾害事故的情况下,公安机关及人民警察根据需要依法采取的特殊的公安行政行为的权力。

四是技术侦察权。指可以使用先进的科技手段进行秘密侦察活动。《人民警察法》第十六条、《国家安全法》第十条规定了公安机关、国家安全机关的人民警察在特殊情况下,可以采取技术侦察措施,但必须经过严格的批准手续。

5. 公安经济侦查权行使的指导思想

经侦工作是公安工作的重要组成部分,是公安机关打击经济犯罪的主力军。在为改革开放和经济建设服务的基本前提下,确立阶段性的工作目标是当前市

---

[1] 任雪征. 公安经济侦查权与公民权关系论纲 [D]. 济南:山东大学,2007:9.

场经济发展形势所要求的。市场经济是法治经济，其运转主要以健全的法律体系为依托，按市场内部的经济规律来运行。我国目前的社会主义市场经济虽经受市场经济规律的洗礼和考验，但是仍处于不成熟的初级阶段。与此相适应，有关市场经济的法制也处于不完善向完善的过渡期，法制建设滞后。也由于此，市场经济领域内存在盲点和漏洞，各种经济犯罪有了可乘之机。经侦部门行使经济侦查权必须以全力维护社会主义市场经济秩序和安全提供保障和服务为指导思想，要充分认识打击经济犯罪、维护市场经济秩序和国家经济安全的重要性和紧迫性，并将此作为当前和今后一个时期公安工作的重点来抓。①

6. 公安经济侦查权行使的原则

经侦部门职能转变、工作重点转移后，呈现机构新、人员新、任务重的特点，而我国社会主义市场经济处于初始的、不完善的阶段，各种经济活动错综迷乱尚不规范，法律规范仍有不完善之处，要准确把握罪与非罪的界限，保证经侦工作质量，确有很多困难，新的经侦体制尚有一个探索、积累、规范的过程。因此，在明确指导思想的基础上确立经侦工作的一般原则，对把握经侦工作的方向有重要意义。

（1）坚持依法办案、不枉不纵的原则。依法办案是经侦工作的生命线，涉及两个层面，一是严格按照法律界定侦办经济犯罪，坚持罪刑法定原则。把应该由公安机关管辖的经济犯罪案件全部管起来，重点打击金融、财税、商贸等领域及国有大中型企业的严重经济犯罪，同时注意杜绝任意扩大或缩小惩罪范围。刑法规定的经济犯罪近百种，随着经济发展，还会出现新的违规违章的情况，原则上在法律没有修订或最高立法、司法机关没有做出司法解释之前，经侦部门不应自行其是，擅自扩大查处打击范围。二是坚决依照法定程序办案。法定程序是法律内容中不可分割的一部分，法律必须通过法定程序才能实施并体现其生命力，法定程序对法律的公正实现有举足轻重的作用，没有法定程序保障的地方，不会有真正的公民权利保障。经侦部门应高度重视程序的作用，准确、有力地打击各类经济犯罪。在充分认识依法办案的重要意义的基础上，防止走极端的倾向，要做到以下三个方面。一是要克服对经济犯罪不敢管、怕因插手经济纠纷而惹来麻烦的想法。对各种复杂难辨的经济案件，首先要做到事实不明时不推诿，本着依法保护合法权益的精神，认真查清基本事实后，应当受理的依法受理，应当告知的依法告知。二是要纠正过于自信、主观武断地

---

① 童永正. 论经侦工作的指导思想和一般原则［J］. 上海公安高等专科学校学报，1999（9）.

随意干涉经济纠纷、侵害当事人的合法权益的做法。判断经济行为是否属于违法犯罪应有充分的法律依据，绝不能仅凭以往的经验甚至是个人对某些经济行为的好恶办案，以致造成不良的执法后果。三是注意不受被害人仅要求追回经济损失的要求影响，以致对犯罪行为的惩处不重视。要以维护法律尊严为神圣天职，以保护社会主义市场经济秩序为根本，严格依法立案查处，坚决依法打击犯罪。

由于有关经济犯罪的法律在不断丰富与更新，经侦部门还需要有熟悉、应用、提高的过程，为提高依法办案的质量，经侦部门要会同法制部门，有针对性地加强对经济犯罪和经侦工作的研究，广泛听取意见和收集情况，为有关部门研究、制订司法解释提供充分根据，以逐步完善经侦工作的法制体系。

（2）坚持公正执法、依法保护当事人合法权益的原则。经济犯罪案件的形成常常有一个各方参与的过程，牵涉的单位比较多，有时呈现利益交错的状态，在侦办案件时势必会涉及有关各方利益的得失问题，这时经侦部门的公正执法显得尤为重要。经侦部门在接办各类案件时首先应在充分了解事实的基础上依法判定案件的性质，切忌先入为主，以致执法失衡。另外，对一些经济纠纷和经济犯罪案纠葛在一起的案件，更是应该以法律为根据，着力理清头绪，严格掌握政策，采取不同措施予以处理或惩罚。① 同时，要坚持以国家利益为重、以大局为重的原则立场，坚持以事实为依据，以法律为准绳，杜绝不讲法律、不明是非的地方保护主义之类的歪门邪道。

要注意加强对重大的、典型的和疑难的案件的剖析，不断探索经侦工作的规律性问题，熟练掌握和应用各类法律手段及方法，促进办案质量和水平的提高。同时，本着必须为经济建设服务的精神，在办案过程中，经侦部门要注意发现工企单位犯罪防范上的不足和管理上的漏洞，为当事单位提供法律咨询和防范建议，帮助企业落实防范措施，提高其自身保护合法权益的能力。

（3）坚持规范操作、廉洁自律的原则。市场经济是一种人、财、物自由流动的经济形式，同时又是一种高度追求经济利益的经济形式。由于我国社会主义市场经济体制还不完善，经济领域成为非常敏感、复杂的社会区域。侦办经济犯罪时，公安人员必然要涉足这一领域，接触的大量是经理、厂长、老板，会受到各种金钱的、物质的腐蚀、滋扰。加之经侦工作的规范化运作尚处于开始阶段，管理上存在疏漏，使每一个从事经侦工作的公安人员都面临着极大的

---

① 童永正. 论经侦工作的指导思想和一般原则 [J]. 上海公安高等专科学校学报, 1999 (9).

考验。为了坚决贯彻"规范操作、廉洁自律"的原则,第一,应在制度规范上有所保证。要防止公安人员在执法办案中因滥用职权或违章、违规操作侵害公民、法人的合法权益,甚至构成司法腐败。想仅仅依靠个人的觉悟、良心和道德自律是不现实的,必须对执法权力给予真正的约束,约束的基础是依法建立的制度规范。第二,要加强队伍的职业道德教育。清正廉洁是公安职业道德的基本要求,作为国家公务人员,其一举一动无不代表着国家的形象和国家的精神,因此必须从严管理,要求经侦民警遵纪守法,廉洁奉公,决不以权谋私,以权谋利。要提高广大经侦民警抵制各种腐蚀和诱惑的能力,使其经受住权力、金钱、美色、人情的考验。特别强调的是经侦民警有时在远离领导、缺乏监督的情况下工作,一定要慎独自律,谨慎从事,严守职业道德。办理经济犯罪案件严禁提成或变相提成,严禁索取"办案费""协作费",坚决杜绝向当事单位"吃、拿、卡、要"的做法,严格加强事先的法纪教育和事后的依法惩戒,保持队伍的廉洁性。

(4)坚持尽最大可能减少因经济犯罪而造成经济损失的原则。经济犯罪案件的一般特点是不仅有犯罪行为,而且往往以造成一定数量的经济损失为构成条件。因此在经侦工作中,犯罪嫌疑人落入法网不是案件的最后结果,只有尽最大努力挽回犯罪对国家和人民的经济利益造成的重大损失,才能给案件画上圆满句号。以尽可能减少国家、集体和群众的经济损失为公安机关的工作原则,体现了公安机关对国家和人民利益高度的责任感和负责精神。从打击经济犯罪的角度看,不仅要制裁犯罪分子,而且要彻底断绝其退路,凡能追回的赃款赃物一定要毫不留情地追缴回来。虽然有时这是个相当困难的过程,但只要具备这个精神,就能完成党和人民赋予我们的神圣使命。

7. 公安经济侦查权行使的手段

经济类犯罪具有专业性、复杂性、隐蔽性、多样性的特点,侦查工作应当组合使用公开、秘密、强制、技术等侦查手段,如互联网搜集、情报信息摸排、使用情报信息人员等,从而揭开经济类犯罪的冰山一角。

(1)秘密侦查。在经济类犯罪案件中,很多案件没有受害人,属于典型的犯罪现场缺乏,作案手段隐蔽,靠通过被害人报案或者知情人举报然后进行现场勘查、搜查等传统的侦查方法已很难侦破案件。[①] 此时,在法律规定的范围内,侦查机关针对涉案特定侦查对象,运用电子侦听、控制交付、情报信息人

---

① 刘晨,施伟. 从经侦视角看毒品案件中的洗钱犯罪与侦查[J]. 江苏警官学院学报,2011(26).

员等秘侦手段收集证据以揭露和证实犯罪。

(2) 技术侦查。在侦办经济类犯罪案件过程中,证据收集与侦办其他犯罪不同,具有较强的专业性,故而证据提取、固定需要大量的技术支撑,如税务技术、计算机技术、电信技术、商业技术等。详言之,洗钱行为通过互联网进行,侦查机关应当运用计算机技术中的网络控制、监管技术,电脑删除资料恢复技术,邮箱破译技术等方式,向科技要证据和警力。

(3) 追赃措施。经济类犯罪涉及的赃款往往十分巨大,若不能完全追回,对国家经济安全、公私财产安全以及金融秩序将造成严重的破坏。因此,追赃不仅是找到一种物证,更关系到国家利益、社会正义。追赃措施一般有控制资金流向和查询冻结两种。以洗钱罪为例,《中华人民共和国反洗钱法》第二十六条规定:国务院反洗钱行政主管部门可以将客户要求转往境外的涉案账户资金临时冻结,但临时冻结不得超过 48 个小时,除非侦查机关发出继续冻结的通知。换言之,侦查机关必须在这 48 个小时内审查国务院反洗钱行政主管部门或其派出机构的调查报告,迅速、准确及时地做出是否继续冻结的决定,绝不容许毒赃流出国门。

8. 经侦运行机制的历史发展

1978 年以前,由于国家处于封闭和高度计划经济体制状态下,经济犯罪没有滋生和泛滥的土壤,因而经济犯罪真正对国家产生影响是从 20 世纪 80 年代初开始,而经济犯罪对我国经济安全真正形成威胁则是在 1998 年东南亚经济危机前后。[①] 回顾 30 年来我国经侦运行机制之发展,大致可以将其分为三个阶段。

(1) 初具雏形阶段。20 世纪 80 年代初至 1995 年左右堪称我国经侦运行机制的初具雏形阶段。1978 年十一届三中全会之后,国门逐渐打开,走私、投机倒把、贪污贿赂等经济犯罪迅速蔓延。面对新形势,1980 年 1 月 1 日实施的 1979 年刑法显得有些力不从心,为此全国人大常委会于 1982 年出台了《关于严惩严重破坏经济的罪犯的决定》,到 1995 年左右,接连出台了多部关于打击经济犯罪的单行刑法。这一时期堪称我国经济犯罪立法的高峰期,同时也是我国经侦运行机制初步形成的阶段。这期间各地公安机关纷纷成立打击经济犯罪的专门机构,所办理的案件多为诈骗类犯罪(根据当时有关规定,生产销售伪劣商品、侵犯知识产权、涉税等犯罪属于检察机关管辖)。这一时期经侦运行机制的特点是:面对严峻的经济犯罪形势,公安机关与检察机关在打击经济犯罪上

[①] 房军,张凯,武芳. 传承与发展:关于我国经侦运行机制的思考 [J]. 辽宁警专学报,2009 (5).

各占半壁江山。公安机关内部打击经济犯罪专门机关的设置不统一,相当一部分隶属于刑侦部门,一些经济犯罪严重的城市和省份则比较早地设立独立建制,如沈阳市公安局于1989年成立经济犯罪侦查处,辽宁省公安厅于1992年成立经侦处。

(2) 逐步正规化阶段。1996年至2002年,可以说是我国经侦运行机制逐步正规化的阶段。1996年刑诉法和1997年刑法的出台对我国经侦运行机制产生了直接影响。前者将检察机关明确为公诉机关,其管辖的绝大多数经济犯罪转为公安机关管辖;后者将改革开放以来的多部单行经济刑法中规定的犯罪并入新刑法,同时又增加了大量新罪名。正是这两部法律的出台吹响了经侦运行机制逐步正规化的号角。基于上述新情况,1998年公安部将经济保卫局更名为经济犯罪侦查局。公安部经侦局的成立是我国经侦运行机制正规化的起点。1999年初缉私警察队伍成立(绝大部分走私犯罪划归海关系统管辖)和1999年10月8日全国第一次经侦工作会议召开则是我国经侦运行机制基本定型的标志。至此,我国公安机关经侦部门正式形成如下典型运行机制:公安部经侦局负责组织、指导、协调、督办重大经济犯罪案件的侦查,对全国经济犯罪情况进行汇总、分析、调研,制定相关规定、对策、立法建议,组织全国经侦队伍的培训等。省、自治区、直辖市公安厅(局)经侦总队承担类似公安部经侦局的组织、指导、协调、培训、规章制定等职能,同时承担部分省(区、市)内重大案件和中央交办案件的侦查。地市级公安局经侦支队承担大量经济犯罪案件的侦查工作,其在办案数量和队伍规模上大大超过省级总队。除经济较为发达的省份外,县区级经侦大队的战斗力相对较差,一般不承担重大经济犯罪案件的侦查工作。

(3) 进一步完善阶段。2003年以来是我国经侦运行机制进一步完善的阶段。2003年公安部经侦局加挂公安部证券犯罪侦查局牌子,相关处室人员常驻证监会,同时在上海、深圳、北京等六个城市设立六个证券犯罪侦查分局(大连、武汉、成都三地的分局后被撤销),经侦局三个直属总队(上海、深圳、北京)的设立是我国经侦运行机制进一步完善的标志,其重大意义在于开创了我国经侦最高指挥机关直接办案的先河,结束了我国经侦运行机制中长期存在的真正的办案公安民警统统是"地方军"的历史。直属总队设立几年来初步显现出其优势,但由于人力有限,组建较晚,加之与有关检察机关和审判机关的衔接尚需理顺,其潜能尚未发挥出来。

(二) 公安经济侦查权视域下的公民权的基本理论

公民权是法律规定的公民的基本权利,但受研究范围的限制,此处的公民权是在公安经济侦查权视域下的公民权。

1. 公民权的概念界定

（1）与人权的区别。公民权不同于人权，人权是一个社会历史的范畴，不同社会、不同阶级有不同的人权观。世界上每个国家的历史、政治、经济、风俗习惯、文化传统等都存在着比较大的差异，各国对人权的理解也不尽相同，不可能有完全统一的人权观。① 因此，人权是指那些直接关系到人得以维护生存、从事社会活动所不可缺少的最基本权利。如生命安全、人身自由、人格尊严、基本的社会保障等。

人权作为一种法定权利，在中国表现的基本形式是公民权。公民权即公民权利，是指国家宪法和法律确认、赋予并加以保护、支持和鼓励一国公民所享有的政治、经济、文化、社会等各方面的权利。② 公民权利主要包括：民主自由权、人身自由权、财产所有权、知识产权、债权、劳动就业和休息权、自我发展权、安全保护权等。

公民权既然是自然人作为公民，经由宪法和法律规范的认可和授予，而应当享有的权利和自由，那么它就应包括宪法权利和法律权利两个基本范畴，其中宪法权利则是最重要的和最基础性的。公民权是从属于公民的，是对公民作为自然人所具有的自然属性和社会属性的本能要求在法律上的反映，是一个国家对于个体应享有权利和自由的理性确认，它所承载的是在社会发展过程中所体现出来的特定价值观念和信仰。

人权与公民权的差异主要表现在以下五个方面。一是主体不完全相同。狭义的公民权仅限于有本国国籍的公民；而人权除本国公民外，还包括在本国领域内的外国人和无国籍人。此外，公民权的主体是单个人，而人权的主体既包括单个人，也包括群体如民族、国家、妇女、儿童等。二是属性不同。公民权仅有法律属性；而人权除法律属性外，还有道德属性和政治属性。从每个人应当享有的权利的角度看，人权属于道德范畴。20世纪50年代以来，以美国为首的西方国家将人权作为国际政治斗争的工具，干涉别国内政，给人权涂上了浓重的政治色彩，因而人权也具有了政治属性。三是适用范围不同。在一个特定国家里，只有本国公民才享有公民权，在该国的外籍人和无国籍人没有公民权，因而无法享有宪法规定的选举权、被选举权、政治地位平等权、全民公决权等，这些均属于本国公民的专有权利。而人权则适用于在国家领域内的所有人，包括外籍人士与无国籍人士。四是表达方式存在差异。公民权，各国一般都在宪

---

① 任雪征. 公安经济侦查权与公民权关系论纲［D］. 济南：山东大学，2007：12.
② 赵树民. 比较宪法学新论［M］. 北京：中国社会科学出版社，2000：340.

法中给以明确规定,但并不是所有国家都在宪法中给人权以明确规定。当然,宪法中未规定人权的国家不等于不尊重人权,因为国际法也是人权法的重要渊源,凡加入人权公约的国家都必须尊重和保障相关人权。① 五是实施和监督机制的差异。公民权的实现主要依靠国内法保障,包括执法司法机关的监督、社会监督和舆论监督。人权的实现除国内法和国内机关的保障外,还有国际法和国际人权组织的监督。

(2) 与人权的联系。人权与公民权两个概念含义相近,多数场合下甚至可以相互替代。《辞海》给这两个词分别定义为:人权是"人们应当平等地享有的权利";公民权是"公民依法享有的人身、政治、经济、文化等方面的权利。其中,由宪法规定的称为公民基本权利"。显然,人权与公民权是两个不同的概念,但它们又有着天然的联系,在历史上,公民权概念的出现早于人权,但现代政治权力、法律行为在理论上都要依循人权原理。作为法定权利,公民权利只有以人权为根据,才能保持其道德上的正当性并增强其适用效力。② 公民权与人权的关系可以视作法定权利与道德权利的关系,人权的外延要大于公民权。所以人权是公民权的政治基础,公民权则是人权的具体化和法律化。它们都体现了自由、平等、正义的价值取向。

因此,公民权是宪法和法律赋予的个体享有权利和自由的实际状态,核心内涵就是以人为本,它以自然状态下的权利为基础,以个人自由的相对最大化为目标,以社会秩序为手段,以和谐为最高价值,表达了在人类社会文明递进过程中,对人与人之间异化的关系进行修正的愿望。因此,公民权体系范畴也由原始的、经典的自由权转变为生存权和发展权,其内涵得到了极大的扩展。

2. 公安经济侦查涉及的主要公民权利

经济侦查权及其行使是指经侦机关及其工作人员在国家法律规定的职权范围内依法可以行使的权威性行为。经济侦查权的行使是一个能动的执法过程。行使经济侦查权的实质,就是运用经济侦查权对社会行为进行干预,是依据有关的法律规范来调整有关的经济安全以及经济秩序的社会关系。由于经济侦查权的重要性和特殊性,涉及财产数额巨大且作案手段复杂,所以行使权力要坚持合法、准确、及时、适度的原则,切实保护公民权利。与公安机关经侦部门行使权力密切相关的公民权利主要包括沉默权、知情权、陈述权和申辩权、听证权、救济权、平等保护权、受益权等。

---

① 李杰,朱向东. 人权与公民权之异同 [J]. 行政与法, 2005 (4).
② 夏勇. 人权概念起源 [M]. 北京:中国政法大学出版社, 1992:162 - 163.

第六章 公安经济侦查权与公民权的关系

(1) 沉默权。沉默权是指在无罪推定的原则之下，犯罪嫌疑人、被告人针对侦查人员、检察人员、审判人员的讯问，享有拒绝回答、保持沉默的权利。[①] 沉默权既是主体的道德权利，也是法律权利。沉默权作为一项道德权利，从本质上讲属于言论自由的范畴。沉默权是相对的，不是指完全不说就不用负刑事责任，任何权利都是相对于义务而言的，绝对的、不受任何限制的权利根本就不可能存在，所以沉默权也是相对的。沉默权起源于17世纪的英国，关于我国现行立法中是否有沉默权的规定，在法学界有一定争议。然而，我国的现行立法规定了无罪推定的原则，却缺少对犯罪嫌疑人、被告人的沉默权规定。因此，既然我国的刑事诉讼法中确定了无罪推定原则，那么沉默权的确立应当成为必然。在经济犯罪侦查过程中，缺少对犯罪嫌疑人的沉默权保护，从一定意义上说，易导致刑讯逼供等现象发生，不利于保护公民的合法权益。

(2) 知情权。公民的知情权是一项极其广泛的权利，存在于国家管理的各个领域。公民知情权即了解权，是指公民知悉、获取国家机关掌握的信息、社会信息和个人信息的自由和权利。知情权是个人生存权和发展权的一部分。公民的知情权体现在行使经济侦查权的过程中就是知情权。即公民在因为经济活动被采取刑事强制措施时有知悉自己犯罪事实、被采取措施的理由和依据以及享有何种救济的权利。

(3) 陈述权和申辩权。陈述权和申辩权来自公民的参与权。公民有为自己辩护的权利。公民的这个参与权体现在行使经济侦查权的过程中，就是陈述权和申辩权。陈述权就是指公民有权针对经侦部门的指控陈述自己的意见，包括陈述自己的行为事实、理由和意见。申辩权就是指公民为自己辩护的权利，包括对经侦部门作采取刑事强制措施的事实、理由和依据进行辩驳的权利。

(4) 平等对待权。平等对待权即受平等对待的权利，就是指经侦部门及其工作人员应平等地对待每一个公民，而不论其地位、金钱、性别、年龄、种族、宗教信仰等如何。所有的公民在法律上和道德上都是平等的主体，他们有权要求行政程序给他们以必须说明差别对待的理由。平等对待权作为公民的一项程序性权利，其重要意义就在于保证行政程序以及通过程序产生的结果符合"形式正义"的要求，以实现公民之间的公平。从公民个体的道德权利角度讲，平等对待权的一项本质要求就是一致性原则，因为对同样情况的不同处理将会导致对个体的区别和歧视，产生不平等和不公平。如果行政机关在某些情况下没

[①] 袁曙光. 沉默权：一个无法沉默的话题——从我国刑诉法应当如实回答谈起 [J]. 山东省青年管理干部学院学报：青年工作论坛，2009 (1).

有对同样情况进行同样对待，或对不同情况进行同样对待，应有解释这样做的充分理由。

（5）受益权。受益权应作广义的理解，它包括了积极的受益权，又包括了消极的收益权。所谓积极的受益权，是指行使主体在做出受益行政行为时，以自身积极的行为赋予行政相对人以利益；消极受益权，是指在行政主体为赋予性行政行为时，行政相对人因行政主体依法正确履行行政行为而间接受益。① 具体到经侦部门执法，这种积极的受益权主要就是指由于经侦部门及其工作人员积极地行使经济侦查权，履行义务而获得的各种利益及利益保障的权利。这些利益可以包括财产利益、人身利益和其他各种利益。消极受益权是指经侦部门执法过程中只要严格遵守法律规范，遵循法定程序而进行，虽然它介入了公民的私人领域，或无论其对私人的福利是否有实质上的好处，相对人仍然从这种规范的合法行为中获得了利益。

（6）要求行政赔偿权。公安行政赔偿是指公安机关及其公安行政执法人员违法行使公安行政职权，侵犯公民、法人和其他组织的合法权益造成损害的，由国家承当的赔偿责任。公安行政赔偿属于国家行政赔偿的一个重要组成部分，因此公安行政赔偿的实行对于促进公安机关严格执法，提高执法水平，切实保护当事人合法权益具有重要意义。《宪法》第四十一条第三款规定："由于国家机关和国家工作人员侵犯公民权利而受到损失的人，有依照法律规定取得赔偿的权利。"其使公民、法人和其他组织获得赔偿有了可靠的法律依据。

（三）公安经济侦查权与公民权关系的基本理论

从不同的角度而言，公安经济侦查权与公民权的关系有不同的类型，大致上可分为相一致的关系、相冲突的关系以及契约关系。公安经济侦查权的行使主体必须以公民权的实现为根本，公民权必须服从管理，二者才能达到平衡，实现社会经济秩序的稳定运行。

1. 公安经济侦查权与公民权关系的类型

古罗马法学家乌尔比安认为，有关罗马国家的法是公法，而有关私人的法是私法，这一特殊的法的分类方法，至今仍有其重要的影响。② 经济侦查权是公权力，它的设置在于维护社会经济秩序，是公民权这一私权实现的重要保证。公民权则是公安经济侦查权行使的源泉，也是对公安经济侦查权的制约。但作为涉及

---

① 侯文娟. 公安执法中的公民权利保护［D］. 济南：山东大学，2011：11.
② 葛大勇，杨海燕. 警察权与公民权关系的法理思考［J］. 吉林公安高等专科学校学报，2006（6）.

范围广、强制力明显的公权力，公安经济侦查权与作为私权利的公民权总是存在着冲突的一面，并且经常处于同公民权冲突的最前沿。因此，公安经济侦查权与公民权既是内在统一的，又经常表现为对立的，更表现为一种契约关系。

（1）公安经济侦查权与公民权的统一。无论是公安经济侦查权的来源与目的，还是出于保障公民权的需要且受到公民权的监督，都可以看出公安经济侦查权与公民权在本质上是统一的。

第一，公安经济侦查权源于公民权的让渡。国家公权力是社会有序运行之必需，通行的逻辑是：人们交出部分权利并缔结政治契约，构筑公共权力系统，公安经济侦查权就包含其中。我国的社会主义属性，决定国家权力本质上属于人民，人民通过民意代表机构以法定程序将公共权力赋予依法建立的公安机关，由此产生了维护社会金融秩序稳定所不可或缺的公安经济侦查权。可见，公安经济侦查权从其本源上是来自公民基本权力的让渡，公安经济侦查权与公民权不存在根本矛盾。

第二，公安经济侦查权的行使目的在于保障公民权。公安经济侦查权旨在维护社会经济秩序，而稳定的经济秩序是公众生存与发展所共同依赖的环境和条件。社会经济秩序混乱，公民权必然无从保障，公安经济侦查权因此成为公民权保障的主要力量。在我国，公安经侦部门及经侦人员是公民权的捍卫者，公安经济侦查权因承载着社会公意而体现出正当性。公安经济侦查权行使得愈有效，公民权保障则愈充分。

第三，公安经济侦查权的扩张取决于公民权保障的需要。社会法治环境总是受到国内外政治、经济、文化等发展变化的影响而呈现出动态变化。在犯罪甚嚣尘上、经济秩序状况恶化的情形下，公民权益受到现实危害的情况下，必然产生强化公安经济侦查权的强烈需求，由此可拓展、加强公安经济侦查权的配属，强化经侦部门的执法权威，以提高国家法治对于经济领域的干预度。因此，公安经济侦查权的强势和公民权的相应退让，是一种现实选择。可见，公安经济侦查权依据情势变化而有所调整，取决于维护公民权的需要。

第四，公安经济侦查权提倡并接受公民权的监督。公安经济侦查权是公安经侦部门掌握国家资源而获取支配他人的一种力量，而扩展性一般是权力运行的常态。著名法学家孟德斯鸠曾说："滥用权力是附在权力上的咒语，一切有权力的人都容易滥用权力，这是亘古不易的经验，有权力的人使用权力一直到遇有界限的地方才休止。"任何权力都必须接受社会监督，公安经济侦查权则尤甚，因为其强制性特点极易转变为对公民权的侵害。因此，我国公安经侦部门的广大民警在认真履行职责的同时，提倡并接受社会各界的监督，不断完善公民监督机制，这无疑体现了公安经济侦查权与公民权统一的实质。

(2) 公安经济侦查权与公民权的对立。公权力与私权利的归属和价值追求存在着差异，因而难免产生矛盾对立，其表现之一则是公安经济侦查权与公民权二者间的对立。

第一，二者对立反映了公共利益与个人利益的矛盾。公共利益是保证并发展个人利益的前提，但不能反映个人利益的全部，并且同个人利益经常发生对立，往往表现为公安经济侦查权与公民权的对立。行使公安经济侦查权主要是维护公共利益，不可能兼顾到每个公民的全部利益诉求，并且可能会损害到某些个人利益。但从宏观角度和长远利益考虑，这种局部、暂时的损害是维护公共利益的成本，是利大于弊的。公权力与私权利的"利益评价"着眼点有所不同，从而衍生出公安经济侦查权与公民权冲突的现实可能性。

第二，二者对立反映了秩序价值与自由价值的矛盾。在公共领域保持一定强度的公安经济侦查权是维护正常的金融秩序所必需的，但这会限制公众的一些自由。从价值层面上讲，公安经济侦查权追求的是经济秩序，任何对国家秩序的侵犯都是不被接受的。[①] 公民权追求的是个人自由，公安经济侦查权与公民权的冲突反映了经济秩序与个人自由的矛盾。公民转让一部分权利而承认公安经济侦查权的存在，意味着甘愿以放弃有限的个人自由作为代价，而换取享受经济秩序的稳定。因为无限的、放纵的个人自由等同于社会混乱。"没有限制的自由，只能损害自由"，"不加限制的自由，就会造成自由的毁灭"。因此，好的市场经济秩序是为了公众共同享受有序的、不妨害他人的自由，应当在秩序与自由之间寻求一个平衡点。公安经济侦查权与公民权的"对立"正是经济秩序同个人自由寻求平衡的博弈过程。这一过程是动态的、长期的，而"平衡"是相对的、短期的。只要存在经济秩序同个人自由的矛盾，就会存在公安经济侦查权与公民权的对立。

第三，二者对立反映了公安经侦部门的自由裁量与公民权益评判的矛盾。任何法律均不可能极尽精细化，总会留有一定的自由裁量空间。美国统一法学的代表埃德加·博登海默曾说："真正伟大的法律制度是这样一些制度，它们的特征是将僵硬性与灵活性给予某种具体的有机结合。"因此，公安经侦部门拥有一定的自由裁量权，属于必要的、现实的。但自由裁量又容易超越其限度甚至造成权力的滥用，侵害公民权益。并且，这种自由裁量无论正确与否，都有可能在面对个人评判时受到质疑、拒绝，甚至对抗。可见，经侦部门自由裁量权

---

① 邬铮.公安机关刑事侦查权制衡机制研究［D］.上海：华东政法大学，2015：6.

的客观存在,也是引发公安经济侦查权与公民权冲突的一个诱因。

第四,二者对立反映了经侦部门执法权威与公民消极对抗的矛盾。随着社会主义法治理念深入人心,社会公众对于职权中心主义执法观不断进行反思,保持更多的关注和警惕。部分公众甚至产生不信任公安经济侦查权的倾向,乃至走向另一个误区:消极对抗公安经济侦查部门执法权威,甚至暴力阻碍公安经侦人员执法。对于此种形式的公安经济侦查权与公民权的对立,应当引起足够的警觉。某些媒体的失当报道或评论,在一定程度上起着鼓噪公民权盲目对抗公安经济侦查权的消极效应。必须强调:公安经济侦查权的现实必要性与正当性决定了其必须保持足够的权威性,才能担当起维护整体利益和公民权益的职能;一味地限制、削弱公安经济侦查权,则更加不利于公民权的保障。公安经济侦查权与公民权得到同样的重视和保证,才能保持二者间的平衡。

(3) 公安经济侦查权和公民权是一种契约关系。不管是《刑事诉讼法》还是《人民警察法》,都可以看成是一种契约,一种公民权和侦查机关权力之间的契约。这种契约的签订与其说是一种立法过程,还不如说是一个谈判过程。

在我国市场经济高速发展并走向法治社会的过程中,公民权与公安经济侦查权之间的博弈尤为突出。公民权的主体是个人,而公安经济侦查权的主体则是公安机关经侦部门,这种力量和地位上的不平等,要求公安经济侦查权和公民权之间的契约内容应该以制约公安经济侦查权为本位,而不是限制公民权利。公安经济侦查权对公民权的威胁,事实上就是源于公安经济侦查权与公民权不平等的契约关系。公民权是一种消极自由权,某种程度上处于被动地位,而公安经济侦查权则是积极的、主动的。如果公安经济侦查权的边界模糊,在公共利益最大化的条件下,很容易造成对公民权利的侵犯。处于强势地位的公安经济侦查权很容易利用自己的优势地位,来强迫公民权主体违背自己的自由意志签订对自己不利的契约。通过职责规定制约公安经济侦查权,通过权利扩大保障消极自由权,只有通过这种契约内容的不平衡,才能弥补契约主体的不平等,实现契约的总体平等或者宏观平等。这正是公民权与公安经济侦查权之间契约的重要特色。

一般认为,契约是平等主体之间基于合意而产生的明确彼此权利义务的协议。公民权利的主体是个人,而公安经济侦查权的权力主体是公安经侦部门,仅从二者显然不平等的主体地位来看,公民权与公安经济侦查权之间不可能形成平等契约。但是,在现代行政法治时代,这种私法契约观念在行政法等公法领域是难以完全适用的,行政契约的合理存在就是对契约只能适用于私法领域的明确否定。行政契约主体地位的不平等不一定就必然影响契约的签订,在签订契约过程中，对等地位对于合意自由性的实现，仅仅只是充分要件而不是必要要件，公民权与公安经济侦查权主体地位是否平等对契约的形成不是一个决定性因素。另外，行政契约能够培育和倡导双方的合作精神，"合作主义"也是公安经侦人员和公众在权力和权利对话中实现平衡与和谐的应有态度，公安经侦人员要培养公众的合作态度和支持精神，公众则在时刻遵从自身制定的法律，真正成熟的法律正是所有公众自身的意志的表达。法律赋予公安经侦人员权威的同时，也在基本的意义上认识到公安经侦人员是公民自由的必需，公安经侦人员对公民行为的限制是公民必付的代价，是公民实现自由中不得不做的权利让渡。积极配合正当公安经济侦查权的行使，才能在与公安经侦人员的互动合作中主张自己的权利并增进公共安全。

公安经济侦查权与公民权的关系就是这样一种经过博弈后签订契约而达到的动态平衡关系，二者在运作过程中，依据既定的制度设置和程序规则在相互对峙、制约的基础上呈现出相对稳定、共存的状态。

随着市场经济的发展、经济的多元化，公民个体的自治领域不断地扩大。在自治领域中，有时公民不愿受公共权力的制约，而要靠自我的意识来调整自己的生活。所以，公权力和私权利之间也出现了一些新的冲突。解决这些冲突，需要公权力与公民权的良性互动，这意味着社会中个体利益与整体利益均获维护、公平与效率得到兼顾，标志着行政民主与法治化的真正实现。

2. 协调公安经济侦查权与公民权关系的要求

当注重强化公安经济侦查权时，有可能使公安经济侦查权强势而侵害公民合法权益；当注重张扬公民权时，有可能使公民权扩展而盲目对抗公安经侦部门执法。二者通过博弈而寻求社会秩序的稳定。[1] 在促进社会和谐的方针引领下，要求必须实践"平衡理念"有助于我们摆脱这种逻辑悖论，这无疑成为探求并实践二者间平衡的理论前提。

（1）公安经侦人员必须树立执法为民思想和人权保障理念。公安经侦部门及经侦人员应当将以人为本的原则融入公安执法、管理与服务中，把维护公民合法权益作为公安经侦部门工作尤其是经侦执法的出发点和落脚点；牢固坚守执法为民的宗旨，将执法为民提升至立警根基、力量源泉、执法准则的高度，作为公安经侦部门执法创新和队伍建设的生命线。公安经侦部门及经侦人员相对于公民个人，无疑占有公权资源的优势，应当在缓解公安经济侦查权与公民权冲突的努力中，更主动地做出姿态，更积极地更新自己，在法律的框架内创

---

[1] 刘文成. 社会法治的一个维度：警察权与公民权的平衡[J]. 天津法学，2012（2）.

新化解冲突的途径与办法，让执法在公平公正的前提下更为人性化、柔性化。应当说，践行执法为民思想是公安经济侦查权与公民权的平衡源。

执法为民是《宪法》关于"尊重和保障人权"原则的具体化。享有人权是人区别于动物的综合政治、道德、法律等要素而形成的基本标准。人权的主流精神是防止和对抗公权力走向恶政，这也是不同国体、政体的国家在人权保障理念上趋同的原因所在，它的范围十分广泛，不仅包括生存权、人身权和政治权利，而且包括经济、社会和文化等各方面的权利。[①] 公安经侦部门及经侦人员肩负着重大的政治与社会责任，其深层、核心的价值追求则是保障公民享受人权，从这一点引申开来，探求公安经济侦查权与公民权平衡的努力是合乎逻辑的。在法律没有明确规定执法边界或者公安经侦部门自由裁量的情境中，公安经济侦查权运行应当倾向于人权保障一侧；在权衡法益相称性时，公安行使经济侦查权应当主动地做出对公民有利的选择。总之，要自觉地将人权保障理念融进每一个执法环节。

（2）全体公民尤其是执法人员增强法律意识。法治是公安经济侦查权与公民权协调的基石，二者间的平衡博弈应当在法律的轨道上进行。在社会公众普遍地学法、懂法、守法的状态下，平衡公安经济侦查权与公民权的实践就会比较顺畅。因此，全体公民特别是广大公安经侦人员均应当增强法律意识，对于后者的要求应当更加严格和具体。因为公安经侦人员是执法者，其执法时如果违法，就会造成极其恶劣的影响，就会严重地减损公安经侦人员执法权威和执法公信力，使公众丧失对法治的信念，导致公安经济侦查权与公民权的严重失衡。可通过多种渠道与形式，加强普法宣传教育，促使公安经侦人员与公众将法律法规作为协调警察权和公民权的逻辑标尺，双方通过对话而认同并培育合作精神。公安经侦人员在公正执法的同时要注意维护执法相对人的合法权益，公民则对公安经侦人员执法给予信任、支持的态度，并对公安的经侦工作予以理解。应当说，增强法律意识使公安经济侦查权与公民权的平衡具有了理性层次。

二、公安经济侦查权与公民权的基本规范

我国专门针对公安经济侦查权的基本规范较少，此视域下的有关公民权的基本规范也少，很多仅仅是规定，并没有上升到法律的高度，这也是我国法律体系的一大缺陷。涉及的法律主要有《中华人民共和国刑法》《中华人民共和国

[①] 丛华. 法治视野中的警察权与公民权的平衡关系 [J]. 犯罪研究，2013 (1).

警察法》《中华人民共和国刑事诉讼法》《中华人民共和国种子法》《中华人民共和国反洗钱法》《中华人民共和国烟草专卖法》；司法解释主要有《最高人民法院关于审理经济纠纷案件中涉及经济犯罪嫌疑若干问题的规定》《最高人民法院、最高人民检察院关于办理危害食品安全刑事案件适用法律若干问题的解释》《最高人民法院、最高人民检察院关于办理非法生产、销售烟草专卖品等刑事案件具体应用法律若干问题的解释》《最高人民法院、最高人民检察院关于办理生产、销售伪劣商品刑事案件具体应用法律若干问题的解释》《最高人民法院、最高人民检察院关于办理妨害信用卡管理刑事案件具体应用法律若干问题的解释》《最高人民法院关于审理非法集资刑事案件具体应用法律若干问题的解释》《最高人民法院关于审理非法出版物刑事案件具体应用法律若干问题的解释》《最高人民法院、最高人民检察院关于办理生产、销售假药、劣药刑事案件具体应用法律若干问题的解释》；行政法规主要有《禁止传销条例》《国务院关于加强食品等产品安全监督管理的特别规定》《中华人民共和国濒危野生动植物进出口管理条例》《金融违法行为处罚办法》《出版管理条例》；部门规章主要有《公安机关办理经济犯罪案件的若干规定》《公安机关办理刑事案件程序规定》《关于对金融机构重大经济犯罪案件负有领导责任人员行政处分的暂行规定》《电信网络新型违法犯罪案件冻结资金返还若干规定》《食品药品行政执法与刑事司法衔接工作办法》《非药用类麻醉药品和精神药品列管办法》《公安机关执法公开规定》《公安机关人民警察纪律令》《公安机关人民警察执法过错责任追究规定》《黄金及黄金制品进出口管理办法》《融资担保合同管理暂行办法》；其他规范性文件主要有《公安部关于禁止越权干预经济纠纷的通知》《公安部关于严禁公安机关插手经济纠纷违法抓人的通知》《公安部关于公安机关不得非法越权干预经济纠纷案件处理的通知》等。具体见下表：

序号	性质	全称	适用条款
1	法律	《中华人民共和国刑法》	第 140—231 条
2	法律	《中华人民共和国刑事诉讼法》	第 3、9、28—33、33—34、48、50、54、80、83、91、107—108、112—114、116—161、176、192、218—219、267、270 条

续表

序号	性质	全称	适用条款
3	法律	《中华人民共和国警察法》	第3、5—8、12、14—15、18—22、24—27、32—44、45—46、48—53、56—57、59、62、65—75、86、88、89、92—101条
4	法律	《中华人民共和国种子法》	第49条
5	法律	《中华人民共和国反洗钱法》	第13条
6	法律	《中华人民共和国烟草专卖法》	第19条
7	司法解释	《最高人民法院关于审理经济纠纷中涉及经济犯罪嫌疑若干问题的规定》	第2—6条
8	司法解释	《最高人民法院、最高人民检察院关于办理危害食品安全刑事案件适用法律若干问题的司法解释》	第8—15条
9	司法解释	《最高人民法院、最高人民检察院关于办理非法生产、销售烟草专卖品等刑事案件具体应用法律若干问题的解释》	第1—2条
11	司法解释	《最高人民法院、最高人民检察院关于办理妨害信用卡管理刑事案件具体应用法律若干问题的解释》	第1—6条
12	司法解释	《最高人民法院关于审理非法集资刑事案件具体应用法律若干问题的解释》	第1—8条

续表

序号	性质	全称	适用条款
13	司法解释	《最高人民法院关于审理非法出版物刑事案件具体应用法律若干问题的解释》	第2、11—14条
14	司法解释	《最高人民法院、最高人民检察院关于办理生产、销售假药、劣药刑事案件具体应用法律若干问题的解释》	第1—5条
15	行政法规	《禁止传销条例》	第4—5、7、23—24、28条
16	行政法规	《国务院关于加强食品等产品安全监督管理的特别规定》	第3—4、8、17条
17	行政法规	《中华人民共和国濒危野生动植物进出口管理条例》	第26条
18	行政法规	《金融违法行为处罚办法》	第8—9、11—16、24条
19	行政法规	《出版管理条例》	第5、58条
20	部门规章	《公安机关办理经济犯罪案件的若干规定》	第1—9、12、14—35条
21	部门规章	《公安机关办理刑事案件程序规定》	第1—2、4—5、18—20、30、32—34、57、74—165、175—177、187—286条
22	部门规章	《关于对金融机构重大经济犯罪案件负有领导责任人员行政处分的暂行规定》	第4条
23	部门规章	《电信网络新型违法犯罪案件冻结资金返还若干规定》	第3—4、6—8、10—11条

续表

序号	性质	全称	适用条款
24	部门规章	《食品药品行政执法与刑事司法衔接工作办法》	第5、25条
25	部门规章	《非药用类麻醉药品和精神药品列管办法》	第4条
26	部门规章	《公安机关执法公开规定》	全文适用
27	部门规章	《公安机关人民警察纪律令》	全文适用
28	部门规章	《公安机关人民警察执法过错责任追究规定》	全文适用
29	部门规章	《黄金及黄金制品进出口管理办法》	第26条
30	部门规章	《融资性担保合同管理暂行办法》	第48—49条
31	其他	《公安部关于严禁越权干预经济纠纷的通知》	全文适用
32	其他	《公安部关于严禁公安机关查收经济纠纷违法抓人的通知》	全文适用
33	其他	《公安部干预用那机关不得非法越权干预经济纠纷案件处理的通知》	全文适用

（一）公安经济侦查权的基本规范

有关公安经济侦查权的基本规范主要分为四个部分，法律、司法解释、行政法规和部门规章，具体如下：

1. 法律

经济侦查部门	任务	《中华人民共和国人民警察法》	第2条	第2条规定了公安机关的任务，也包括经济侦查部门的任务。维护国家安全和公共安全，维护社会秩序和社会稳定，保护公民、法人和其他组织的合法权益，保护公共财产，预防、制止、查处和惩治违法犯罪活动。涉及经济侦查部门的主要是保护公私财产，维护社会秩序。
	职责	《中华人民共和国人民警察法》	第6条	第6条规定了公安机关的职责范围。涉及经济侦查部门的主要包括：预防、制止和侦查犯罪活动，维护经济秩序。
		《中华人民共和国刑事诉讼法》	第3条	第3条规定对刑事案件的侦查、拘留、执行逮捕、预审，由公安机关负责。
		《中华人民共和国刑事诉讼法》	第33—34、267条	第33—34条规定侦查机关在第一次讯问犯罪嫌疑人或者对犯罪嫌疑人采取强制措施时，应当告知犯罪嫌疑人有权委托辩护人。被告人是盲、聋、哑人，未成年人，或者是尚未完全丧失辨认或者控制自己行为能力的精神病人，可能被判处无期徒刑、死刑的人，没有委托辩护人的，公安机关应当通知法律援助机构指派律师为其提供辩护。
			第270条	第270条规定，对于未成年人刑事案件，讯问时应当通知未成年犯罪嫌疑人的法定代理人到场。
	证件出示	《中华人民共和国刑事诉讼法》	第83、91条	第83条、91条规定公安机关拘留人、逮捕人的时候应出示拘留证、逮捕证。
	权力	《中华人民共和国刑事诉讼法》	第80条	第80条规定公安机关对现行犯或者重大嫌疑分子，有正在预备犯罪、实行犯罪或者犯罪后即时被发觉等情形，可现行拘留。

续表

经济侦查部门	受案范围			
		《中华人民共和国刑法》	第 140—150 条	主要涉及触犯生产、销售伪劣商品罪的各类情形及具体罪名。
			第 151—157 条	主要涉及触犯走私罪的各类情形及具体罪名。
			第 158—169 条	主要涉及触犯妨害对公司、企业的管理秩序罪的各类情形及具体罪名。
			第 170—191 条	主要涉及触犯破坏金融管理秩序罪的各类情形及具体罪名。
			第 192—200 条	主要涉及触犯金融诈骗罪的各类情形及具体罪名。
			第 201—212 条	主要涉及触犯危害税收征管罪的各类情形及具体罪名。
			第 213—220 条	主要涉及触犯侵犯知识产权罪的各类情形及具体罪名。
			第 221—231 条	主要涉及触犯扰乱市场秩序罪的各类情形及具体罪名。
		《中华人民共和国种子法》	第 49 条	第 49 条规定禁止生产经营假、劣种子，维护公平竞争的市场秩序。
		《中华人民共和国反洗钱法》	第 13 条	第 13 条规定反洗钱行政主管部门和其他依法负有反洗钱监督管理职责的部门、机构发现涉嫌洗钱犯罪的交易活动，应当及时向侦查机关报告。

续表

经济侦查部门	受案范围	《中华人民共和国烟草专卖法》	第19条	第19条规定禁止生产、销售假冒他人注册商标的烟草制品。
	立案	《中华人民共和国刑事诉讼法》	第107—108条	第107—108条规定公安机关发现犯罪事实或犯罪嫌疑人，应当按照管辖范围，立案侦查。对于不属于自己管辖的，应当移送主管机关处理。
	侦查	《中华人民共和国刑事诉讼法》	第113—114条	第113—114条规定公安机关对已经立案的刑事案件应当进行侦查，经过侦查，对有证据证明有犯罪事实的案件，应当进行预审。
			第116—121条	第116—121条规定讯问犯罪嫌疑人的程序及流程，以及禁止性规定。
			第122—125条	第122—125条规定询问证人及被害人的程序及流程，以及禁止性规定。
			第126—133条	第126—133条规定勘验、检查的程序及流程，以及禁止性规定。
			第134—138条	第134—138条规定了搜查的程序，必须向被搜查人出示搜查证；搜查妇女的身体，应当由女工作人员进行。
			第139—143条	第139—143条规定扣押物证、书证的条件，对查封、扣押的财物、文件，经查明确实与案件无关的，应当予以退还。
			第144—147条	第144—147条规定了鉴定的程序、时间，以及鉴定人故意作虚假鉴定的，应当承担法律责任。
			第148—152条	第148—152条规定了技术侦查措施的适用条件及程序，以及及时销毁与案件无关的信息。
			第153条	第153条规定公安机关有权在自己的辖区内发布通缉令，超出自己的辖区，应当报请有权决定的上级机关发布。
			第154—161条	第154—161条规定侦查终结的条件，以及延长侦查时间的程序。

续表

经济侦查部门	证据收集	《中华人民共和国刑事诉讼法》	第48条、50条、54条	第48条规定了证据的八种法定类型，同时规定证据必须经过查证属实，才能作为定案的依据，严禁刑讯逼供等其他非法方法收集证据。
	回避	《中华人民共和国刑事诉讼法》	第28—31条	第28—31条规定了回避的情形、回避的程序以及回避决定的做出。

由表可以看出，法律的规定比较泛化，原则性规定较多，针对公安经侦部门的专门规定几乎没有，这也是法律亟待完善的地方。

2. 司法解释

经济侦查部门	受案范围	《最高人民法院关于审理经济纠纷案件中涉及经济犯罪嫌疑若干问题的规定》	第2—6条	第2—6条规定了经济犯罪的类型，包括以单位名义对外签订经济合同；借用空白合同书，以出借单位名义签订经济合同；盗用公章、合同书，私刻公章等签订经济合同骗取财物的行为。
		《最高人民法院、最高人民检察院关于办理危害食品安全刑事案件适用法律若干问题的解释》	第8—15条	第8—15条规定属于"生产、销售不符合安全标准的食品罪""生产、销售有毒、有害食品罪""非法经营罪"等情形。
		《最高人民法院、最高人民检察院关于办理非法生产、销售烟草专卖品等刑事案件具体应用法律若干问题的解释》	第1—2条	第1—2条规定属于"生产、销售伪劣产品罪""假冒注册商标罪""销售假冒注册商标的商品罪"等的情形。
		《最高人民法院、最高人民检察院关于办理妨害信用卡管理刑事案件具体应用法律若干问题的解释》	第4条	第4条规定属于"伪造、变造、买卖国家机关公文、证件、印章罪和伪造公司、企业、事业单位、人民团体印章罪"的情形。
		《最高人民法院关于审理非法集资刑事案件具体应用法律若干问题的解释》	第1、2—4、6—8条	明确了属于"非法吸收公众存款或者变相吸收公众存款罪""集资诈骗罪""擅自发行股票、公司、企业债券罪""非法经营罪""虚假广告罪"的情形。

233

续表

经济侦查部门	受案范围	《最高人民法院关于审理非法出版物刑事案件具体应用法律若干问题的解释》	第11条	第11条明确了属于"非法经营罪"的情形。
		《最高人民法院、最高人民检察院关于办理生产、销售假药、劣药刑事案件具体应用法律若干问题的解释》	第4—5条	第4—5条明确了属于"销售假药罪""销售劣药罪""生产、销售劣药罪"的情形。
		《最高人民法院、最高人民检察院关于办理危害食品安全刑事案件适用法律若干问题的解释》	第1—7条	第1—7条规定了有关"足以造成严重食物中毒事故或者其他严重食源性疾病""对人体造成严重危害""其他严重情节""后果特别严重"的认定标准。
		《最高人民法院、最高人民检察院关于办理生产、销售伪劣商品刑事案件具体应用法律若干问题的解释》	第1—8条	第1—8条严格定义了"不合格产品""销售金额",明确了"足以危害人体健康""足以造成严重食物中毒事故或者其他严重食源性疾病""对人体造成严重危害""后果特别严重"的认定标准。
		《最高人民法院、最高人民检察院关于办理妨害信用卡管理刑事案件具体应用法律若干问题的解释》	第1—3、5—6条	第1—3条、5—6条明确了"情形特别严重""数额较大""数量巨大"的认定标准。
		《最高人民法院关于审理非法集资刑事案件具体应用法律若干问题的解释》	第5条	第5条明确了集资诈骗罪"数额较大""数额巨大""数额特别巨大"的标准。
		《最高人民法院关于审理非法出版物刑事案件具体应用法律若干问题的解释》	第2、12—14条	明确了"违法数额较大""具有其他严重情节"、非法经营"情节严重""情节特别严重"的标准。
		《最高人民法院、最高人民检察院关于办理生产、销售假药、劣药刑事案件具体应用法律若干问题的解释》	第1—3条	明确了"足以危害人体健康""对人体健康造成严重危害"的认定标准。

234

由表可以看出，司法解释针对经济犯罪规定较多，但涉及的主要是案件受理范围，并未涉及到公安经侦权的具体行使，也未涉及对经侦人员的规定。

3. 行政法规

经济侦查部门	职责范围	《禁止传销条例》	第4条	第4条规定公安机关应当按照本条例的规定，在职责范围内查处传销行为。
	工作原则	《禁止传销条例》	第5条	第5条规定公安机关应坚持处罚与教育相结合的原则，教育公民、法人或者其他组织自觉守法。
	受案范围	《禁止传销条例》	第7条	第7条规定了属于传销行为的类型，包括发展其他成员加入，交纳费用，形成线上线下关系等。
		《金融违法行为处罚办法》	第15、16条	第15条规定了属于金融犯罪的情形，包括吸收存款、擅自开办新的存款业务种类、向关系人发放信用贷款等。
		《国务院关于加强食品等产品安全监督管理的特别规定》	第3、4、8、17条	规定了构成"生产、销售伪劣商品罪"的情形以及对直接负责的主管人员追究责任的情形。
		《中华人民共和国濒危野生动植物进出口管理条例》	第26条	第26条规定走私濒危野生动植物及其产品，构成犯罪的，依法追究刑事责任。
		《金融违法行为处罚办法》	第8、9、11—14、24条	规定了构成虚假出资罪或者抽逃出资罪或者其他罪的情形，构成非法经营罪或者其他罪的情形，构成发放贷款罪的情形，构成提供虚假财会报告罪，构成非法出具金融票证罪，构成对违法票据承兑、付款、保证罪等情形。
		《出版管理条例》	第64条	第64条规定，走私出版物的，依照刑法关于走私罪的规定追究刑事责任。
	侦查	《禁止传销条例》	第23条	第23条规定经侦查属于传销行为的，公安机关可以向社会公开发布预警、提示。
			第24、28条	第24条、28条规定经查处构成犯罪的，公安机关依法追究刑事责任。

由表可以看出，行政法规针对经济犯罪规定较多，但涉及的主要是案件受理范围，也规定了有关侦查的少量内容，但未涉及有关经侦人员的规定。

4. 部门规章

经济侦查部门	任务和基本原则	《公安机关办理刑事案件程序规定》	第1—2、4—5条	规定公安机关的任务是保证准确、及时地查明犯罪事实，正确运用法律，惩罚犯罪分子；同时，对于一切公民，在适用法律上一律平等，不允许有任何特权，且要与人民法院、人民检察院分工负责，相互配合。
		《电信网络新型违法犯罪案件冻结资金返还若干规定》	第3—4条	规定公安机关应当依照法律、行政法规和本规定的职责、范围、条件和程序，坚持客观、公正、便民的原则，查清被害人资金流向，实施涉案冻结资金返还工作。
	执法要求	《公安机关执法公开规定》	全文适用	规定公安机关依照法律、法规、规章和其他规范性文件规定，向社会公众或者特定对象公开刑事、行政执法的依据、流程、进展、结果等相关信息，以及网上公开办事活动。
	管辖	《公安机关办理经济犯罪案件的若干规定》	第1—5条	第1—5条规定公安机关内部对经济犯罪案件的管辖，严格按照刑事案件管辖分工的有关规定执行。
		《公安机关办理刑事案件程序规定》	第18—20条	第18—20条规定管辖权存在争议时的处理，与《刑事诉讼法》的规定一致。
	受案范围	《关于对金融机构重大经济犯罪案件负有领导责任人员行政处分的暂行规定》	第4条	第4条规定金融机构发生重大经济犯罪案件，其业务部门负责人、分管领导、主要领导有法定情形构成犯罪，移交司法机关处理。
		《食品药品行政执法与刑事司法衔接工作办法》	第5、25条	第5条规定，食品药品监管部门在查办食品药品违法案件过程中，发现涉嫌犯罪，依法需要追究刑事责任的，应当及时将案件移送公安机关。第25条规定了食品药品监管部门依据检验检测报告、结合专家意见等相关材料出具结论的具体格式。

续表

经济侦查部门	受案范围	《非药用类麻醉药品和精神药品列管办法》	第4条	第4条规定对列管的非药用类麻醉药品和精神药品，禁止任何单位和个人生产、买卖、运输、使用、储存和进出口。
		《黄金及黄金制品进出口管理办法》	第26条	第26条规定违反本办法规定进出口黄金及黄金制品，构成走私行为或者违反海关监管规定等违法行为的，构成犯罪的，依法移交司法机关追究刑事责任。
		《融资担保公司管理暂行办法》	第48—49条	第48—49条规定监管部门、融资担保公司有法律规定情形，依法追究刑事责任。
	立案	《公安机关办理经济犯罪案件的若干规定》	第6—8条	第6—8条规定了立案审查的期限、可采取的调查措施、一般不公开进行的原则。
			第9、12、15条	第9条、12条规定了应予立案的情形，包括有犯罪事实、涉案数额达到追诉标准、属于该公安机关管辖；人民法院将案件移送公安机关、人民检察院通知公安机关立案等情形，以及公安机关撤销案件后，又发现新的事实证据，需追究刑事责任的。
		《公安机关办理刑事案件程序规定》	第175—177条	第175—177条规定决定立案与不予立案的程序，即要经过县级以上公安机关负责人批准。同时，对于行政执法机关移送的案件，依法决定立案的，应当书面通知移送案件的行政执法机关；依法不予立案的，应当说明理由，并将不予立案通知书送达移送案件的行政执法机关，相应退回案件材料。
	销案	《公安机关办理经济犯罪案件的若干规定》	第14条	第14条规定撤销案件的情形，即对犯罪嫌疑人解除强制措施后十二个月，仍不能移送审查起诉或依法做出其他处理的，公安机关应当撤销案件。
	强制措施	《公安机关办理经济犯罪案件的若干规定》	第17—26条	第17—26条规定公安机关采取强制措施必须遵循法律规定的条件和程序，考虑犯罪嫌疑人涉嫌犯罪的轻重程度、解除强制措施的情形及条件。
		《公安机关办理刑事案件程序规定》	第74—165条	第74—165条规定采取强制措施的情形及具体适用程序。包括取保候审、监视居住、拘留、羁押等情形。

237

续表

经济侦查部门	侦查	《公安机关办理刑事案件程序规定》	第187—190、192条	第187—190、192条属于一般性规定，即公安机关侦查犯罪，应当严格依照法律规定的条件和程序进行。
			第193—204条	第193—204条规定公安机关讯问犯罪嫌疑人的程序，包括讯问的时间、地点等。
			第205—207条	第205—207条规定公安机关询问被害人、证人的程序，包括询问的地点、方法等。
			第208—216条	第208—216条规定勘验、检查的程序，包括场所、参加人员等。
			第217—221条	第217—221条规定搜查的程序，包括经过批准、有见证人在场、制作笔录等。
			第222—230条	第222—230条规定查封、扣押的程序，包括经过批准、制作扣押决定书、对扣押物的保管等。
			第231—238条	第231—238条规定查询、冻结的程序，包括制作协助解除冻结财产通知书、通知金融机构执行等。
			第239—248条	第239—248条规定鉴定的程序，包括制作鉴定聘请书、出具鉴定意见等。
			第249—253条	第249—253条规定辨认的程序，包括主持辨认的侦查人员不得少于二人，必要时，对辨认过程进行录音、录像等。
			第254—264条	第254—264条规定技术侦查的程序，包括可采取技术侦查措施的情形、制作技术侦查措施报告书等。
			第265—273条	第265—273条规定通缉的程序，包括通缉令的发布范围、注明通缉令的编号、日期等。
			第274—283条	第274—283条规定侦查终结所应具备的条件以及制作结案报告等程序性规定。
			第284—286条	第284—286条规定补充侦查的程序规定，包括时间、次数的限制等。

续表

经济侦查部门	侦查	《电信网络新型违法犯罪案件冻结资金返还若干规定》	第6—8、10—11条	第6—8、10—11条规定公安机关冻结涉案资金及返还的程序，包括对被害人的申请进行核实，制作《电信网络新型违法犯罪涉案资金流向表》《电信网络新型违法犯罪冻结资金协助返还通知书》，返还方式等。
	办案协作	《公安机关办理经济犯罪案件的若干规定》	第27—31条	第27—31条规定，办理经济犯罪案件需要其他异地公安机关协作的，由主办地的县级以上公安机关直接出具《办案协作函》等法律文件及手续。
			第32—33条	第32—33条规定协作机关核验手续及无条件配合的义务。同时，协作地公安机关发现主办地公安机关存在违反法律规定的行为时，应当及时向主办地公安机关指出。
	证据	《公安机关办理刑事案件程序规定》	第57条	第57条规定公安机关必须依照法定的程序，收集能够证实犯罪嫌疑人有罪或者无罪、犯罪情节轻重的各种证据。
	执法监督与责任追究	《公安机关办理经济犯罪案件的若干规定》	第35条	第35条规定，立案机关赴省外办案，按照本省自行制定的内部审批程序呈报上级公安机关审查批准的，上级公安机关对所出具的审查结论承担责任。但是，立案机关在呈报审查材料时，故意隐瞒或虚报事实，由立案机关承担全部责任。
经侦人员	回避	《公安机关办理刑事案件程序规定》	第30条	第30条规定公安机关负责人、侦查人员进行回避的情形。
			第33条	第33条规定回避的程序。即侦查人员的回避，由县级以上公安机关负责人决定；县级以上公安机关负责人的回避，由同级人民检察院检察委员会决定。
	执法监督与责任追究	《公安机关办理经济犯罪案件的若干规定》	第34条	第34条规定各级公安机关应当加强对办理经济犯罪案件活动的督察和执法监督工作，对发生执法过错的，根据情况分别追究案件审批人、审核人、办案人及其他直接责任人的责任，构成犯罪的，依法追究刑事责任。
		《公安机关人民警察纪律令》	全文适用	规定人民警察应当规范行使职权，履行自己的职责以及违纪的处分规定。
		《公安机关人民警察执法过错责任追究规定》	全文适用	规定公安机关人民警察在执行职务中，故意或者过失造成的认定事实错误、适用法律错误、违反法定程序或者其他执法错误时应追究的责任。

由表可以看出，相对于法律、司法解释、行政法规，部门规章针对公安经侦权的规定较多，既涉及公安经侦权的具体行使，也涉及了对经侦人员的程序性规定以及责任的追究。

5. 其他规范性文件

公安机关	禁止插手经济纠纷	《公安部关于禁止越权干预经济纠纷的通知》	全文适用	主要规定为防止公安机关和民警越权干预经济纠纷，要求各地公安机关不得干预经济纠纷，切实纠正办理经济案件中的各种违法行为和不正之风。侦办诈骗案件采取强制措施必须严格执行有关法律和公安部有关规定，完善办理案件程序。
		《公安部关于严禁公安机关插手经济纠纷违法抓人的通知》	全文适用	主要规定公安机关插手经济案件的表现，重申各地公安机关办理经济犯罪案件必须严格执行最高人民法院、最高人民检察院、公安部关于案件管辖的规定，严禁滥用收容审查手段，杜绝"以收代侦"，不允许搞"办案提成"，派人到外地执行办案任务，要履行完备的法律手续。
		《公安部关于公安机关不得非法越权干预经济纠纷案件处理的通知》	全文适用	主要规定禁止公安机关以查处诈骗罪等经济犯罪案件为名，直接插手干预经济纠纷案件的处理。必须划清经济犯罪和经济纠纷的界限，严格依法办事。严禁非法干预经济纠纷问题的处理。遇到公安机关投诉的经济纠纷事项，应当告知当事人到有关主管机关去解决，或及时移送有关主管机关。禁止用非法手段提成牟利。

这些关于禁止公安机关插手经济案件的规定，都没有上升到法律、法规、规章的高度，仅仅是一些"通知"，为保障彻底执行这些规定，应提高其法律效力。

（二）公民权的基本规范

在公安经济侦查权的视域下，有关公民权的法律规范很少，且只是一些原则性规定，不具体。对公安机关的规定很多，但有的没有上升到法律的高度。有关公民权的法律主要有《中华人民共和国刑事诉讼法》，行政法规有《出版管理条例》，部门规章有《公安机关办理经济犯罪案件若干规定》《公安机关办理刑事案件程序规定》，具体如下：

1. 法律

权利	《中华人民共和国刑事诉讼法》	第9条	第9条主要规定各民族公民都有用本民族语言文字进行诉讼的权利。
		第33—34条	第33—34条规定犯罪嫌疑人、被告人有权委托律师。
		第114条	第114条规定，对于自诉案件，被害人有权向人民法院直接起诉。
		第180条	第180条规定，被害人不服检察院的不起诉决定，可自收到决定书后7日内向上一级人民检察院申诉。
		第197条	第197条规定，在法庭审理过程中，当事人有权申请通知新的证人到庭，申请法庭通知有专门知识的人出庭。
		第227、228条	第227、228条规定被害人、被告人不服一审判决，可分别提起抗诉、上诉。

由表可以看出，法律针对公民权利的规定不深入，在公安经济侦查权视域下的公民权利很少有明确规定，法律需要亟待完善。

2. 行政法规

权利	《出版管理条例》	第5条	第5条规定公民依法行使出版自由的权利，各级政府予以保障。

由表可以看出，关于公安经济侦查权视域下的公民权的行政法规规定少之甚少，这是行政法规很不完善的地方。

3. 部门规章

权利	《公安机关办理经济犯罪案件若干规定》 第5条	第5条规定，被害人或犯罪嫌疑人及其法定代理人对案件管辖有异议的，可以向立案侦查的公安机关申诉。
	《公安机关办理经济犯罪案件若干规定》 第16条	第16条规定了被害人及其法定代理人、近亲属的知情权。即公安机关应将案件侦破情况、撤销案件的结果、理由，以及重大经济犯罪案件可以公开的情况告知。
	《公安机关办理刑事案件程序规定》 第32、34条	规定当事人及其法定代理人有权对侦查人员提出回避申请。
	第191条	规定当事人对于公安机关及其侦查人员的违法行为，有权向该机关申诉、控告。

由表可以看出，部门规章相对于法律、行政法规对公安经济侦查权视域下的公民权规定较为具体，但仍需进一步补充。

(三) 公安经济侦查权与公民权基本规范的评析

经济犯罪属于新型犯罪，是随着社会主义市场经济的发展而出现的。市场环境不断变化，法律不断更新，以前被认为属于经济犯罪的情况现在已被排除在犯罪之外，这些都体现市场经济的决定作用。而我国专门针对经济犯罪的法律规范并不完善，大多是原则性规定。对于公安经济侦查权，我国没有一部专门针对公安经侦权行使的法律规范，很多是涉及受案范围的有关规定，有的未上升到法律规范的高度，效力很低，并不能保证其被有效贯彻。对于公民权的保护来说，公安经济侦查权视域下的公民权应当由法律做出具体规定，并且应当规定公民行使权利的规则，这里的公民既包括被害人，也包括犯罪嫌疑人、被告人，然而我国的法律规范并没有对此做出详细规定，几乎都是一些泛化的原则性规定，更没有针对公安经济侦查权视域下的公民权的规范。我国的法律需要紧跟时代步伐，及时根据实践需要制定规范，以便正确指导实践。

三、公安经济侦查权与公民权的基本状况

由于各类经济犯罪案件数量不断上升，公安机关加大了经济侦查权的行使力度，在一定程度上遏制了经济犯罪数量的增长，但涉案金额却不断增多。公安经济侦查权在各类经济犯罪案件中的行使状况不同，有其各自的局限性，仍需不断提高侦查效率，打击犯罪。

（一）公安经济侦查权与公民权现状

市场经济高速发展的同时，也带来了经济犯罪数量飙升。以安徽省为例，2015年，全省公安机关共受理各类经济犯罪案件7459起，立案7430起，涉案金额306亿余元，同比分别增长了11%、19%、79%。2016年第一季度，全省公安机关共受理各类经济犯罪案件1170起，立案1020起，同比分别下降12%和16%，但涉案金额却同比上升了111%，总体形势依然十分严峻。

无论是生产、销售伪劣商品罪案件，走私罪案件，妨害对公司、企业的管理秩序罪案件，破坏金融管理秩序罪案件，金融诈骗罪案件，还是危害税收征管罪案件、侵犯知识产权罪案件、扰乱市场秩序罪案件，都需要公安经侦部门行使经济侦查权，打击犯罪，维护经济秩序平稳运行。

1. 在生产、销售伪劣商品罪案件中经济侦查权的行使状况

伪劣商品已成为经济生活的一大社会公害。近年来，生产、销售伪劣商品案件的频发，严重破坏了社会主义市场经济秩序，损害了国家、集体、个人的利益，甚至直接危及人体健康和人身、财产安全。面对泛滥成灾的伪劣商品，国家一方面必须提高商品质量和工程质量水平，促进国民经济和社会的发展；另一方面，毫无疑问地，必须依法严惩生产、销售伪劣商品的违法犯罪活动，保护广大生产者、消费者的合法权益，维护社会主义市场经济秩序。

由于作案手段逐渐科技化、智能化、专业化，隐蔽性极强，再加上许多消费者法律意识的淡薄、维权道路的艰难、地方保护主义的严重，致使许许多多的假冒伪劣产品案件深藏不露，轻易逃避法律制裁。[①] 而一些基层公安经侦部门仍存在认识不到位、工作职能不明确、办案经费不足、办案人员缺乏相关专业知识和经验、信息渠道不畅通、获取犯罪信息慢等情况，直接影响到办案质量和效率。又由于案件涉及范围广，地方保护主义和部门保护主义始终存在，导致案件定性难，调查取证难，深挖犯罪难，导致生产、销售伪劣产品这类犯罪有愈演愈烈的趋势。

为此，公安经侦部门必须严格办案程序，提高办案质量；突出打击重点，灵活运用侦查谋略，发挥公安机关治安部门在打击生产、销售伪劣商品犯罪活动中的主力军作用；主动加强与生产、销售商品部门和相关行政执法部门的协同配合，形成打击合力；积极开展宣传教育，拓宽犯罪信息渠道，义不容辞地

---

① 陈刚. 生产、销售伪劣商品罪案件的特点及侦查对策［J］. 江西公安专科学校学报，2003（2）.

承担起打击生产、销售伪劣商品犯罪活动的重任,为维护社会主义市场经济秩序与国家经济安全提供保障和服务。

2. 在走私罪案件中经济侦查权的行使状况

走私罪是指逃避海关监管,运输、携带、邮寄货物、物品进出境,销售海关监管货物,逃避国家进出境的禁止性或者限制性管理,偷逃应缴税额的犯罪行为。走私活动是严重破坏社会主义市场经济秩序的经济犯罪行为,它冲击和扰乱正常的市场经济秩序,危害民族工业和国家经济安全,影响国民经济健康运行,严重阻碍生产力的发展。另外,走私严重冲击正常的进出口贸易,破坏市场经济秩序,直接影响国家税收,危害国家经济安全,以致给社会带来恶劣影响,危及我们党的执政基础。

目前,我国走私罪案件主要由海关侦查,海关内部缉私队伍,按照执法特点的不同分为侦查、调查两大机构。[1] 调查机构主管行政执法,负责行政违法案件的查处;侦查机构主管刑事执法,负责走私犯罪案件的侦查。在调查机构内负责受理案件、案件调查的有调查、稽查部门。负责受理案件、侦查破案的有侦查部门。当前海关的查私体系中,基本上仍是以调查为先导,侦查居其后的一种格局。这在执法实践的过程中就会出现这样的问题:一是现场执法时间紧、任务重,仓促之间不可能对所有案件都能准确及时地做出判断;二是不可能每个现场执法人员都具备娴熟的法律知识,况且即使具备这样条件的法学家也不一定在短时间内对一天内众多的案件都做出有效的判断;三是现场执法人员每天要应对的查私任务繁重,一方面,可能为了避免调查部门与侦查部门的意见分歧带来的一系列问题而直接把案件移送调查部门,另一方面,可能存在个别现场执法人员为减轻业务负担而"顺水推舟"移送的情况。

因此,需要对走私侦查体系进行改革,但这是一个循序渐进的过程,需要在实践中不断探索。

3. 在妨害对公司、企业的管理秩序罪案件中经济侦查权的行使状况

妨害对公司、企业管理秩序犯罪案件是公安机关管辖的经济犯罪案件的重要组成部分,不但涉及的具体案件种类多,而且呈高发态势,且由于不同案件的特点不同致使办理此类案件的重点和难点也不尽相同。

目前,公安经侦部门办理此类案件遇到的困难较多。第一,公司、企业犯罪案件往往案发时间滞后,很难获取原始证据,加之涉及利害关系人甚至是证人自身的职务或财务,导致取证工作很难开展。第二,此类案件涉及大量的书

---

[1] 孟祥宽. 走私犯罪侦查对策论 [D]. 重庆:西南政法大学, 2008.

证、物证，而其中最重要的就是对会计资料的勘验，因为会计资料不仅是对公司、企业资产和生产经营状况的反映，也是外界了解公司、企业的一扇窗口，妨害公司、企业管理秩序犯罪案件中大部分具体案件的实施都必然要引起公司账目的变化，因此侦查人员要侦查围绕案件涉及的关键经济活动，工作量也相当大。犯罪嫌疑人往往利用这点通过在这些报表中弄虚作假，提供虚假信息实施不法行为，也加大了侦查难度。第三，由于此类案件涉及许多专门知识，侦查人员不可能是精通各科知识的全才，对一些专有领域可能很陌生，需要有关机构或专家的帮助才能彻底查清案情；案件涉及领域太广，协作很困难。第四，此类犯罪案件单位犯罪较多，涉案的直接负责的主管人员和其他直接责任人员的作案手段比较隐蔽，各种人员的职责义务盘根错节，作案前后一般都会隐匿、毁弃证据，订立攻守同盟，制定一系列反侦查措施，侦查难度大。

因此，公安经侦部门应做好调查访问工作，从不同的涉案人员身上掌握不同信息，及时获取有证据价值的证人证言。另外，妨害对公司、企业管理秩序案件涉及的书证和物证较多，在侦查中，凡是能证明犯罪事实的有关账证资料、实物等都应提取封存，一是要保持原貌，二是要防止嫌疑人毁灭、隐匿证据。同时，针对办理妨害对公司、企业管理秩序犯罪案件会涉及多个行政监管部门，具有较强专业性的特点，经侦部门应结合前期掌握的犯罪事实情况和实际工作需求，大胆突破常规，可采取多部门联合参加专案组的工作模式，由检察、工商、证监、银监等多个部门选派专业人员共同开展案件侦查工作，以保护国家经济发展和社会稳定。[①]

4. 在破坏金融管理秩序罪案件中经济侦查权的行使状况

随着社会主义市场经济的建立与发展，我国的经济发生了巨大的变化，为金融市场的发展提供了良好的环境和机遇。但由于新旧体制转型时期的摩擦、利益主体的多元化、金融管理方面的漏洞等因素，危害金融管理秩序的违法犯罪案件时有发生，并呈上升趋势。

金融业务通常要具备各种证明材料，履行复杂的办理程序，经历严格的审检环节，所以金融犯罪一般都有相当难度，往往不是一个人能简单作案成功的，要有多人的分工合作。其组织化程度，因涉及的金融犯罪作案难度的差别而不同。另外，破坏金融管理秩序犯罪以金融活动为侵害对象，几乎发生在金融行业的各个领域，犯罪主体多熟悉金融业务，有的本身就是金融行业内部工作人员，加大

---

① 段露茜. 妨害对公司、企业管理秩序犯罪案件侦查对策研讨 [J]. 江苏商论, 2013 (32).

了经侦人员的工作难度。同时，破坏金融管理秩序犯罪已从过去以暴力犯罪为主的作案手法向专业化、智能化方向发展。无论是伪造、变造形式的犯罪，还是金融系统工作人员的渎职行为，无不打上现代化的烙印，犯罪嫌疑人除掌握金融知识外，还利用高科技手段作案，如利用先进的印刷和复印设备、数码技术等制假售假，利用计算机联网、国际信贷结算业务进行金融票证犯罪、外汇犯罪等，其智能性、复杂性更是高于一般的刑事犯罪，这些都不利于经侦工作的开展。

因此，经侦人员在侦办破坏金融管理秩序犯罪案件中，要注意健全各地区公安机关经侦部门之间的协作制度，加强公安机关各警种之间的协作配合，发挥整体作战优势。同时注意加强公安机关与金融、财税、工商、海关、审计、纪检、监察、质量技术监督、法院、检察院等经济和行政管理部门的联系与合作，建立信息传递、联席协商、线索协查、案件移送等方面的工作机制，形成一种纵横互通的良好协作关系。① 同时单位犯罪和团伙犯罪日渐突出，侦破难度大，因此必须从政治的、全局的、战略的高度，进一步认清经济犯罪的严峻形势，自觉增强为经济建设服务的意识，把建设一支政治过硬、专业知识和政策法律水平较高的经侦队伍，提高打击经济犯罪能力作为事关政权巩固、国家经济安全和社会稳定的大事，切实加强领导。

5. 在金融诈骗罪案件中经济侦查权的行使状况

随着我国经济体制的改革、计划经济向市场经济的过渡和转变、金融机构及其体制改革的进展，金融领域里的犯罪尤其是金融诈骗犯罪，诸如集资诈骗，贷款诈骗，保险诈骗，金融票据、信用证、信用卡诈骗犯罪时有发生，且日趋严重和突出，危害十分严重。另外，金融诈骗犯罪的侵害范围越来越广，几乎没有一个省市地区，没有一家银行或金融机构不曾受到金融诈骗的影响。② 金融诈骗犯罪分子往往采用"打一枪换一个地方"的方式，逃避打击，或者继续进行诈骗活动。作案人员成分复杂，既有一般经商人员、社会无业人员，也有金融单位内部人员，有法人和非法人的组织、单位，还有境外犯罪团伙。与此同时，金融诈骗犯罪侵害的金融业务范围越来越广。该类案件不但破坏了我国的金融法制体系，而且直接危害金融秩序和市场经济发展。

以电信诈骗为例，骗子冒充"公、检、法、社保、医保"等国家机关工作人员，利用来电任意显示功能，以涉嫌"洗钱、电话欠费、包裹涉毒、医保卡信息泄露或医保卡大量购买药物涉嫌套现"等理由，谎称因办案需要，要求事

---

① 丘志馨. 试论破坏金融管理秩序罪的特点及侦查对策[J]. 公安法治研究，2003（1）.
② 盛常红. 金融诈骗罪的特点及其侦查对策[D]. 北京：对外经济贸易大学，2007：6.

主将钱款转到骗子提供的所谓"安全账户"。① 其流程图如图4：

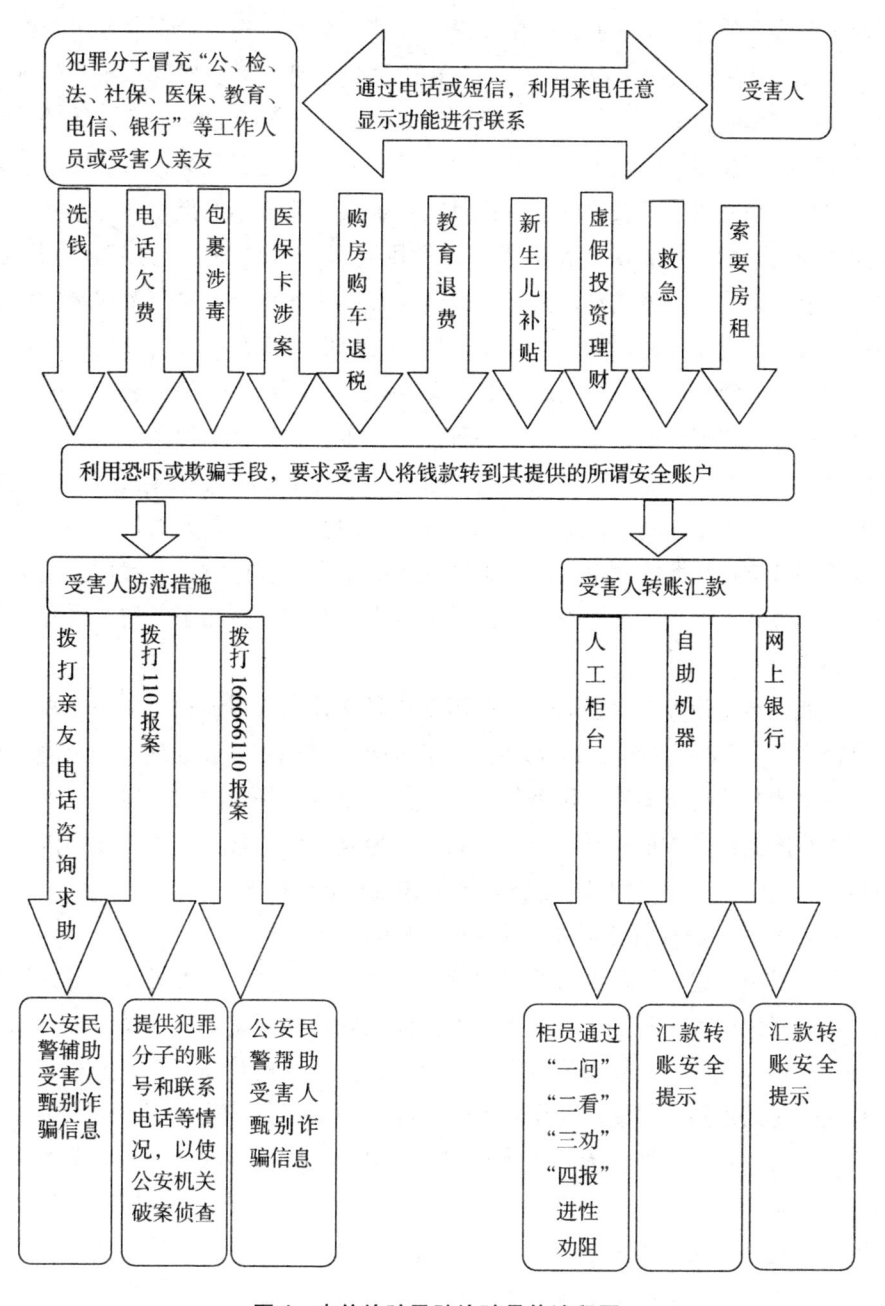

```
犯罪分子冒充"公、检、          受害人
法、社保、医保、教育、   ←通过电话或短信，利用来电任意→
电信、银行"等工作人            显示功能进行联系
员或受害人亲友
```

洗钱 / 电话欠费 / 包裹涉毒 / 医保卡涉案 / 购房购车退税 / 教育退费 / 新生儿补贴 / 虚假投资理财 / 救急 / 索要房租

↓

利用恐吓或欺骗手段，要求受害人将钱款转到其提供的所谓安全账户

↓

受害人防范措施：拨打亲友电话咨询求助 / 拨打110报案 / 拨打16666110报案

受害人转账汇款：人工柜台 / 自助机器 / 网上银行

↓

公安民警辅助受害人甄别诈骗信息 / 提供犯罪分子的账号和联系电话等情况，以使公安机关破案侦查 / 公安民警帮助受害人甄别诈骗信息

柜员通过"一问""二看""三劝""四报"进行性劝阻 / 汇款转账安全提示 / 汇款转账安全提示

图4　电信诈骗及防诈骗具体流程图

---

① 来自河南公安厅刑侦总队文章。

247

对于金融诈骗的其他案件来说，公安经侦部门在行使侦查权的过程中遇到了较大困难。此类犯罪侵害的往往是银行或其他金融机构或者企事业单位的利益，而没有具体的被害个人，所以，人们常常疏于对此类犯罪的举报。而现实中，银行或其他金融机构与公安经济侦查部门之间又没有建立一套有效的信息沟通渠道，不能在案件发生的初始阶段，及时发现和处置犯罪，当公安经济侦查部门介入时往往已是人去财空。另外，被害人不能或不愿提供全部事实。在金融诈骗犯罪案件中，由于作案人往往利用公司、单位、企业内部管理漏洞，或经营上的某些不合理或不合法行为，以及有关业务负责人的疏忽或贪欲而达到作案目的，使原告往往有难言之隐。所以，他们在报案时对自己的过失或错误吞吞吐吐，使案件情节混乱，因果关系不明，甚至保留、隐瞒某些事实情节。还有的被害人在报案前，已经通过各种途径、多种方法试图挽回经济损失，在不能达到目的时，希望公安机关能够帮他们一把，所以他们往往会夸大事实。更有一些被害人，在资金被骗、收支无法平衡的情况下，报案的目的只是借助公安机关认定诈骗罪的发生，以及犯罪造成的损失，这样财务上就可以向上级或主管机关有个交代，这样被害人提供的事实更要大打折扣了，侦查过程存在一定困难。

因此，经济侦查部门必须充分利用现代科学技术收集证据。金融诈骗犯罪具有极大的隐蔽性、智能性，"发现难，取证难，定性难，追赃难"是金融诈骗犯罪有别于其他刑事案件的显著特点，不借助于现代科学技术手段，很难保证证据收集的数量和质量。同时，要提高经济侦查队伍的素质，通过外引内培两条渠道，尽快充实专门力量，加强对金融诈骗犯罪的打击。

6. 在危害税收征管罪案件中经济侦查权的行使状况

税收是国家组织财政收入最有效的手段之一，涉及每个市场参与者的切身利益，自然也成为犯罪侵犯的对象。为保证国家税收的安全性、及时性、稳定性和严肃性，我国刑法分则第三章第六节设置了危害税收征管罪，虽对其规定了较为严厉的刑罚，但危害税收征管罪仍表现出一种居高不下并上升的趋势。

危害税收征管犯罪就无孔不入地渗透到商品生产、交换、分配、消费和群众生活等各个领域中去，而且涉及金额巨大，危害社会严重。动辄几百万、几千万，甚至上亿元也不罕见。这不但扰乱了我国的经济秩序，还直接造成大量国有资产流失，导致许多企业陷入困境，使国家利益遭受巨大损失。同时犯罪嫌疑人往往是在自己熟悉的领域，利用技术专长、专业知识，钻管理方面的漏洞和薄弱环节的空子进行作案。从做假账、偷税、暴力抗税，发展到转移或隐匿财产逃税，假报出口骗取国家出口退税，利用税制改革，虚开增值税专用发票、非法出售增值税专用发票、伪造、出售伪造的增值税专用发票以及可以用于骗取出口退税、抵扣税款发票骗取国家的税款，犯罪手段诡秘，隐蔽性强。[1]

公安经侦部门加大打击力度，在一定程度上减少了此类犯罪的发生。但是，由于危害税收征管犯罪案件一般无现场痕迹可言，证据比较隐蔽，有的是计算机数据，有的是银行的帐单，有的是经济合同等，而一些受害个人或单位报警不及时，且提供的有关资料不齐全，另一方面，很多案件的物证，掌握在第三者手中，如银行、合同方，而这些部门或人员不一定愿意与警方合作，加上为逃避责任或其他原因还隐瞒不少情节，对办案人员产生误导，加大了公安经侦部门侦查的难度。

因此，需要公安经侦人员不断提高自己的讯问技巧，选好突破口，进行突审；进行正面教育，采取攻心战术，提高案件的侦破效率。

7. 在侵犯知识产权罪案件中经济侦查权的行使状况

随着市场经济体制的建立和不断发展，知识产权在市场竞争中日益显示出巨大的商业价值，成为企业和商家参与市场竞争，赢得消费者和商品市场占有率，获取利润的重要手段。正因如此，知识产权作为一种智力成果也最容易受到侵害，一些不法分子在高额利润的刺激下，大肆对知识产权进行侵犯，且愈演愈烈，已从最初简单化的掺杂使假、以假充真发展到利用高科技从事假冒注册商品、假冒专利、非法制售商标标识、销售侵权复制品等。

公安经济侦查部门在侦查的过程中遇到不少难题。首先，经济侦查人员对于行政违法与刑事犯罪难区分，影响案件性质的认定。"打法律法规的擦边球、钻法律法规的漏洞"是侵犯知识产权犯罪嫌疑人员惯用的伎俩。司法实践中，侵犯知识产权犯罪行为往往与商标纠纷、商标侵权以及其他一般的民事侵权行为混合在一起，涉及罪与非罪、此罪与彼罪的问题。[2] 若不能正确理解法律法规的有关规定，易在案件性质的认定上发生偏差。其次，侵犯知识产权犯罪属于智能型犯罪，违法犯罪分子具有一定的专业知识和技能。但与之相对应的办案人员普遍缺乏办理此类案件所需的专业知识和经验。因此，在收集证据、讯问犯罪嫌疑人时往往会不得要领，难以入手，办案人员易出现畏难情绪，不能主动地、创造性地运用侦察谋略手段对案件展开侦查工作。最后，侵犯知识产

---

[1] 刘国旌. 浅谈危害税收征管犯罪案件的侦查讯问 [J]. 广州市公安管理干部学院学报，2002（4）.

[2] 陈庆华，任旭东. 谈侵犯知识产权犯罪的特点、侦查难点及对策 [J]. 浙江公安高等专科学校学报，2002（3）.

权罪中,企事业单位犯罪有加剧趋势,有些单位可能还是当地经济效益较好的企业,与当地的管理部门人员也许有复杂的社会关系和敏感的经济利益。加之有些地方、部门的领导从本地区、本部门的利益出发,错误地认为,制假售假是每个地区经济起飞阶段必须面临的社会问题,不妨顺其自然,让其自生自灭。基于上述原因,个别地方的地方保护主义和部门保护主义已给案件的调查取证和深挖犯罪带来一定的难度,影响了打击犯罪的力度和深度。

因此,公安经侦部门应突出打击重点,灵活运用侦察谋略,发挥其在打击侵犯知识产权犯罪活动中的主力军作用。同时,针对目前经侦民警对知识产权领域专业知识相对缺乏的实际,要组织民警到有关行政部门学习取经,或邀请知识产权方面的行家、学者授课,以增强打击犯罪活动的后劲,加大对侵犯知识产权犯罪的打击力度。

8. 在扰乱市场秩序罪案件中经济侦查权的行使状况

目前,扰乱市场秩序犯罪在我国经济生活中正呈现出逐步蔓延的趋势,而目前扰乱市场秩序类犯罪案件多呈现隐蔽性、智能性、专业性、变化性等特点,这就决定了对于此类案件的侦查工作应该区别于一般的刑事、经济类犯罪侦查工作的特点。

虽然公安经侦部门加大了打击力度,在一定程度上遏制了此类案件的发生,但是,在侦查的过程中仍遇到了较大困难。从目前状况来看,案件发现较困难。扰乱市场秩序犯罪行为大多发生于正常的经济活动之中,具有较深的隐蔽性,多是在受害人警觉后,犯罪行为才败露,这往往造成此类犯罪案件的立案在犯罪行为发生之后的较长一段时期。由于它的欺骗性使其彻底暴露过程较慢,潜伏期长,客观上造成被害人对被害行为一时难以认识。如合同诈骗犯罪嫌疑人有的利用计算机等现代化办公设备进行作案;有的伪造、变造营业执照、有关单据或者盗用他人名义签订合同,骗取钱财;有的伪造有关证明把他人的货物变成是自己的,使对方信以为真从而签订合同,达到骗取对方货款的目的。再如虚假广告犯罪案件中,犯罪嫌疑人利用虚假广告实施诈骗时,被害人对诈骗行为很难立即发现,同时因为很多消费者自我保护意识差,在遭受虚假广告的侵害后,总是采用息事宁人或者观望、自认倒霉的态度,这就使得虚假广告更加猖獗,给经侦办案带来严重阻碍。另外,取证过程对公安经济侦查人员来说也是很大的挑战。由于该类犯罪发案时间较为滞后,赃证物品易于灭失,证人知情人也难以找到,给侦查中的取证工作带来很大问题。此外,扰乱市场秩序类犯罪案件大都没有像其他传统刑事案件中那样遗留或存有各种犯罪痕迹的地点、场所,该类案件中的各种犯罪痕迹大都反映在财务会计资料中以及计算机网络等虚拟空间里,犯罪记录和罪证容易销毁,而涉案人员的相关专业性以及伴随而来的商业贿赂行为也都给取证带来了极大的干扰。

因此,公安经侦部门应加强情报交流,建立系统、灵敏和畅通的内外部信息网络。只有这样才能切实拓宽情报信息来源,提升情报信息的专业化水平,因为谁占有了情报,谁就占有了精确打击扰乱市场秩序犯罪的制胜权。① 另外,要综合运用系统内外部资源,明确各类案件危害结果衡量标准。由于市场经济涉及方方面面,在市场竞争中,由竞争所带来的风险是一个极大的变数,它的运行与经济运行环境、运行时间以及经营者的经营理念、经营策略等各方面因素有关,这些风险行为所带来的后果往往与行为人所实施的扰乱市场秩序行为所造成的结果混在一起。因此,针对扰乱市场秩序类犯罪案件作案后果牵涉因素较多、量化指标不易确定的问题,经侦部门必须善于综合利用系统内外部资源,要结合以往大量类似案例特点与危害结果衡量指标,在实践中总结出该类案件犯罪结果量化指导标准,尽可能减少侦查中的随意性,节约侦查资源。同时,必要时还要求助于系统外部资源,对某些危害后果进行准确量化、固定,进而提高案件的侦破效率。

(二) 公安经济侦查权与公民权的问题

我国公安经济侦查权的行使状况并不理想,其职能并未得到很好的实现,公民权亦未得到很好的保护,无论是从执法的依据方面、执法运行过程方面还是执法效果方面都存在问题。

1. 权力运行依据方面存在的问题

经济犯罪属于新型犯罪,我国目前关于此方面的专门的法律规范少,法律体系结构混乱,大都是原则性规定,操作性差。

(1) 有关经侦的法律体系结构混乱。现行的经侦法律体系中,总体上来说,有关经侦业务工作的法律法规和规章比较完备,而关于经侦组织、队伍建设和执法监督方面的法律法规相对薄弱;在有关经侦业务工作的法律法规中,操作性相对较差。部分高层次的规范性法规,由于客观条件的制约,只能以低层次的形式出现,有的高层次规范性法规已经颁布实施,与之配套的具体实施细则却相对滞后,致使有的法律法规流于形式,得不到有效实施。

(2) 执法依据出台滞后。目前,我国的立法还不完善,而经济犯罪属于新型犯罪,有些现行的经侦法律、法规在某些方面存在滞后问题,不能适应执法实践的需要,尤其是立法及法律解释工作跟不上新型作案手段、案情发展速度,

---

① 杨若雨. 论扰乱市场秩序犯罪案件侦查难点、成因及对策 [J]. 法制博览, 2015 (6).

法规不完善造成遵循和操作困难，有关经侦的法律法规在起草、制定时缺乏超前意识，又不能及时做出必要的法律解释，部分法律法规的法律概念界定不清，过于笼统，难以遵循，可操作性差。①

（3）执法依据不具体。我国有关经侦的法律法规，在立法中由于受立法传统、立法技术、历史条件等诸多因素的制约，规定得过于原则，不是很具体、明确。因为没有与之配套的实施细则，没有具体操作条款，导致对复杂案件不能明确区分罪与非罪、此罪与彼罪，这就容易导致公安机关执法不严，造成滥用权力、侦查不当的现象。

（4）执法依据存在冲突。在我国，许多法律法规的效力层次不一，缺乏应有的协调统一，导致法律法规之间存在冲突。

2. 权力运行过程方面存在的问题

在经侦机构设置上，我国从公安部经侦局到县区基层大队的四级经侦机构设置整齐划一，对不同规模和影响的经济犯罪案件的处理亦是各司其职。然而这种貌似理顺的四级经侦运行机制实际上存在不足，且随着经济发展显现出弊端。②

（1）国家打击经济犯罪的决策难已彻底落实当前我国经侦运行机制的主要模式是公安部设局、省厅设总队、市局设支队、县区设大队，四级机构按案件的规模和影响分别办理经济犯罪案件。但由于我国公安机关的管理体制是"条块结合、以块为主"，地方各级公安机关经侦部门负责人的职务和薪酬来自同级地方政府。这种情况必然结果是国家倡导的各项打击经济犯罪的决策难以落实，如面对生产销售伪劣商品、制贩假币、虚开增值税专用发票、侵犯知识产权等严重侵害国家利益的经济犯罪，因为其往往不直接给地方经济造成影响，因而一些地方经侦部门对其的打击力度较小，最终导致对这些经济犯罪打击不力，国家利益受损。

（2）执法活动中的地方保护主义严重。有些犯罪嫌疑人或嫌疑单位往往是当地知名企业负责人或知名企业，能够为地方政府提供大量税收和就业。因此地方的经侦部门在工作中则多对犯罪嫌疑人或嫌疑单位予以保护。社会主义市场经济基本理论认为，完善的社会主义市场经济体制的基础是全国统一的市场，也就是人、财、物按照全国统一的规则在全国范围内自由流动的市场。实现全

---

① 侯文娟. 公安执法中的公民权利保护 [D]. 济南：山东大学，2011.
② 房军，张凯，武芳. 传承与发展：关于我国经侦运行机制的思考 [J]. 辽宁警专学报，2009（5）.

国市场的统一,关键是以统一执法实现市场规则在全国范围内的统一,而地方保护主义阻碍了社会主义市场经济体制的健康发展。

(3) 对经济犯罪的打防难以形成常态化的高压态势。当前我国经侦运行机制中各级经侦部门互不隶属、各自为战,使得整体上难以对经济犯罪的打防形成高压态势。一是执法中协作难上加难,横向执法协作,即本地经侦与异地经侦间的执法协作无法顺利开展。协作难直接导致地方各级经侦机构各自为战,只保本地一方平安。二是各地经侦公安民警准入标准不一致、对有关法律和刑事政策的理解和把握不一致,结果使得各地经侦公安民警素质参差不齐,经侦执法水平差距极大,最终结果是执法尺度不统一,国家法律的严肃性被破坏。三是经侦执法各行其是的局面使得我国现行经侦运行机制下的经侦队伍很难像海关缉私警察队伍那样在全国一盘棋思想的主导下对经济犯罪的打防形成常态化的高压态势,在全国范围内对经济犯罪进行整体上的预防与控制无从谈起。

3. 权力运行效能——公民权保障方面存在的问题

在侦查的过程中,对犯罪嫌疑人的刑讯逼供时有发生,适用强制措施不符合法定程序,超期羁押严重,侵犯了犯罪嫌疑人的人身权。另外,遭受侵害后,被害人、犯罪嫌疑人的权利救济途径较少,这些都使得公民权尚未得到很好的保障。

(1) 刑讯逼供时有发生。近几年,随着法律制度的不断健全,对公安机关的执法监督力度也不断加大,尤其是新闻媒体对公安司法工作监督力度的加大,刑讯逼供现象在一定程度上有所遏制。但由于经济犯罪本身取证困难,技术要求较高,经侦部门侦破难度大,加上实践中对刑讯逼供的一些错误认识,在这些错误认识的影响下,又由于制度设计上的失衡或缺位,刑讯逼供现象在我国仍然时有发生。刑讯逼供严重伤害了犯罪嫌疑人的人格尊严,模糊了有罪者与无罪者的外部差异,直接损害了刑事诉讼的程序价值。更重要的是,刑讯逼供不仅侵害受害者的合法权益,更严重的是国家权力的滥用,损害的是法律的权威,降低的是公安机关在人民心目中的威信。[1]

(2) 不依法适用或滥用强制措施。刑事强制措施是公安机关、人民检察院和人民法院为了保证刑事诉讼各项工作的顺利进行,防止发生意外事件,依法对犯罪嫌疑人、被告人采用的暂时限制人身自由的各种强制方法的总称,是同刑事犯罪作斗争必不可少的法律手段。但在执法实际中,由于经济犯罪涉案人数较多,侦破难度大,导致滥用强制措施的情形极易出现。少数经侦人员对是

---

[1] 任雪征. 警察权与公民权关系论纲 [D]. 济南:山东大学,2007.

否适用强制措施、适用何种强制措施不是根据法律规定和执法办案的需要,而是出于某种需要或者凭个人意志、喜好甚至经验、习惯随意实施,给人民群众的人身和财产权益造成巨大损害。

(3) 存在超期羁押情况。超期羁押是指公安、司法机关在刑事诉讼过程中超过法律规定的办案期限羁押犯罪嫌疑人、被告人的违法行为。由于经济犯罪侦查时间较长、难度大,取证困难,存在超期羁押的情况。超期羁押直接侵犯了犯罪嫌疑人的人权。对无罪的被羁押者来说,羁押本身就意味着对其合法权益的侵害,如果再超期羁押,无疑会造成更大的侵害。尽管我国已经颁布了国家赔偿法,但是错误羁押甚至错误超期羁押造成的侵害是用金钱无法补偿得了的。超期羁押对有罪的被羁押者来说,尽管可以从判决后折抵刑期中得到些安慰,但是如果超期羁押的时间超过了被羁押人应当判处的刑期,往往会导致审判机关提高刑种或刑期,从而人为地加重了被羁押人的刑罚,有的人在被宣判后已经没有多少刑期或者被释放。超期羁押对有些有罪的被羁押者来说,判决后无法从超期羁押中得到折抵刑期的待遇,如被宣告无期徒刑、死刑缓期二年执行的罪犯则先期羁押时间不能折抵刑期,归于无效。如果正常的羁押期限不折抵,体现了法律对重刑犯的惩罚,但是如果案件久拖不决,超期羁押又不折抵刑期,有失公允。认真说来,超期羁押在某些情况下,与罪刑相适应原则是有冲突的。

(4) 权利救济途径不畅。法治社会对权利的保护不仅在于法律对权利的宣告,更在于对权利的救济。权利体现了人的某种要求,而救济则是这种要求得以实现的手段。[①] 我国刑事司法有关在经济侦查过程中受到侵害的公民的权利救济途径不多。另一方面,针对司法机关违反法律程序、侵犯犯罪嫌疑人和被告人权利的行为,我国目前大多是原则性规定,诸如《宪法》四十一条规定:"对于公民的申诉、控告或者检举,有关国家机关必须查清事实,负责处理。任何人不得压制和打击报复;由于国家机关和国家工作人员侵犯公民权利而受到损失的人,有依照法律规定取得赔偿的权利。"等等。这些规定太过宽泛,对于如何控告、向谁控告、控告不被接受谁来承担责任以及承担什么责任等方面都缺乏具体的可操作性规定,其本身缺乏可操作性必然导致公民权利难以得到救济。

---

① 王天林,侦查行为侵权司法救济研究——以侦查行为的可诉性为中心[D].济南:山东大学,2011.

(三) 公安经济侦查权与公民权冲突的原因分析

任何问题的产生都有其存在的原因，经济侦查权与公民权产生冲突亦是如此。经侦人员素质偏低、缺乏必要物质保障、对其监督不到位、司法审查机制存在缺陷等都阻碍了经侦权的有效行使，导致公安经济侦查权与公民权存在冲突。

1. 作为权力行使主体的经侦人员素质偏低

经侦部门同时肩负国家行政执法与刑事司法的双重职能，其对执法人员的素质要求理应较高，不能等同于普通的行政机关。但从现行的法律规定看，经侦人员的任职条件不高，录用上的低门槛，加之用人上的"能上不能下，能进不能出"等做法，使得优胜劣汰机制难以形成，经侦人员素质良莠不齐，文化素养和法律素质不能得到保证，整体素质与所承担的职责、任务及职业要求不相称。在传统的"稳定压倒一切"的思想支配下，经侦人员的执法价值观念常常发生错位，为打击违法犯罪，维护社会稳定，他们极易牺牲少数人的权利，漠视少数人的尊严，陷入重秩序轻人权、重打击轻保护、重实体法轻程序法的观念误区。"口供至上""有罪推定"等传统观念以及"坦白从宽、抗拒从严"的刑事审判政策依旧左右着他们的思想和行为，刑事诉讼法确立的"无罪推定"原则并没有在他们的头脑中真正生根。如此稍有不慎，极易带来侵犯个人自由和尊严的恶果。

2. 经侦权行使缺乏必要的物质保障

长期以来，办公经费严重不足已成为制约经侦人员严格公正执法的瓶颈，财政上对其投入不足曾是地方上长期存在的问题。装备、办公设施的陈旧老化造成的是经侦工作的运转困难，工资福利待遇上的差距带来的是经侦人员工作热情的低落。"皇粮"不足，"杂粮"来补，直接造成了经侦人员滥用职权，有经济利益的案件争着办。① 另外，经济案件一般比较复杂，技术侦查措施等需要投入大量的费用，其办公经费的很大部分靠自筹解决。

3. 对经侦权监督的缺位

对于经侦人员的违法违纪行为，经侦部门自身内部监督机构的处理相对软弱和宽容。检察机关有权监督经侦部门，但是由于检察机关与经侦部门在刑事诉讼中存在"分工负责，互相配合，互相制约"的业务关系，检察机关自然不会轻易得罪经侦部门，检察机关的国家专门法律监督职能不能很好地发挥作用，因而检察机关对经侦人员行使职权很少主动进行监督，常常是由于案件被新闻

---

① 任雪征. 警察权与公民权关系论纲[D]. 济南：山东大学，2007.

媒体曝光，引起社会强烈反响后，检察机关才被迫介入。现实中对经济侦查权的监督主要依靠社会舆论。对于普通的公民来说，由于严重的信息不对称，要发现作为"代理人"的经侦部门实际在干什么，更是需要很高的监督成本，因而只能保持着"理性的无知"。对经侦部门监督"虚化"的状况，使得许多经侦人员滥用职权侵犯人权的违法犯罪行为鲜有受到法律追究。

4. 对经侦权行使的司法审查机制存在缺陷

刑事侦查中的刑事拘留、取保候审等强制措施和搜查住宅、扣押财产等侦查行为基本上是经侦部门自我决定、自我实施的，没有纳入司法审查范围内，由于缺乏检察监督或审判监督，加之较为宽泛的规定条件，使得这些行为在实际使用中难免灵活性过大，具有相当程度的任意性。而律师介入侦查阶段的权利又极为有限，嫌疑人缺乏防御侦查权滥用的有效手段，一旦侵权，无法在法律范围内为权利而斗争，难以寻求司法救济。此外，涉及经侦人员侵权的赔偿案件，经侦部门在实际情形下对受害人进行赔偿后很少有对负有责任的经侦人员个人进行追偿的，这无疑是对经侦人员侵权行为的纵容。

四、公安经济侦查权与公民权关系的基本思考

公安经济侦查权与公民权的关系直接关系到经济犯罪案件的侦破与公民权利的保障，必须对二者的关系进行深刻的法理分析，理顺出二者的本质实际上是公权与私权的关系，并且从立法、执法以及公民权利保障方面不断完善，实现二者关系的平衡。

（一）公安经济侦查权与公民权关系的法理分析

公安经济侦查权与公民权的关系实质上是公权与私权的关系，虽然在某些方面存在矛盾，但是二者的目的是一致的，人权保障是公安经济侦查权行使的终极目标，因此二者必须合理地进行协调。

1. 公安经济侦查权与公民权关系的实质

古罗马法学家乌尔比安认为，有关罗马国家的法是公法，而有关私人的法是私法，这一特殊的法的分类方法至今仍有其重要的影响。[①]"现代法学一般认为，凡涉及公共权力、公共关系、公共利益和上下服从关系、管理关系、强制关系的法即为公法；而凡属个人利益、个人权利、自由选择、平等关系的法即为私法。"由此为源，也就相应地有了公权和私权之分。公权可理解为公共权

---

① 彼得罗·彭梵得. 罗马法教科书 [M]. 黄风, 译. 北京：中国政法大学出版社, 1992: 9.

力,是指在社会公共领域中由公众所赋予和认同的能够给公众带来安全感与幸福感的集体性权力,它体现着权力特有的支配与影响力;私权又称私人权利,是指个人所享有的个人权利、财产权利,以及作为国家成员而拥有的平等权利等,它则体现了权利本质的利益保障。经济侦查权与公民权具有不同的性质和内容。经济侦查权作为一种行政权,由统治权延伸而来,代表公共利益,是典型的"公权",是公共权力体系中的一种。公民权因其自身的利益属性,是典型的"私权",是私人权利中的一种。公安经济侦查权的行使必然影响到公民权利,从表面上看二者是对立的,内里又对立统一,究其实质则是国家权力与公民权利的关系在经侦部门执法领域的具体体现。

(1) 权力与权利关系的理论基点。研究权力与权利的关系,首先应当先找到它们的理论基点,这个理论基点就是人民主权。卢梭说:"要寻找一种组合的形式使它能以全部共同的力量来维护和保障每个组合者的人身和财富,并且,由于这一组合而使每一个与全体相联合的个人又只不过是在服从自己本人,并仍然像以往一样自由,这就是社会契约所要解决的根本问题。"[①] 既然国家是人们按照社会契约的方式建立起来的,那么,国家的最高权力就应属于全体人民,人民行使国家主权,即"人民主权"。在现代民主国家中,大都把人民主权视作最高的政治原则和宪法原则,并通过宪法来规定实现人民主权的根本途径。国家权力与社会公共利益相关,立法权、行政权、司法权分工协作,协调运行,保障和实现社会公共利益,体现公民的权利,从而实现人民主权;公民、群体权利与个体或群体利益相关,可经由个体或群体运用法律手段、通过法定途径主张和实现,从而在另一侧面实现人民主权。国家政权与公民、群体权利因此构成了一对具有宪法意义的范畴。正确认识和处理行政权力与公民权利的关系,对于人民主权的完整实现具有现实意义。

(2) 权力与权利的相互作用。在人民主权的两个方面中,权利的享有者——公民占据主导和支配地位,他凭借自己的权利行使,影响和改造着国家权力的结构模式及其运行,展现了公民权利在人民主权上的一方力量。而国家权力一经确认,且其本身又具有独立性,有自身的规定性及运作规律,对公民权利也会产生影响和限制作用,使公民"服从"于自身,展现出国家权力在人民主权上的另一方力量。这两种力量是始终处于相互作用而存在的。

国家权力对公民权利的作用,表现为国家权力运作者对公民权利的行使所产生的结果进行甄别确定后,运用国家权力进行评价,从而影响和改变着公民

[①] 卢梭. 社会契约论 [M]. 何兆武, 译. 北京: 商务印书馆, 1980: 23.

的价值观念、利益需求和目标选择，决定着公民的生存与发展。而公民权利对国家权力的作用，则表现为公民依据自己的价值观念、利益需要来行使权利，作用于国家权力，以期实现预期的目的。从两者的作用方式看，公民权利与国家权力的作用方式是双向、相互的。

(3) 权力与权利的相互转化。公民权利与国家权力的相互转化是一种对向性的转化。即公民权利向着国家权力转化，而国家权力向着公民权利的方向转化和回归，这是人民主权原则的体现。

公民权利是国家权力的源头，公民权利向着国家权力转化的原因和目的，是因为个体的力量不足以保护自身的权利和利益，不足以扫清权利行使中所存有的障碍，权利受损后的救济措施匮乏。这必然会导致人们将其发散的权利汇集而形成集体权力，以便谋求个体权利得到保护和救济。因此，公民权利转化为国家权力是为了更好地保护公民权利，以保障公民权利的顺利实现。

国家权力向公民权利转化和回归的基础首先建立在国家权力的所有权与行政权是可以分解配置的。其次民主制度的建立和完善，是可以实现国家权力的分工与制约，以最终保障公民权利得到实现的。马克思主义国家理论阐明，国家消亡的过程，就是一个国家权力向公民权利转化和回归的过程，这是一种历史必然的轮回，它反映出了国家权力向公民权利转化的可能性与必然性。

(4) 权力与权利的相互制约。公民权利与国家权力制约机制的建立和完善，是现代法治国家建设中的核心内容与必然结果。

公民权利制约国家权力的现实表现在于四个方面。一是公民权利是国家权力的源泉，宪法明确规定国家的一切权力属于人民，并规定了人民行使权力的具体方式与途径。二是国家权力产生在公民权利产生之后，保护、服务、实现和发展公民权利是国家权力的终极目的。[1] 国家机关对公民权利的保护，有直接与间接两种方式之分。直接方式是国家机关通过主动行使权力来保障公民权利，间接方式则是为公民权利的顺利行使创造各种有利条件。但不管采用何种方式，都必须与公民的价值观念保持一致，必须受公民权利要求的制约。三是国家机关及其公职人员如有侵犯公民权利的行为，都必须承担相应的法律责任。四是人民通过行使选举权选出代表来组成国家机关，制定宪法和法律，对国家权力的范围及行使权力的原则做出规定，国家机关及其公职人员行使权力必须在宪法和法律规定的范围内，否则就是权力的滥用，是对公民权利的侵犯。

---

① 刘杰明. 警察权和公民权关系的理论分析 [J]. 广西警官高等专科学校学报, 2010 (2).

国家权力制约公民权利在于，国家权力首先是公民通过一定方式让渡自己的权利而形成的，具有自身的运作规律和独立性，公民必须服从国家权力，遵守国家权力机关制定的各种法律法规和公共政策。公民所代表的是个体或小团体的权利，而国家机关是以维护公共利益，实现与保障公民权利为目的的。由于公民在行使权利过程中所追求的利益最大化可能会与法律法规相违背，或侵害国家、集体、他人的合法权益。因此，国家权力必须对公民权利进行制约。同时，为了公共利益及特殊情况的需要，国家权力也必然会对公民权利的享有与行使给予必要的限制。

2. 公安经济侦查权与公民权关系的平衡

在诸多的公共权力中，公安经济侦查权是与公民权利有着最为密切关系的一种。公安经济侦查权既然是国家公共权力，就来源于公民权利，又服务于公民权利。它们具有公权与私权之间典型的矛盾，两者对立统一，既互相依存，又彼此消长。公安经济侦查权与公民权的关系，包括以下几个方面。

（1）经济侦查权与公民权的一致性。公安经济侦查权与公民权的一致性主要体现在公安经济侦查权的来源与目的上。

从经济侦查权的源泉看，主要来自公民对权利的转让。《美国独立宣言》中写道："我们认为这些道理是不言而喻的：不可转让的权利，人人生而平等，他们都从他们的造物主那边被赋予了某些其中包括生命权、自由权和追求幸福的权利。为了保障这些权利，所以才在人们中间成立政府。而政府的正当权力，则系得自被统治者的同意。如果遇有任何一种形式的政府不再遵循这些目的，人民就有权利为改变它或废除它，以建立新的政府。"[①] 启蒙运动时代的法学家们大都认为，在国家和社会还未正式成立之前，曾存有一种人们完全平等自由的"自然状态"。在这种自然状态中人们可以享受到各种自然权利。但这种享有并不稳定，总会有不断遭受别人侵犯的可能。于是，人们交出部分权利并缔结契约以使自己的生命、自由、财产得到必要的保障，国家权力因此而形成。由此可见，经济侦查权作为国家权力的一项基本权力，从根本上来自公民权利的转让。在现代民主政治下，民主就意味着权力属于人民，在国家生活中人民作为一个集合体不可能直接行使权力，人民只能通过选举代表参与公共管理，并通过特定的民主程序将某些权力委托给依法成立的国家机关。经济侦查权便是委托给经侦部门及经侦人员行使的那一部分由公民权利转让而形成的公共权力。

从经济侦查权行使的目的来看，保护社会主义市场经济秩序的合理运行就

[①] 罗玉中，万其刚. 人权与法制 [M]. 北京：北京大学出版社，2001：699.

是经济侦查权的存在目的。无论是传统的"天赋人权""权利让渡"等观点，还是现代国家民主政治体制的实际运作，都可以看出，国家权力产生在公民权利产生之后，保护、服务、实现和发展公民权利是国家权力的终极目的。英国法学家洛克指出："不管社会引起人们怎样的误解，法律的目的不是废除或限制自由，而是保护和扩大自由。这是因为在一切能够接受法律支配的人类状态中，哪里没有法律，哪里就没有自由。这是因为自由意味着不受他人的束缚和强暴，而哪里没有法律，哪里就不可能有这种自由。"① 法律的目的是保护和扩大自由，经济侦查权是国家运用公权力，以法律的形式规定警经侦部门及经侦人员来行使公权力，同时法律体现着人民的意志、利益和愿望，经侦部门及经侦人员作为法律的执行者、秩序的维护者，就必须严格依照法律正确行使经济侦查权。因此，经济侦查权的根本价值取向就是为了保护公民权，这与法律的价值取向一致。这充分说明，经济侦查权的根本目的就在于保护公民权利，使之不受侵害，保障公民权利，使之受益，即使在某些特殊情况下对公民权有所限制，保障公民权利这个根本目的仍然不变。如果经济侦查权不以保护公民权为最终目的，或者忽视公民权而置于不顾，那么经济侦查权就背离了公民让渡权利的初衷，也就失去了其存在的意义。

（2）经济侦查权与公民权的矛盾性。任何权力都是按照"命令—服从"的规则来运行，权力意味着一方对另一方的支配过程，这一过程实质上就是权利受到限制的过程，因此权力与权利之间存在着矛盾。在经济侦查权与公民权利之间，除存在一致性之外，也存在复杂的冲突与矛盾。这有三个原因。

一是权力与权利的关系决定了两者之间的矛盾性。经济侦查权应发挥的主要功能之一就是对于公民权的规范，甚至是某些条件下的限制与控制。在权利与权力的相互关系中，尽管权力有时会表现出扩张性和对权利的进攻性，但它毕竟代表一定程度下的公共利益，它因体现公意而使自身的存在具有正当性。因此经济侦查权对公民权的规范与限制因其正当性而不可避免，只要公共权力还有存在的必要，权力与权利间的相互作用就仍会继续，经济侦查权与公民权利的矛盾就依然存在。例如，经济侦查权的行使相对于公民权利来说具有优先性，在经侦人员缉拿走私罪犯而需要临时征用公民车辆时，就触及了公民权利。

二是较大的自由裁量空间会产生经济侦查权与公民权之间的矛盾性。自由裁量权是行政主体为提高行政效率所必需的权限，它可以使行政执法者因地制宜地处理问题。正如博登海默在《法理学：法律哲学与法律方法》所指出的：

---

① 洛克. 政府论：下篇[M]. 翟菊农, 译. 北京：商务印书馆, 1983：55.

"真正伟大的法律制度是这样一些制度,它们的特征是将僵硬性与灵活性给予某种具体的有机的结合。"因此,自由裁量权作为行政权力的重要组成部分,在现代行政管理中必不可少。虽然可能会导致滥用,但经侦部门在执法的过程中存在一定的自由裁量权是必要的。经侦人员的自由裁量权与其他行政权一样,在其运行过程中,不可避免地产生两方面的作用。一方面行使自由裁量权会遵循合法、合理和服务的原则,而起到积极的推动作用;另一方面却因自由裁量的弹性空间由行政主体运用,从而会对行政相对人的权益构成威胁。

三是由于经济侦查权与公民权双方主体审视角度不同,出发点与落脚点的不一致,都会不可避免地造成主张上的差异甚至对立。

(3)经济侦查权与公民权在对立统一中趋于平衡。公民行使公民权利的相互冲突需要一种裁定纷争、保护公民权利的公意机构,于是经济侦查权作为国家公权的典型代表得以出现。然而,其权力的行使又会限制公民权的行使,经济侦查权在保护和实现公民权利的过程中又必须限制公民的某些权利和自由,于是在经济侦查权与公民权的实现之间便形成了冲突。这是经济侦查权与公民权关系的一种基本状态,这一点毋庸置疑。

权利与权力的相互关系中,尽管权力有时会表现出扩张性和对权利的进攻性,但它毕竟代表一定程度下的公共利益,它因体现公意而使自身的存在具有正当性。[①] 其中公共利益虽然是以个体利益为基础,实际上却是个体利益在社会标准下相互协调、融合的结果,公共利益与个体利益这种相容性和同一性决定了两者的法律表现形式必然趋于平衡。这种平衡是权力与权利之间一种动态的和谐,实际上是一种利益的协调。经济侦查权与公民权的关系就是这样一种经过博弈后达到的动态平衡关系,二者在运作过程中,依据既定的制度设置和程序规则在相互对峙、制约的基础上呈现出相对稳定、共存的状态。

法治是经济侦查权与公民权协调的基石。美国独立之父杰斐逊曾说过:"政府是必要的恶,要用宪法之链束缚,以免受其害。"经过漫长的探索,人们清醒地认识到公安的经济侦查权并非难以控制,法治是强有力的约束。经济侦查权与公民权的冲突也是可以协调的,面对经济侦查权可能侵害公民权利并有不断扩张、任意行使的危险情况出现时,可以用更为严格的法治的手段对其进行规制,这是对规制的规制。这种规制既要防止公民意志的抵触,又要防止陷入无政府的境地,它成为横亘在公权与私权之间的无形界限,使得经济侦查权与公

[①] 刘杰明. 警察权和公民权关系的理论分析[J]. 广西警官高等专科学校学报, 2010(2).

民权形成了一种折衷与平衡，从而保证了实现二者之间的动态和谐。在这种和谐的状态下，经济侦查权与公民权利之间不再是压制、管理的关系，而是一种保护与支持、服务与完善的和谐共处关系。经济侦查权的行使更符合公平、正义和人权保障的理念，能平等地保护公民的权利，使法律上规定的公民权利得到充分的主张、实现和公正的补救，公民权随着在法律范围内的充分实现又反作用于经济侦查权，使经济侦查权实施更加规范，行使更加顺畅、更加富有效率，这是符合法治精神的理想模式。

3. 人权保障是公安经济侦查权的终极目标

对任何权力的控制都是以人权保障为终极目的，公安机关的经济侦查权也不例外。随着社会的发展，经济侦查权作用的范围逐渐拓宽，与公民权利的冲突势必不断涌现。要保障公民的自由空间，实现公民的基本权利，经济侦查权的行使必须得到有效控制。无论是采用分权还是限权都只是手段，都是用法律使其运行在合法合理的轨道之内，从而实现法律所保障人权的最高价值。人权保障是经济侦查权的终极目标，主要体现以下方面。

（1）人权保障是国家全面发展的历史必然。改革开放以来，中国陆续签署了《公民权利和政治权利国际公约》《经济、社会和文化权利国际公约》等二十余个有关人权的国际公约，显示出中国政府与世界接轨，保障和尊重人权的庄重态度。2004年，宪法又以高票通过新增第三十三条第三款"国家尊重和保护人权"，把保障人权、保障公民的各种权利作为政府采取措施、制定政策的出发点和归宿。近年来，随着中国政治文明建设的不断推进，公民政治、经济权利得到了越来越有效的保障，国际地位日益提高，人权保障机制也越来越受到重视。逐步建立起卓有成效的人权保障机制，使每个人的人身人格权、政治权利与自由以及社会、经济、文化权利都能得到全面切实的保障，已成为我国民主政治全面发展的必然要求，公安的经济侦查权对人权的保障状况则是实现这一要求的重要环节。作为与人民生活密切相关的一种公共权力，经济侦查权必须突出履行好尊重和保障人权的职能，彰显"以人为本"的时代精神。

（2）人权保障是社会和谐的本质要求。经济学家茅于轼说："我们将要形成一个和谐的社会，而一个和谐的社会最基础的东西就是尊重人权，甚至是人权高于一切。"只有在所有人的法定权利和自由得到尊重时，和谐社会的构建才会有坚实的基础。和谐社会是制度性的、内在的、国家权力与公民权利处于互动形态下形成的和谐，和谐社会的构建，要求社会管理者必须不断完善人权保障的各项法律制度，确立权力制约的长效机制，疏通人权实现的途径，从而保证所有的人以及涉及所有人的各项正当权利得到实现。人权保障与社会和谐有着紧密的内在联系，它从本质上要求国家权力与公民权利必须实现动态和谐。

（3）人权保障是依法治国的最终目标。"享有充分的人权，是长期以来人类追求的理想。从第一次提出人权这个名词后，各国人民为争取人权做出了不懈的努力，取得了重大的成果。但是，就世界范围来说，现代社会还远没有能使人们达到享有充分的人权这一崇高的目标。"因为"权利永远不能超出社会的经济结构以及由经济结构所制约的社会的文化发展"①。人权要完全得到保障，落到实处，只靠理想无济于事，现实中的制度、典章是如何对待人权问题的关键。所以多数现代国家的宪法都规定了人权保障的内容，保障人权是依法治国的最终目标，而国家权力的控制与公民权利的保护作为依法治国的两个主要内容成为人权保障的必要前提。

（4）人权保障是控制公安经济侦查权泛滥和补偿公民权利的根本原则。在公民基本权利的实现过程中，突出表现出权利侵害和权利缺损。权利侵害主要来自两个方向：一是其他公民或社会组织，再则是国家机关。在前一种情况下，公民可以通过请求国家权力的帮助落实救济，但在后一种情况下，权利就会出现危机。在整个国家权力中，经侦部门所具有的自由裁量权和某些经侦人员在执法中存在的主观偏差，使得在缺乏制约的情况下侵权行为发生，因此，人权保障制度便成为经济侦查权依法行政的根本原则，它可以对经济侦查权给予更为准确、严格的限制，要求其依法行政，从而实现经济侦查权与公民权之间的平衡与和谐。

（二）公安机关介入经济案件的限度

依法打击经济犯罪，为社会主义市场经济的发展创造良好的环境，需要公安机关把握好介入经济案件的限度。公安部制定了关于严禁公安机关插手经济纠纷的系列规定，需要公安机关彻底地贯彻执行。

1. 公安机关过度介入经济案件的表现

市场经济是法制经济，竞争是市场经济的基本法则。在激烈的竞争中，市场主体之间不可难免地会发生经济纠纷。对于这类私权之间的争议一般应由市场自行协商解决，不得已时才动用力量最弱的"民法"来调节，其次是"行政法"，万不得已时也是有选择地慎用"刑法"。而刑法在"运用"时又往往是"适用"而不是"使用"，旨在避免某些私权通过不正当手段借助公权，裹挟了私权。②

---

① 马克思，恩格斯. 马克思恩格斯全集：第十九卷［M］. 北京：人民出版社，1963：22.
② 来自山西大学法学院陈晋胜教授2017年4月20日的授课内容。

现象的存在，影响了公正执法，损害了执法者的形象，造成了很坏的社会影响，甚至由此引发了一些不安定因素。各级公安机关对此必须引起高度重视，采取有力措施予以解决。

2. 公安机关过度介入经济纠纷的原因

公安机关本应严格遵循法定程序介入经济纠纷，然而实践中却出现了大量公安机关过度干预经济纠纷的现象，原因有五个。其一，地方保护主义的影响。一些地方公安机关不能正确认识和处理局部与整体利益的关系，把局部、地方的利益置于法律和国家利益之上，为了袒护本地当事人的利益，损害外地当事人的利益而越权干预经济纠纷。[①] 其二，行政干预的结果。一些地方领导，往往直接过问标的数额较大的经济纠纷案件。为了挽回某些经济损失，往往批交公安机关直接越权干预经济纠纷案件。公安机关即使明知不妥，也只得服从。其三，少数公安干警徇私枉法，为了帮助熟人、亲友、同事追款，滥用职权，介入经济纠纷。甚至收受了一方当事人的贿赂，缺乏最基本的职业道德，从而违法为其追款。其四，公安人员素质偏低，对法律的掌握很不透彻，分不清经济纠纷，尤其是经济合同纠纷与诈骗罪的界限。其五，现有法律、法规及司法解释经济犯罪的规定不具体，尤其对诈骗罪比较原则化，且已不适应当前情况，在法律适用上很容易发生冲突。

3. 公安机关介入经济纠纷的原则

公安机关介入经济纠纷应坚持一定的原则，严格遵守法定程序，把握公安机关介入经济纠纷的限度，区分罪与非罪的界限，避免以权谋私，为社会主义市场经济的发展服务。

（1）坚持从服务经济建设和稳定大局出发。以事实为根据，以法律为准绳，做到慎重稳妥，不枉不纵，既稳、准、狠地打击经济犯罪，制裁违法犯罪嫌疑人，又切实保护当事人的合法权益，这其中既包括受害人的合法权益，也包括犯罪嫌疑人和被告人的合法权益，促进社会主义市场经济发展，稳定社会经济秩序，实现法律效果与社会效果的统一。

（2）正确区分罪与非罪的界限，准确定性。经济犯罪案件具有案情复杂、犯罪与经济纠纷往往互相交织在一起、罪与非罪界限不易区分的特点。公安机关受理案件后，要认真进行调查研究，必须严格按照刑法规定的犯罪基本特征和犯罪构成要件，从行为的社会危害性、刑事违法性和应受刑事惩罚性几个方面综合考虑，严格区分经济犯罪与经济纠纷的界限，不能把经济纠纷作为犯罪

[①] 许超. 对公安机关越权干预经济纠纷的思考 [J]. 人民公安, 1996 (6).

处理；同时，随着社会主义市场经济的发展，以前认定为犯罪的行为已不再认定为犯罪，例如"回扣"，以前被认定为犯罪，现在只要在单位账目上有记载就不认定为犯罪；对于造成本地企业利益受到损害的行为要具体分析，不能一概作为犯罪处理；对于罪与非罪难以辨别，当事人可行使民事诉讼权利的，更要慎用侦查权。如果符合立案条件，即有犯罪事实发生，需要追究刑事责任，且有管辖权的案件，要及时立案侦查，快侦快办，办成铁案。如果属于一般经济纠纷的不能仅凭当事人一方提供的情况，不经调查核实，不认真研究而去立案侦查。如在办案中发现不该立案或立案依据不足的，要及时采取措施，依法妥善处理；对立案有据，定罪依据不足，又无新的证据证明犯罪的，要早作决断。[①]

(3) 严格依照法定程序办理经济犯罪案件。尤其是对犯罪嫌疑人采取强制措施的，要严格按照刑事诉讼法规定的对象、范围及期限执行。对错捕错拘的应当立即释放，对需变更强制措施的必须在法定期限内做出决定，对实施监视居住的应当从严审批，严格按照规定执行。

(4) 加强监督，严肃办案纪律。按照现有规定，尽管要求办理经济案件层层把关，逐级上报，以实现对权力的有效监督，防止权力滥用，但在实际执行中问题仍然层出不穷，亟须制定责任追究制度，强化监督，严格纪律，严肃追究。

(三) 平衡公安经济侦查权与公民权关系的建议

由于公安经济侦查权的执法依据、执法过程以及执法效果上存在问题，因此，必须有针对性地进行完善，完善立法机制，强化执法机制，提高经侦人员素质，加强权利救济途径的可操作性，使二者关系达到合理的平衡。

1. 完善经侦立法工作建设

经济犯罪活动层出不穷，与侦办经济犯罪相关的法律法规及司法解释相对滞后。经侦案件的法律适用问题长期困扰着整个侦查工作，这就需要立法机关加快完善与经侦活动相关的立法。一方面要制定"良法"，保证经侦部门权力来源的正当性，保证其在法律幅度范围内正确行使权力。另一方面，面对新出现的问题及时跟进司法解释，为打击经济犯罪提供及时有效的依据。同时，现有规范大都是原则性规定，需要出台一些针对经济犯罪的具体性法律规范，提高操作的可能性。对现有的关于经济犯罪的一些"通知"，需要提请有关部门制定

---

① 李西亭. 公安机关办理经济犯罪案件如何把握好量与度 [J]. 铁道警官高等专科学校学报，2004 (1).

法律、行政法规、规章，提高其适用效力，确保其被彻底地贯彻执行。着重从法律层面上解决经济犯罪案件认定难及取证难的问题，解决面对人民群众反应强烈、社会危害严重而又难施以刑事处罚的尴尬境遇，增强打击经济犯罪的力度。

2. 强化经侦部门的执法机制

目前我国经济犯罪形势仍不容乐观，传销、非法吸收公众存款等经济犯罪屡禁不止、防不胜防，公安机关经侦部门面临着巨大挑战。强化经侦部门的执法机制无疑是化解上述难题的重要途径。

（1）强化国家对地方经侦部门的指挥与监督。在现行国家管理制度中国家最高警察机关——公安部是从中央到地方各级人民警察机构的领导机关，因而通过一系列有效的制度强化对地方经侦部门的指挥与监督是可行和必要的。这些制度应包括以下五个方面。一是探索建立地方各级经侦部门由上级公安机关经侦部门和本地公安机关双重领导的制度，具体可先从对主官任命由地方享有提名权、上级经侦部门享有否决权开始。二是对地方各级经侦部门选拔人员实行严格的准入制度，如规定只有通过国家司法考试、注册会计师考试的人员方可进入经侦队伍，没有全日制大学本科以上学历的禁止进入等。三是建立严格的绩效考核制度，并规定若干一票否决的情形。四是建立严格的执法监督制度，对于出现重大执法过错或不服从上级指挥的地方经侦部门要予以惩戒。五是强力推广"全国经侦信息系统"的使用，以之为载体推动全国范围内的执法监督、绩效考核和经侦大情报格局的形成等各项工作。

（2）成立垂直领导的"国家经侦人民警察"队伍。我国经侦运行机制有一个弊端是各级地方经侦部门执法受制于地方，国家打击经济犯罪的决策无法落实到位，客观上纵容了经济犯罪，并加剧了经济犯罪对国家经济安全的威胁。①从实际效果看，目前经侦局在全国只设立三个直属总队，其余经侦公安民警皆属地方的经侦运行机制已不能完全适应维护国家经济安全工作的需要。借鉴国内外经验，结合我国经济犯罪的特点，建立自上而下受公安部垂直领导、与地方经侦部门间相互配合的国家经侦人民警察队伍已迫在眉睫。其重要意义在于：可以最大限度地提高打击经济犯罪水平，切实维护国家整体利益，强化国家经济安全保障。在创建"国家经侦人民警察"队伍过程中应注意把握好以下四方面问题：一是对我国经济犯罪统计数据进行全面分析和解读，充分考虑各地经

---

① 房军，张凯，武芳．传承与发展：关于我国经侦运行机制的思考［J］．辽宁警专学报，2009（5）．

济发达程度和经济犯罪状况，以确定直属总队的分布、级别、人员编制等；二是研究公安机关管辖的经济犯罪在危害程度、侦查难度、侵犯对象、行为主体等方面的特点，确定"国家经侦人民警察"与地方经侦部门间在案件管辖权方面的分工与交叉问题；三是研究、借鉴海关缉私人民警察成立十年来的经验和教训，确定"国家经侦人民警察"与检察机关在审查批捕、移送起诉等方面的对口协作问题；四是研究确定各地"国家经侦人民警察"与地方公安机关在技侦、边控、通缉、羁押等方面的协作问题。

3. 加强经侦队伍建设，提高经侦人员素质

经侦工作最终是靠具体办案的侦查员执行，经侦人员素质直接决定经济案件办理的水平，对于经侦人员要精挑细选，整合队伍资源打造一支素质过硬的经侦队伍。通过吸收和引进具有经济或法律专业背景的高端人才改善经侦队伍结构，把通过国家司法资格考试、在职法律研究生培养作为高端人才法律素质培养的重要载体，鼓励公安经侦人员对法律法规的学习，对通过司考、取得在职法律研究生学历的经侦人员给予奖励，不断提高其对业务知识的学习热情。经侦人员必须透彻掌握法律，才能在复杂的经济纠纷中正确区分罪与非罪的界限，才能正确适用法律，严格遵守法定程序办案，确保侦查主体依法行使职权。重视经侦人员的定期培训制度特别是经济和法律知识的培训建立和完善考核监督机制，法律意识的提高有助于经侦人员把法理和法律规定更好地结合起来，注重程序，提高办案的效率。在办理疑难经济案件必要时可以邀请熟悉专业领域的人才提供专门的业务指导，提高办案的精准度。

4. 拓宽公民权利的救济途径

我国目前的有关公民权利救济的法律大都是一些原则性的规定，并没有明确的标准，因此需要明确公安经侦人员违反程序的适用标准，具体该如何承担责任。另一方面，公安经济侦查权本质上是一种为司法服务的特殊行政权，只是其运行具有刑事司法活动的特征，与一般行政行为相比要受到更为严格的司法控制，故其运行呈现出一定的准司法性。但这一特征只是其外部运行属性，而不是其根本属性的体现。由此可见，经济侦查行为侵权的性质，就是一种行政权性质的国家侵权，属于干预行政之一种，因此，可以将其从刑事诉讼中分离出来，纳入行政诉讼的范围，分别成为两个既有联系又相对独立的诉讼。另外，应当畅通当事人的投诉渠道，建立健全局长公开接待接访、110报警服务台受理投诉、纪检部门受理控告、法制部门受理申诉等制度，及时发现经侦人员在执法态度、执法能力等方面存在的问题，实行第一时间纠错、第一时间认错，

以真心换民心，培树公安机关良好的执法形象。① 总之，公民的救济途径亟待拓宽，使得公民权得到最大程度的保护。

市场经济的高速发展，一方面提高了人们的物质生活水平，另一方面也使得经济犯罪的数量飙升，严重影响了社会经济秩序的稳定，加大了社会的不安定因素。因此，必须加大经济犯罪的打击力度，发挥公安经济侦查权的效能，提高案件侦破率，协调好公安经济侦查权与公民权的关系。

而实践中，由于一些公安经侦人员素质偏低、公安经侦部门执法缺乏必要的物质保障、对公安经侦部门的监督不到位以及司法审查机制不完善，导致公安经济侦查权的行使遇到较大问题。无论是执法依据方面，还是执法过程中，抑或是执法的效果方面都出现较多问题，影响案件侦破率，加大了公安经济侦查权与公民权的矛盾。

因此，必须找准原因，一一解决问题，完善有关公安经济侦查方面的法律体系，强化公安经侦部门的执法机制，提高经侦人员的素质，拓宽公民权利的救济途径，平衡好公安经济侦查权与公民权的关系，让公安经济侦查权的行使充分发挥其应有的作用。

---

① 侯文娟. 公安执法中公民权利的保护 [D]. 济南：山东大学，2011.

后 记

本著是作者承担的清华大学余凌云教授主持的教育部重大攻关项目课题《法治中国背景下的警察权研究》（项目批准号15JSZD010）的阶段性成果之一，即"公安警察权与公民权关系研究"的子课题终结成果，也是作者带领山西大学法学院课题研究团队集体攻关研究的又一重要科研成果。本成果主要由山西大学法学院宪法学与行政法学研究生为学术骨干，根据课题负责人的总体设计、统筹规划及其组织的专业论证、撰写要求，展开全面研究工作。首先是确定研究内容，其次是明确研究目标，再则是选确研究方法，最后是敲定研究任务及其完成时间。本课题研究中，孙胜子（第一章公安行政管理权与公民权关系）、郑淑琴（第二章公安行政许可权与公民权关系）、王丽丽（第三章公安行政处罚权与公民权关系）、王芳（第四章公安行政强制权与公民权关系）、杨碧君（第五章公安刑事侦查权与公民权关系）、付艳侠（第六章公安经济侦查权与公民权关系）等科研骨干，把所受任务作为学年期的"课堂作业"或是"学位论文"认真准备，深度思考，精细分析，刻苦钻研，持续奋斗，勤练不辍。根据要求收集资料，归纳梳理，拟定大纲，撰写内容，形成初稿。在此基础上进行学术论证，理论争鸣，形成学术见解，对所写内容进行了再次修正。修正后的初稿，根据课题要旨及课题负责人的研究要求，形成了各自研究内容的第一稿。作者根据课题总的要求和本著体例要求，对"一稿"在循以学术规范再加工、守于理论道德再锻造过程中，注入见识，释解疑惑，厘清宗要，辨明路径，或增或删，或扩或减，大刀阔斧以正稿，经过统稿，最终形成了本著"成稿"。由于本著署名的出版要求，研究团队成员的名字居于"后记"中，封面以项目负责人的名字挂冠于上。鉴于科研成果得以成著，特别感谢余凌云教授以及本项目研究团队中的每位研究生成员。本著出版得到山西大学法学院部分资助。